KB253888

본서는 아마도 기독교 역사 동안 가장 오래된 신학적 논의 중의 하나인 로마서 7장 특히 14-25절의 "나"(에고)의 정체, 즉 '그 "에고"는 바울인가 아니면 다른 누구를 대신하는가?', '바울을 대신한다면 회심 이후 그리스도인 바울인가 아니면 회심 이전 유대교에 있을 때 자신을 대변하는가?', '또 그 "에고"가 바울이 아닌 다른 그 누구를 지시한다면, 그는 유대인인가 아니면 아담적 인류를 대변하는 이방인인가?'에 대한 탐구입니다.

물론 로마서 7:14-25의 "에고"의 정체와 관련하여 이와 같은 논의들은 지난 세기와 금세기에도 계속 이어져 왔고, 이미 많은 연구물들이 나와 있습니다. 그럼에도 본서는 지금껏 읽은 그 어떤 연구보다 해당 주제의 경쟁적인 주장들을 간결하면서도 명료하고, 쉽고도 설득력 있게 제시하고 있습니다. 본 논평자도 최근에 해당 주제에 대한 연구를 발표한 적이 있었는데, 만일 이 책을 보다 더 일찍 읽을 수 있는 기회가 있었더라면, 비록 나의 논지는 바꾸지 않았을지라도, 그 논의를 더 깊고 더 넓게 전개시킬 수 있었겠다는 아쉬움이 남습니다.

끝으로 책의 구성과 번역에 대해 언급하려 합니다. 책의 구성은 독자에게 지적으로 자극을 주기에 충분합니다. 7:14-25의 정체를 두고 경쟁적인 입장의 논문 세 편이 수록되어 있고, 각 논문 후에는 다른 입장에서 논문을 발표하는 다른 두 학자의 논평의 글이 뒤따르고 있는데, 서로 다른 입장에 대한 본인의 비평적 논평을 들려줍니다. 두 명의 논평자들의 (때로는 찬성 때로는 비판하는) 평가는 선행하는 주 논의만큼이나 유익하고 본문을 보다 깊이 볼 수 있는 길을 제공합니다. 다음으로 번역입니다. 이 책을 읽는 모든 사람(난 그렇게 믿는다)은 저자들이 우리나라 사람 그것도 한국어에 능통한 사람들이라는 착각을 하게 될 정도로 번역은 부드럽고 자연스러워 가독성이 매우 뛰어납니다. 본서가 재미있고도 배움의 즐거움을 주는 이유의 반은 번역의 힘 때문이라는 생각을 해보았습니다. 많은 분들께 일독을 권합니다.

박윤만_ 대신대학교 신약신학 교수

어렵고 논란이 많은 한 본문, 훌륭한 세 명의 학자, 그리고 이 구절에 대한 세 가지 해석. 우리는 로마서 7장을 어떻게 읽어야 할까요? 이 책은 이 본문에 대한 모든 해석과 논리를 세밀하고 공정하게, 그리고 명확하게 설명합니다. 이것이 논란이 되는 본문에 대한 올바른 토론 방법입니다. 이 책을 통해 로마서 7장을 읽고 배우시길 바라며, 누구의 주장이 옳고 왜 그런지를 판단해 가는 가운데 어려운 본문을 어떻게 논의하는지도 배우시길 바랍니다.

대럴 L. 벅_ 댈러스 신학교 신약학 수석 연구 교수

그리스도인들은 오랫동안 로마서 7장에서 바울이 감동적으로 묘사한 죄와의 투쟁이 우리의 신학과 삶에서의 실천에 어떤 영향을 미쳐야 하는지에 대해 논쟁해 왔습니다. 이제 이 한 권의 책에서 그리스도인들은 서로 다른 견해에 참여하고, 그 차이점을 보며, 스스로 결론을 내릴 수 있는 훌륭한 기회를 얻습니다. 체스터, 오스본, 사이프리드는 각자의 입장을 명확하고 유능하게 옹호합니다. 그리고 그들은 서로의 방법론적 차이를 통해 독자들이 문제의 범위와 중요성을 충분히 이해할 수 있도록 돕습니다.

더글러스 J. 무_ 휘튼 대학교 신약학 교수

로마서 7장의 의미는 여전히 독자들을 괴롭고 혼란스럽게 합니다. 이 책은 단순히 과거의 주장과 입장을 되풀이하지 않습니다. 세 저자들은 신선하고 통찰력 있는 관점에서 본문을 다루며, 따라서 이 책은 로마서 연구에 중요한 기여를 합니다.

토마스 R. 슈라이너_ 서던뱁티스트 신학교 신약 성경 해석 교수

죄와의 투쟁에 관한 다양한 관점들
- 로마서 7장에 나타난 죄와의 투쟁에 관한 세 가지 신학적 관점 -

죄와의 투쟁에 관한 다양한 관점들

초판 발행 2025년 4월 9일

지은이 그랜트 오스본 외 3인 공저
옮긴이 채정태
편　집 홍동우
펴낸이 박지나
펴낸곳 지우
출판등록 2021년 6월 10일 제399-2021-000036호
이메일 jiwoopublisher@gmail.com
인스타그램 instagram.com/jiwoopub
페이스북 facebook.com/jiwoopublisher
유튜브 youtube.com/@jiwoopub

ISBN 979-11-93664-08-7　03230

ⓒ 지우

PERSPECTIVES
SERIES

죄와의 투쟁에 관한 다양한 관점들

: 로마서 7장에 나타난 죄와의 투쟁에 관한 세 가지 신학적 관점

그랜트 오스본 외 3인 공저 | 테리 와일더 편집 | 채정태 옮김

그랜트 R. 오스본

스티븐 J. 체스터

마크 A. 사이프리드

채드 O. 브랜드

Perspectives on Our Struggle with Sin

: Three Views of Romans 7

LOGOS

지우

기고자 소개   8

감사의 말   11

서 론   테리 L. 와일더   15

제 1 장   성령 없이 육신을 따르는 삶
          : 로마서 7장과 그리스도인의 경험   그랜트 R. 오스본   25
          스티븐 체스터의 논평   95
          마크 사이프리드의 논평   105

제 2 장   로마서 7장의 회고적 읽기
          : 현재의 바울이 과거의 바울을 말하다   스티븐 J. 체스터   109
          그랜트 오스본의 논평   178
          마크 사이프리드의 논평   186

제 3 장   로마서 7장 율법의 목소리,
          슬픈 부르짖음, 감사의 외침   마크 A. 사이프리드   191
          스티븐 체스터의 논평   273
          그랜트 오스본의 논평   282

결 론   : 신학적 목회적 이슈들   채드 O. 브랜드   291

인명 색인   329

주제 색인   333

성경 색인   336

기고자 소개

채드 O. 브랜드(Chad O. Brand)는 켄터키의 루이빌에 소재한 서던뱁티스트 신학교 조교수이면서, 보이스 칼리지의 서던 신학교의 부학장이기도 하다. 텍사스 포트워스의 사우스웨스턴 뱁티스트 신학교에서 역사 및 조직신학으로 박사학위를 받았으며, *Journal of the Evangelical Theological Society, Criswell Theological Review, Southern Baptist Journal of Theology, Journal of Biblical Manhood and Womanhood, Trinity Journal*에 다수의 논문 및 서평을 기고했다. *Southern Baptist Journal of Theology*의 서평 담당 편집자였고, 교회정치, 선택사상, 성령세례 등을 주제로한 '퍼스펙티브스' 시리즈를 편집했다. 또한 그가 열 편의 글을 기고한 『홀만 성경사전』(*Holman Bible Dictionary*) 개정판을 편집했다.

스티븐 J. 체스터(Stephen J. Chester)는 일리노이의 시카고에 소재한 노스파크 신학교의 신약학 교수다. 스코틀랜드의 글래스고 대학에

서 박사학위를 받았다. 스코틀랜드의 글래스고에 위치한 인터내셔
널 크리스천 컬리지에서 일했고, 스코틀랜드 교회 교단에서 안수받
은 목사이며 특히 도시사역에 관심을 갖고 있다. 여러 소논문을 기
고했으며, 『고린도에서의 회심: 바울 신학과 고린도교회에서의 회
심에 관한 관점들』(*Conversion at Corinth: Perspectives on Conversion in
Paul's Theology and the Corinthian Church*, T&T Clark, 2003)을 저술했다.

그랜트 R. 오스본(Grant R. Osborne)은 일리노이의 디어필드에 소
재한 트리니티 복음주의 신학교의 신약학 교수다. 스코틀랜드
의 애버딘에서 박사학위를 받았다. 그는 유명한 신약교수이자 학
자로서 『부활 내러티브』(*The Reserrection Narratives*, Baker, 1984),
『성경에 대한 세 가지 핵심 질문들』(*Three Crucial Questions about
the Bible*, Baker, 1994), 여러 차례 개정 증보된 『성경해석학 총론』
(*The Hermeneutical Spiral: A Comprehensive Introduction to Biblical
Interpretation*, IVP, 2006)을 저술했다. 주석으로는 『요한계시록』
(Revelation: Baker Exegetical Commentary on the New Testament; Baker,
2002), 『로마서』(Romans: IVP New Testament Commentary; IVP, 2004),
『요한복음』(John: Cornerstone Biblical Commentary; Tyndale House,
2007)등을 저술했다. 공저한 책으로는 『성경연구 입문』(*Handbook
for Bible Study*, Baker, 1979), 『여러 교회의 성경해석』(*The Bible in the
Churches*, Paulist, 1984) 등이 있다. 그는 IVP 신약주석 시리즈와 『에
브리데이 스터디바이블』(Life Application Bible Commentary, Baker)의
편집자이다. 또한 *New Living Bible*(1996) 번역성경의 6인 편집자의
일원이었다.

마크 A. 사이프리드(Mark A. Seifrid)는 켄터키의 루이빌에 소재한 서던뱁티스트 신학교의 신약학 교수다. 프린스톤 신학교에서 신약학 박사학위를 받았다. 존경받는 신학자이자 이신칭의 교리의 전문가로서 여러 논문에 기고했고, 『이신칭의: 바울신학의 핵심 주제의 기원과 발전』(*Justification by Faith: The Origin and Development of a Central Pauline Theme*, Supplements to Novum Testamentum; Brill, 1992)과 『그리스도 우리의 의: 바울의 칭의신학』(*Christ, Our Righteousness: Paul's Theology of Justification*, New Studies in Biblical Theology; InterVarsity, 2001)을 저술했다.

테리 L. 와일더(Terry L. Wilder)는 텍사스의 포트워스에 소재한 사우스웨스턴 뱁티스트 신학교의 신약학 교수다. 스코틀랜드의 애버딘 대학교에서 신약학으로 박사학위를 받았다. 사우스웨스턴에 오기 전 와일더는 내쉬빌의 B&H Academic에서 Academic Acquisitions Editor로 3년간 일했고, 미주리의 캔자스시티에 있는 미드웨스턴 뱁티스트 신학교의 신약학 및 그리스어 교수로 13년간 봉직했다. 다른 작품들과 더불어 그는 『위작, 신약, 속임수』(*Pseudonymity, the New Testament, and Deception*, University Press of America, 2004)를 저술했고, 『끝까지 충성하라: 히브리서-요한계시록 서론』(*Faithful to the End: An Introduction to Hebrews through Revelation*, B&H Academic, 2007)을 공저했고, 『복음을 부탁함: 목회서신에 나타난 바울의 신학』(*Entrusted with the Gospel: Paul's Theology in the Pastoral Epistles*, B&H Academic, 2010)에 기고하며 편집에 참여했다.

감사의 말

그리스도인들은 오랫동안 로마서 7장에 대해 논쟁해 왔다. 다른 많은 주제들과 마찬가지로 본문의 실제 의미에 대해 현재까지도 다양한 의견들이 있고, 그중에 몇몇 해석들은 때때로 더 많은 사람들의 지지를 받기도 했다. 필자가 신학교를 다닐 때, 대부분의 신학도들은 로마서 7장이 그리스도인으로 회심한 바울의 현재적 관점에서 믿음이 없는 유대인으로 살아온 자신의 과거를 기술한 것으로 이해했다. 그런데 오래 지나지 않아 논쟁의 진자운동은 로마서 7장이 바울 사도 자신의 육욕과 투쟁하는 기독교적 경험에 대한 것이라는 견해로 더 기울어졌다. 오늘날 많은 사람들은 또 다른 대안적인 견해로서 로마서 7장이 하나님의 법에 의해 내적인 갈등을 경험하는 신자와 불신자 모두를 묘사한 것이라고 받아들인다. 거기에 더해 이 조합에 각기 다른 견해들이 추가되고, 이제는 머리를 긁적이며 "대체 어떤 해석을 옳다 할 것인가?"라며 질문할 정도에 이르렀다.

여러분은 기대할 만한 논쟁을 접하고 있다. 이 책에는 로마서 7

장에 대한 세 가지 주해적 제안이 소개되고, 각각의 주장에 대한 논평을 포함한다. 그랜트 오스본, 스티븐 체스터, 마크 사이프리드 등 각 입장을 대변하는 세 명의 저명한 신학자들이 기고했다. 채드 브랜드는 실력있는 목사이자 신학자로서 로마서 7장의 목회적 신학적 함의에 대해 기고했다. 이들의 목표는 독자로 하여금 로마서 7장에 대해 어떤 해석적 입장이 정확한지 판단할 수 있도록 각기 다른 해석과 적용의 세계로 인도하는 것이다.

나는 많은 이들에게 차례로 감사의 말을 전하고 싶다. 먼저 각 기고자들에게 이 프로젝트에 기꺼이 참여해 준 것에 대해 감사하다는 말을 전하고 싶다. 필자와 함께 이 책이 세상에 나오게 협력해 준 이들에게 감사하다. 이 어려운 본문에 대한 박식하면서도 너그러운 수고에 감사하다. 그들은 우리 모두에게 좋은 모범이다. 이 책이 독자들 뿐 아니라 기고자 자신들에게도 큰 배움이 되기를 기도한다.

둘째로, 이 책의 작업에 함께 해준 B&H Academic의 훌륭한 직원들에게도 감사를 표하고 싶다. 특히 학술서 출판 디렉터인 짐 베어드(Jim Baird), 친한 친구로 필자를 응원해 준 편집자 레이 클렌데넌(Ray Clendenen), 본 출판사의 신입 편집자 크리스 코완(Chris Cowan), 출판과정 전반을 살펴준 행정직원인 진 에켄로드(Jean Echenrode)와 인디아 하크리스(India Harkless), 아주 실력 있는 총괄 편집자 딘 리차드슨(Dean Richardson)에게 감사의 말을 전한다. 특히 딘이 없었다면 이 책이 이만큼 괜찮은 작품이 되지 못했을 것이다. 그밖에도 더 언급하고픈 분들이 많다. 팀원 전체에게 감사를 전한다.

세 번째로, 나의 사역과 티칭과 설교와 저술 전반에 헌신하도록 배려해 준 가족들이 없었다면 이 책이 세상에 나오지 못했으리란 점을 너무나도 잘 알고 있다. 한결같이 또 경건한 마음으로 나를 격려해준 아내와 너무 일찍 어른스럽게 자라 준 아들들에게 깊은 감사를 전한다. 데니스, 당신의 남편인 것이 얼마나 큰 특권인지, 이안(Ian), 애런(Aaron) 너희들의 아버지인 것이 얼마나 큰 기쁨인지! 여러분의 희생과 사랑에 감사를 전한다. 그들은 우리 구세주를 닮았다.

끝으로 무엇보다, 우리 주 예수 그리스도의 아버지 하나님께 감사하며 가장 높은 찬양을 올려드립니다. 당신의 아들을 통해 나를 속죄하신 것에 감사합니다! 당신으로 인해 더 이상 죄의 종으로 살지 않게 해주셔서 감사합니다! 내가 죄 아래 있지 않고 은혜 아래 있기 때문에 죄가 더 이상 나를 지배하지 않게 해주셔서 감사합니다!

내 영혼이 죄와 자연의 어둠에 오래 갇혀 있었네. 주님의 눈이 빛을 비추시어 나의 눈을 뜨게 하시니 깊은 감옥이 빛으로 타오르네. 묶었던 사슬이 풀리고 내 마음이 자유를 얻어 일어나 당신을 따르게 되었네. 묶었던 사슬이 풀리고 내 마음이 자유를 얻어 일어나 당신을 따르게 되었네.[1]

그러므로 이제 그리스도 예수 안에 있는 자에게는 결코 정죄함이 없나니 이는 그리스도 예수 안에 있는 생명의 성령의 법이 죄와 사망의 법에서 너를 해방하였음이라(롬 8:1-2)

테리 L. 와일더
사우스웨스턴 뱁티스트 신학교
포트워스, 텍사스

---

1 Hymn, "And Can It Be?" Words by Charles Wesley, 1738 (public domain).

서론

Perspectives on Our Struggle with Sin

테리 L. 와일더

나는 여러 기고자들이 참여해 하나의 이슈에 대해 각기 다른 견해를 피력하면서 평화롭게 논쟁을 이어가는 주장–반론 형식의 책을 즐겨 읽어왔다. 이런 유의 작품들은 대부분 선택사상, 지옥론, 성령세례 등과 같은 교리적이고 신학적인 주제에 관심을 둔다.[1] 하지만 나는 성경본문에서 발견되는 주해적인 이슈들에 더 초점을 둔 책들이 출간되기를 바랐다.[2] 또한 이런 유의 책들이 출간을 앞두고 있다. 부디 이 책이 출판인들로 하여금 주해적인 주제를 다룬 책을 더 많이 출간하도록 자극이 되기를 바란다.

이 책의 주해적 관심은 로마서 7장을 어떻게 해석하느냐에 있다.

---

1 예, C. O. Brand, ed., *Perspectives on Election* (Nashville: B&H Academic, 2006); W. Crockett, gen. ed., *Four Views on Hell* (Grand Rapids: Zondervan, 2010); C. O. Brand, ed., *Perspectives on Spirit Baptism* (Nashville: B&H Academic, 2004).

2 특별히 주해적 이슈에 관한 다양한 견해를 소개하는 책이 많지는 않지만, 독자들이 접할 만한 몇몇 책들이 있다. 예, H. W. Bateman IV, gen. ed., *Four Views on the Warning Passages in Hebrews* (Grand Rapids: Kregel, 2007).

필자는 이 본문에 대해 어떤 것이 정확한 해석인지를 두고 학생들과 꽤 많은 토론을 해 본 적이 있다. 결과적으로 많은 학생들에게 이 본문은 생각보다 훨씬 해석이 어렵고, 로마서에서 가장 해석하기 어려운 본문 중 하나임을 깨닫게 되었다. 내용이 복잡하긴 하지만 이 본문은 여전히 바울신학에서 중심적인 위치를 차지하고 있고, 반드시 해석되어야 할 본문이다. 예를 들어, 도커리(Dockery)는 7장 14-25절에 대해 이렇게 말한다. "이 본문은 우리의 구원이 작동하고 진행되는 과정에 대한 바울의 설명에서 핵심부에 위치해 있기 때문에, 어떤 견해를 채택하느냐가 그리스도인의 삶에 대한 신학에 엄청난 영향을 줄 것이다."[3] '퍼스펙티브스' 시리즈는 로마서 7장에서 제기되는 많은 질문과 이것을 설명하기 위한 다양한 이론들을 숙고하기에 매우 이상적인 형식이다.

여태껏 로마서 7장에 대해 여러 경쟁하는 견해들을 이해하고 평가하기에 이 책만큼 간편한 형식의 책은 없었다. 로마서 7장은 로마서 해석에서 핵심적인 위치를 차지할뿐더러 교회에서 경건훈련과 관련해 가장 사랑받는 본문이기 때문에 이 책은 더욱 귀한 자료라 할 수 있다. 그리고 이 책은 주장-반론 형식으로 로마서 7장에 대한 세 가지 기본적인 접근을 제시한다. 이 시리즈의 목표는 독자들로 하여금 주요 신학자들에 의해 옹호되었던 다양한 해석적 흐름을 평가하도록 안내하는 것이다. 이 책은 교수, 목회자, 신학도들로 하여금 성경학자들, 신학자들에 의해 제기되어 온 다양한 선택지들을 숙고할 수 있는 기회를 제공하고, 본문 주해에 기초해 어떤

---

3   D. S. Dockery, "Romans 7:14-25: Pauline Tension in the Christian Life," *Grace Theological Journal* 2.2 (Fall 1981): 240.

   죄와의 투쟁에 관한 다양한 관점들

해석이 최선의 해석모델과 관점인지를 스스로 결정할 수 있도록 도와준다.

우리는 로마서 연구에서 높은 수준의 연구를 수행해 온 세 명의 저명한 학자들에게 기고를 받는 영광을 누렸다. 그랜트 오스본(Grant R. Osborne)은 일리노이주 디어필드의 트리니티 복음주의 신학교의 신약학 교수다. 많은 작품들을 저술했지만, 그는 IVP 신약주석 시리즈의 로마서 주석(2004)을 저술했다. 스티븐 체스터(Stephen J. Chester)는 일리노이주 시카고에 소재한 노스파크 신학교의 신약학 교수다. 그는 주요저작인 『고린도에서의 회심: 바울 신학과 고린도교회에서의 회심에 관한 관점들』(*Conversion at Corinth: Perspectives on Conversion in Paul's Theology and the Corinthian Church* (T&T Clark, 2003)에서 로마서 7장에 대한 해석을 다루었고, 로마서 7장의 해석사에 대한 영향력 있는 논문에서 더 깊은 논의를 전개한 바 있다.[4] 마크 사이프리드(Mark A. Seifrid)는 켄터키주 루이빌에 소재한 서던뱁티스트 신학교에서 신약 해석학을 가르치는 석좌 교수다. 그는 로마서 연구에 상당한 시간을 들여 『이신칭의: 바울신학의 핵심 주제의 기원과 발전』(*Justification by Faith: The Origin and Development of a Central Pauline Theme*, Supplements to Novum Testamentum; Brill, 1992)과 『그리스도 우리의 의: 바울의 칭의신학』(*Christ, Our Righteousness: Paul's Theology of Justification*, New Studies in Biblical Theology; InterVarsity, 2001)를 저술했다. 이들의 로마서 연구 실적이 상당하다고 해서 우리가 이미 들었던 견해들을 이 책이

---

4   S. J. Chester, "Romans 7 and Conversion in the Protestant Tradition," in *Ex Auditu* 25 (2009): 135–71.

단순히 반복했을 것이라 상상하지 않길 바란다. 오히려 그들은 너그러운 태도로 우리를 이 논쟁적인 본문에 대한 신선하고도 치밀한 논쟁의 세계로 안내한다.

로마서 7장을 열렬히 읽고 공부한 학생이라면 두 가지 근본적인 질문이 생긴다. 첫째, 바울이 앞서 3인칭 화법으로 말하던 것을 멈추고, 여러 차례 "나"라고 하는 1인칭 화법을 사용한 것은 누구를 가리켜 한 말인가? 알다시피 이는 훨씬 더 많은 질문을 불러일으켰다. 예를 들어, 바울이 자전적인 어투로 자신을 가리킨 것인가? 아니면 일반적인 사람이 겪는 일에 대한 예시인가? 그는 모든 인류가 율법과 충돌하고 죄와 씨름하는 그림을 그려내고 있는 걸까? 그는 수사학적으로 아담의 타락을 묘사하고 있는가? 그가 "나"라고 말한 것은 이스라엘이 죄와 율법과 씨름하고 있는 모습을 수사학적으로 기술한 것일까? 아니면 바울 자신이 신자로서 겪는 영과 육의 싸움을 그려내고 있는 것일까? 이러한 질문들은 앞으로 이어질 논의에서 기고자들에 의해 더 자세히 검토될 것이다. 두 번째 질문은 이것이다. 바울은 거듭난 신자의 영적 체험을 묘사하고 있는가, 아니면 아직 거듭나지 못한 자의 체험을 가리키는가? 아니면 둘 다일 수 있는가? 이 질문은 다양한 이론들을 낳았다. 다음은 그런 다양한 견해들의 요약이다.

로마서가 그리스도인이나 거듭난 사람의 체험을 가리킨다는 견해(Christian view)를 따르는 사람들은 대체로 15,21,22절의 표현이 기독교적 경험이며, 여기서 사용된 현재 시제가 현재적인 경험을

확실히 보여주는 것이라고 주장한다.[5] "그리스도인의 경험"을 가리
킨다고 보는 이 입장은 다음의 세 가지 기본적인 뉘앙스를 가진 것
으로 보인다. (1) **성숙한 그리스도인**, 14-25절의[6] 경험은 성화된 신
자들이 육체의 부활이 있기 전까지 직면할 것으로 예상될 수 있는
경험이다. (2) **미성숙한 그리스도인**, 14-25절의 경험은 로마서 7장
의 갈등을 8장의 승리로 전환시키는 신앙의 성장과 성숙으로 극
복될 수 있는 것으로 보인다. (3) **율법주의적 그리스도인**, 14-25절
의 경험은 성령을 따라 살지 않고 자신의 노력으로 하나님의 율법
을 지키려 애쓰지만 결국 이를 행하고자 하는 그의 의욕과 선한
의도에도 불구하고 내주하는 죄에 의해 강하게 붙잡혀 있는 그리
스도인을 묘사한다. 이 견해들의 근본적인 차이는 첫 번째 견해가
14-25절의 경험을 신자들의 삶에서 언제나 현재형으로 경험되는
것으로 보는 반면, 두 번째와 세 번째 견해는 그렇지 않다고 본다
는 점에 있다. 그랜트 오스본은 이 입장에서 자신의 입장을 전개한
다. 그의 주장에 따르면, 바울은 먼저 자신을 거듭나지 못한 한 사
람의 유대인으로 묘사하고(7-13절), 그리고 나서 그리스도 안에서
거듭난 신자로 묘사한다(14-25절). 14-25절에서 거듭난 사람은 바
른 것을 행하려는 마음이 있지만 육체의 권능으로 인해 죄와 사망
에 대한 싸움에서 실패한다.

로마서가 그리스도인이 되기 직전의 상태 또는 거듭나지 못한 상

---

5   각각의 기고자들이 다양한 견해를 주장하는 사람들을 구체적으로 언급하기 때문에
여기서 더 자세히 언급할 필요는 없다.

6   또는 13-25절. 로마서 7장을 두 부분으로 나눌 때 1-12절과 13-24절로 볼 것인
지, 아니면 1-13절과 14-25절로 볼 것인지에 대해서, 학자들 사이에서는 앞 단락에
서 제기된 것과 같은 질문과 본문 주해로 인해 의견이 나뉜다.

태를 가리킨다고 주장하는 사람들은 죄의 반복적인 승리와, 예를 들어, 19-20절의 묘사가 거듭난 사람에 대해 사용되지 않는다고 주장하는 경향을 보인다. 또한 그들은 대체로 이 단락에서의 현재 시제가 과거 사건을 가리키는 역사적 현재형으로 쓰인 것이라고 본다. 그래서 이 부류의 사람들은 다른 견해를 가진 사람들보다 자신들의 해석이 로마서 전체의 문맥과 가장 잘 부합한다고 주장한다. "그리스도인 이전 상태의 경험"(pre-Christian experience)으로 보는 이 견해는 다음의 세 가지 기본적인 뉘앙스를 지닌다. (1) **바울의 자전적인 기술.** 14-25절은 바울이 회심 이전의 자기 경험을 재진술한 것으로, 그리스도인이 아니던 때에 자신을 관찰하고 이해한 것에 기초하거나, 아니면 현재 로마서를 작성하고 있는 시점에서 과거의 자신을 바라보고 이해한 것을 토대로 한다. (2) **율법 아래의 인류.** 14-25절의 경험은 율법 아래 놓인 인류의 경험이라는 것이다. 예를 들어, 1인칭으로 등장하는 "나"는 바울 자신을 가리키는 것이 아니라 비그리스도인이나 그리스도인의 시각에서(이 경우 바울을 가리킨다) 믿음에서 벗어난 인간 존재를 생생하게 묘사하고 분석한 문체적인 형식이라는 것이다. (3) **유대인을 대표하는 인물로서의 바울.** 14-25절은 유대인의 한 사람으로서 율법의 취약성과 그 취약성의 근원, 즉 인간 자아의 문제를 밝히기 위해 자신의 과거를 자세히 이야기하는 바울의 경험을 가리킨다. 두 번째와 세 번째 견해의 차이점은 후자가 인류나 유대인 대표자가 아닌 한 개인을 가리킨다고 본다는 점에 있다. 스티븐 체스터는 이 관점에서 글을 썼고, "바울이 자신의 개인적인 경험을 묘사했고, 그리스도인이 되기 이전 상태에 대한 회고적인 평가로서 그렇게 한 것이다"고 주장한다.

또 다른 부류의 사람들은 로마서 7장이 거듭난 사람과 거듭나지 않은 사람 모두를 가리킨다고 본다. 이 견해의 한 가지 미묘한 차이점은 로마서가 모든 인간의 경험을 묘사한다고 보는 것이다. 이 견해의 옹호자들은 로마서 7장이 하나님의 은혜와 성령이 공급하시는 힘과 자원 없이 하나님의 율법을 지키려 노력하는 도덕적으로 진지한 사람의 일반적인 경험을 가리킨다고 본다. 달리 말하면 14-25절은 무엇이 올바른지를 이해하고 그것을 행하려 애쓰지만 "그리스도 안에" 속하지는 않은 사람을 가리킨다. 본문이 묘사하는 이 인물은 그리스도에게 아직 회심하지 않았거나 그리스도에게서 떠났을 수도 있는 사람이다. 이 구절은 무엇이 과거이고 무엇이 현재인지를 다루는 것이 아니라 오히려 바울의 과거에 해당하거나, 현재에 해당하는 것으로 밝혀질 수 있는 것에 관심을 둔다. 이 견해의 또 다른 미묘한 차별점은 마크 사이프리드가 자신의 챕터에서 밝히고 있는 입장인데, 그는 바울이 로마서 7장에서 그리스도께로 회심하기 이전의 자기 삶을 다루는 것도 아니고, 주로 자신의 기독교적 체험에 대해 말한 것도 아니라고 주장한다. 오히려 그는 "율법과 충돌하는 인간 존재"에 대해 이야기한 것으로 본다. 그러니까 믿음 이전의 경험인지 아닌지가 전혀 상관이 없다는 것이다.

각 기고자들이 자신의 견해를 피력하고 다른 견해에 대해 논평한 후에 채드 브랜드(Chad Brand)는 각 기고자들의 챕터에 대해 영적인 훈련에 관한 통찰력 있는 결론을 제공한다. 이 챕터에서 그의 과제는 기고자들 사이에서 최종 심판 역할을 하거나 어떤 견해가 정확한지 판단하는 것이 아니다. 오히려 그는 어떤 견해가 정확한지와 상관없이 로마서 7장의 다양한 신학적 목회적 이슈와 함의를 논의한다.

필자는 이 책에 기고한 학자들의 글이 성경을 손에 쥐고 읽을 때 생각하게 만들고, 로마서 7장에 관련된 이슈들을 분류할 수 있게 해줄 것이라고 믿는다. 우리 모두는 이 본문에 대한 나름의 확신을 갖고 있다. 필자는 여러분의 그 신념들이 강화되고 풍성해지길 원한다. 그리고 물론 필요에 따라서는, 성경본문을 면밀히 읽어보고, 기고자들의 견해를 숙고하면서 풍성한 지적 대화를 통해 생각에 변화가 생길 수도 있을 것이다.

제 1 장

성령 없이 육신을 따르는 삶

로마서 7장과 그리스도인의 경험

Perspectives on Our Struggle with Sin

Perspectives on Our Struggle with Sin

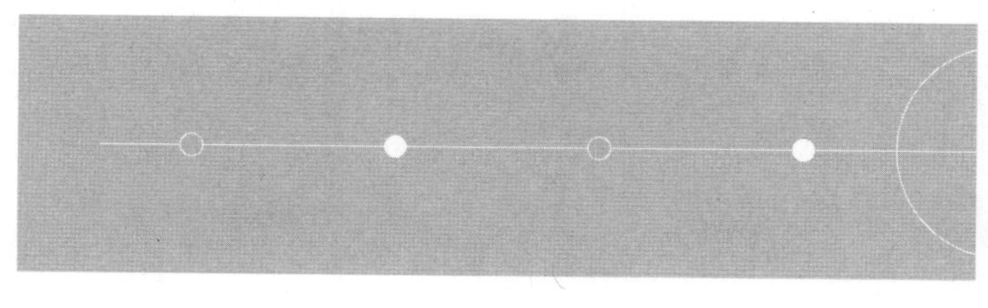

그랜트 R. 오스본

로마서 7:7-25은 신약성경에서 가장 어려운 주해적 신학적 난제 중 하나다. 본문의 의미에 대해 일반적인 합의가 이뤄지지 않았을뿐더러, 앞으로도 그렇게 되지 못할 것이다. 왜냐하면 가능성 있는 너무 많은 해석들이 로마서 5-8장의 문맥에 부합하는 것처럼 보이기 때문이다. 이 본문의 해석작업에서 제기된 모든 선택지들이 데이터와 적절히 부합하기 때문에, 내 견해만이 정확하다고 주장하는 것은 오만한 태도일 것이다. 이 본문은 성경의 수많은 본문 중에서도 우리가 천국에 갈 때까지 그 참 의미를 알 수 없을 것이라고 곧바로 인정할 수밖에 없는 부분에 속한다. 오로지 바울만 무엇을 의미했는지 알려줄 수 있다! 그럼에도 불구하고 이 챕터는 이러한 여러 선택지 중 하나로, 바울이 로마서 7장을 통해 그리스도인의 경험을 묘사했다는 주장이 모든 변수를 고려한 최선의 답변이라고 주장할 것이다.

로마서 7장 : 문맥의 중요성

처음부터 문맥을 파악하는 것이 매우 중요하다. 결국 로마서 5-8장의 논지전개에 가장 부합하는 대답을 찾아야 하기 때문이다. 로마서의 전반부는 두 부분으로 나뉜다. (1) 1:1-4:25은 인류의 철저한 죄성에 초점을 맞추면서 유일한 해답으로서 하나님으로부터 주어지는 칭의(이것은 하나님이 그리스도의 대속적인 희생에 기초해 사람들을 의롭다고 선언하시는 것을 말한다)와 구원의 유일한 방법으로 그리스도를 향한 믿음의 필요성을 이야기한다. (2) 5:1-8:39은 칭의가 일으키는 실효적인 결과로서 그리스도 안에서의 새로운 삶에 대해 자세히 설명한다.[1] 이 후반부는 그리스도와 성령 안에서의 삶을 찬양하는 "고리구조" 또는 교차대구로 가장 잘 설명될 수 있다.[2]

A. 결과 1: 미래의 영광에 대한 소망과 확신, 5:1-11

B 확신의 기초: "새 아담"의 행위, 5:12-21

C 죄와 죽음의 문제, 6:1-23

C′ 죄와 율법의 문제, 7:1-25

B′ 확신의 기초: 성령 안에서의 삶, 8:1-17

A′ 결과 2: 성령 안에서의 영광과 보장, 8:18-39

---

1   5장을 1-4장이 아닌 6-8장에 연결하는 이유를 포함하여 이러한 로마서 구조분석에 대한 탁월한 논의는 다음을 참고하라. D. J. Moo, *The Epistle to the Romans* (NICNT; Grand Rapids: Eerdmans, 1996), 290-95.

2   Ibid., 294; G. R. Osborne, *Romans* (IVPNTC; Downers Grove, IL: InterVarsity, 2004), 125.

로마서 7장은 바울의 성화교리라 불릴 수 있는 부분의 중심부에 속한다. 1:18-3:18에서 죄의 문제는 구원에 이르지 못하는 인간의 타락을 상세히 설명하면서, 불신자의 측면에서 논의된다. 6:1-23에서 죄는 신자의 삶에 실효적으로 역사하는 힘으로 묘사되는데, 여기서 죄는 신자의 삶에 침투하여 교두보를 확보하고 지배력을 행사하려 한다. "6장의 첫 번째 문단(1-14절)은 우리가 죄에 대하여 죽었고 그리스도 안에서 하나님께 대하여 살아있음을 반복적으로 이야기한다. 두 번째 문단(15-23절)은 우리가 죄의 종인 상태에서 해방되었고 이제 의의 종이라고 설명한다."[3] 우리는 7장에서 바울이 논의의 초점을 그리스도인이 되기 이전의 삶으로 되돌리는 것인지, 아니면 그리스도인의 죄와의 투쟁을 다루는 6장의 주제를 이어가고 있는지 질문할 것이다.

7장에서 바울은 그가 자주 언급한 한 가지 문제로 돌아간다. 그것은 바로 토라 또는 율법에 관한 것이다. 바울은 이미 율법의 위치에 대해 자주 말한 바 있다. 3:21에서 그는 칭의(하나님으로부터 오는 의, 비교, 1:17)가 "율법 없이" 경험될 수 있다고 진술하는데, 이것은 하나님이 율법 준수로는 얻을 수 없는 구원의 새 시대를 제정하셨음을 의미한다.[4] 그는 3:28에서 이것을 더 명확하게 짚고 넘어가는데, 여기서 "사람이 의롭다 하심을 얻는 것은 율법의 행위에 있

---

3 Osborne, *Romans*, 148. T. R. Schreiner, *Romans* (BECNT; Grand Rapids: Baker, 1998), 298. 슈라이너는 그의 주석에서 이렇게 말한다. "로마서 5장은 신자의 소망이 너무도 확실해서 어떤 것도 그것을 취소할 수 없음을 강조한다. 죄도 죽음도 율법도 이 소망을 억제할 수 없다." 이어서 6장에서는 "죄의 압제는 신자 안에서 파괴되었는데 왜냐하면 그들이 그리스도와 함께 죽었고, 그와 함께 부활할 것이기 때문이다. 이것은 주인이 교체되고 새로운 주에게 속하는 것을 의미한다"(301).

4 특별히 언급되지 않는다면, 모든 성경 인용은 NIV를 따른다.

지 않고 믿음으로 된다"고 단도직입적으로 말한다. 행위가 아닌 믿음이 그리스도에 의해 개시된 새 언약에서 핵심적인 위치를 차지한다. 그러고 나서 4:13-16에서 그는 더욱 구체화된 논의로 동일한 논점을 다른 방식으로 설명하면서, 아브라함의 하나님에 대한 믿음이 "그에게 의로 여겨졌던" 예를 제시한다(롬 4:3; 창 15:6에서 인용함). 바울은 이것이 명시적으로 "아브라함과 그의 자손"(유대인과 더불어 이방인들)이 "율법을 통해서"가 아닌 믿음을 통한 은혜에 의해 받는 것임을 나타낸다고 설명한다.

하지만 이제 바울은 한걸음 더 나아간다. 이 논의는 단순히 율법이 구원을 이루지 못한다는 주장에서 끝나지 않는다. 율법은 죄의 수단이 되기도 한다(3:20; 4:15; 7:5). 5:20은 하나님이 "율법이 들어온 것"은 죄를 더하게 하려는 것이며, 이는 사람들로 하여금 하나님의 율법을 직접적으로 위반한 것으로서 죄의 심각성을 확인함으로 "범죄를 더하게 하려는 것"이라고 말한다. 마지막으로 6:14에서 바울은 그리스도 안에서의 하나님의 은혜로 인해 "너희가 율법 아래 있지 않기" 때문에, "죄가 너희를 주장하지 못할 것"이라고 결론 내린다. 즉 죄가 율법을 활용해 사람들을 하나님으로부터 분리시키던 옛 시대는 끝났다는 것이다.

7:1-6에서는 이러한 율법에 대한 가르침을 요약한다. 여기서 바울은 앞서 언급한 대로 여러 곳에서 소개한 율법에 관한 전반적인 질문에 대답하는데, 이 문단의 제목은 "그리스도의 죽음 안에서의 율법으로부터의 자유"라 말할 수 있다.[5] 특히 바울은 6:14의 "법 아

---

5   J. A. Fitzmyer, *Romans: A New Translation with Introduction and Commentary* (AB; New York: Doubleday, 1992), 454.

래 있지 않다"는 말의 의미와 율법과 죄의 관계 그리고 율법과 신자와의 관계를 명확히 설명하고자 한다. 바울은 이를 위해 "그 법이 사람이 살 동안만 그를 주관한다"(7:1)는 원칙을 증명하기 위해 결혼의 예를 활용한다. 여기서 바울은 결혼한 여인은 그 남편이 살아있는 동안만 남편의 권위 아래 "매여있으며", 남편의 사망 시에는 결혼이라는 귀속상태에서 자유하게 된다는 사실에 호소한다(2-3절). 그래서 이 예시는 4-6절에서 제시하는 율법의 권위에 적용되는데, 남편의 죽음을 경험한 부인의 예와 마찬가지 방식으로 죽음이라는 것은 한 사람을 율법의 권위에서 벗어나게 한다는 점을 뒷받침한다. 율법은 살아있을 때에만 권위를 행사할 수 있으며, 그래서 죽음은 곧 해방을 의미한다. 그리스도인들은 그리스도의 죽음을 향하여 "세례를 받았고"(롬 6:3), "그와 함께 장사되었고"(6:4), 그들은 "죄에 대하여 죽었다"(6:2). 이제 바울은 율법에 대한 죽음의 의미를 확장한다. 신자들은 "그리스도의 몸을 통해 율법에 대하여 죽임을 당했고"(7:4), 그리스도와 연합했으며, 이는 율법의 저주에서 해방됨과 동시에 죄와 사망과 율법의 옛 영역에서 벗어나 그리스도와 생명의 새 영역으로 들어감을 의미한다. 율법은 "죄의 정욕"을 불러일으키는 도구가 되어버렸고(7:5), 그래서 그리스도 안에서 신자들은 "영의 새로운 것으로 섬기기"(7:6) 위하여 "율법 조문의 묵은 것"(7:6)으로부터 "벗어났다"(7:6).

7:7-25의 한편에는 신자가 죄와 율법에 대하여 맺는 관계를 포함하여 그리스도인의 삶에서 경험하는 칭의의 결과에 대해 논의하는 5:1-7:6의 문맥이 놓여 있다. 어떤 차원에서는 죄와 율법이 정죄와 패배를 낳지만, 다른 차원에서는 다른 영역으로 들어가, 그리스

도 안에서 승리하여 그리스도와 성령 안에서 주어지는 생명이라고 하는 새로운 언약적 현실을 경험하게 된다. 다른 한편, 7:7-25의 다른 한쪽에는 성령 안에서의 새로운 삶에 대해 상술하는 8:1-39이 놓인다. 죄가 패배주의를 낳고 율법이 육체 안에서 역사한다는 7장의 내용은 성령 안에서 주어지는 생명에 의해 승리로 전환된다. 여기서 핵심 용어인 '프뉴마'(πνεῦμα)는 8장에서 21회 반복되는데, 이는 죄와 벌이는 종말론적 투쟁과 율법의 문제가 신자의 삶에 들어온 성령이라는 종말론적 현실에 의해 해결된다는 점을 의미한다.

로마서 8장은 다음과 같이 네 부분으로 이뤄진다. (1) 1-11절에서는 5:1-11에서 약속된 기쁨과 소망이 하나님의 백성으로 하여금 죄를 극복하게 하고 하나님께 순종하게 하고 그리스도 안에서 생명과 평화를 맛보게 해주는 성령의 내주하는 힘을 통해 현실화된다. (2) 12-17절에서는 성령 안에서의 생명이 새로운 가족관계를 수반하는데, 여기서 신자들은 하나님의 자녀로 입양되어 하나님을 "아바 아버지"라 부르짖으며 영광스러운 상속을 약속받는다. (3) 18-30절에서 성령의 임재는 고통 가운데 "탄식"하는 우리에게 새로운 소망을 만들어낸다. 그래서 그리스도의 고난에 참여함은 곧 영광에 이르는 길이며, 하나님의 주권은 우리의 구원과 최후의 영광을 보증한다. (4) 31-39절에서 이 확신은 절대적인 것으로 확인되는데, 왜냐하면 이 모든 것이 하나님의 사랑과 그리스도의 사랑에 닻을 내리고 있기 때문이다.

이번 장에서 필자의 과제는 지금까지 강조해 왔던 문맥에 가장 어울리는 입장에 서서 7:7-25을 해석하는 다양한 선택지들을 검토하는 것이다. 바울은 이 세상에서 죄와 율법의 현존에 대해 무엇을 말하고자 했던 걸까? 우리는 바울이 자신의 주장을 입증하기 위해 개발해 낸 이 가상의 인물을 어떻게 이해해야 할까? 바울은 어떤 의미에서 율법은 그 자체로 악하지 않고 하나님이 그것을 주신 목적을 갖고 있다고 명시함으로써 "율법을 위한 변호 또는 방어 논리"를 제시한다. 다른 의미에서 바울은 인간을 지배하는 죄의 권세와 이 죄를 극복하는 해결책에 대해 이야기함으로써 6장에서 죄에 대해 탐구한 것을 확장시킨다. 여기서 우리의 목적은 여러 해석의 선택지들을 살펴본 후에, 본문 자체를 깊이있게 탐구함으로써 가장 가능성있는 7:7-25의 취지를 밝혀내는 것이다.

로마서 7장을 이해하는 다양한 견해들

이 본문을 읽는 누구에게나 꽤 분명한 두 가지 질문이 있다. (1) 로마서에서 바울이 3인칭으로 말해왔던 화법을 전환하여 1인칭으로 전환할 때 그는 누구를 가리켰던 것일까? (2) 그리고 바울은 비회심자와 회심자 중 누구의 영적 체험을 묘사하고 있는 것일까? 이 두 이슈들은 여러 이론들을 낳았다. 바로 이어지는 내용에서 우리는 첫 번째 질문에 대한 주요 선택적 대안들을 살펴보고, 7:14-25을 다루는 곳에서 두 번째 질문을 다룰 것이다. 이러한 이론들이 서로 충돌하는 것이 아님을 아는 것이 중요하다. 대부분의 학자들은 두세 가지 이론들을 조합한 견해를 갖고 있다.

자전적인 진술이라는 해석(Autobiographical). 가장 자연스러운 이해는 7:7-25에서 바울이 인간이 일반적으로 경험하는 것을 가리키는 한 예로 자신에 대해 설명한 것이라는 해석이다. 이 입장에 따르면 바울은 자신이 율법준수의 함의에 대해 처음 깨닫게 되었던 젊은 시절의 경험을 묘사한 것이다(Zahn, Godet, Dodd, Jeremias, Bruce, Gundry 등이 이 입장에 서 있다). 이런 해석을 지지하는 사람들은 로마서 7장에 드러나는 강렬한 감정의 표출과 매우 개인적인 말투를 감안할 때, 바울은 주로 자신의 개인적인 체험을 진술한 것이 분명하다고 본다. 낙스 챔벌린(J. Knox Chamblin)은 이렇게 설명한다. "그는 자신이 말하는 내용에 무척 깊이 연루되어 있다. 본문의 1인칭 '나'를 단순히 수사학적 장치라고 보기엔, 이 구절들에서 나타나는 실존적인 고뇌가 너무나 사실적이다."[6] 스토트 역시 이렇게 덧붙인다. "바울이 쓰는 내용은 그저 수사학적 장치나 다른 누군가를 흉내낸다고 보기에 너무나 현실적이고 생생하다."[7] 패커는 바울이 자기 자신이 아닌 다른 누군가를 두고서 이토록 "비참한 사람"이라고 말했다는 해석은 "너무 인위적이고 극적"으로 보이기 때문에 "논쟁의 여지가 없이" 바울 자신을 가리킨다고 해석한다.[8] 이런 학자들은 로마서 7장을 정신분석학의 관점으로 읽어내어 바울이 일종의 자기 자신에 대한 실존적인 분석을 제시한 것으로 보는 타이센 정도까지는 가지 않지만,[9] 이 본문의 핵심이 자전적인 진술을 다룬 것이라고 본

---

6   J. K. Chamblin, *Paul and the Self: Apostolic Teaching for Personal Wholeness* (Grand Rapids: Baker, 1993), 171.

7   J. Stott, *Romans: God's Good News for the World* (Downers Grove, IL: InterVarsity Press, 1994), 199.

8   J. I. Packer, "The Wretched Man Revisited: Another Look at Romans 7:14-25," in *Romans and the People of God: Essays in Honor of Gordon D. Fee on the Occasion of His 65th Birthday* (ed. S. K. Soderlund and N. T. Wright; Grand Rapids: Eerdmans, 1999), 73-74.

9   G. Theissen, *Psychological Aspects of Pauline Theology* (Philadelphia: Fortress Press, 1987), 177-265.

다. 이 견해는, 14-25절을 이해하는 가장 쉬운 방법은 본문이 "마땅히 행해야 할 것을 알고서" 그것을 행하기 위해 투쟁하지만, 결국 그렇게 행하지 못하는 "나"를 보여준다고 해석하는 것이다. 모든 그리스도인은 딱 이같은 방식으로 죄의 문제로 고뇌한다는 것이다.

모든 사람을 가리킨다는 견해(Everyman). 이 입장은 바울이 죄와 씨름하는 모든 인간을 묘사했다고 해석한다(Kümmel, Bornkamm, Lambrecht, Fitzmyer 등이 이를 지지한다). 피터 보르겐(Peter Borgen)은 바울이 전기적인 형식을 사용하지만 실제로는 "죄를 통렬히 후회하는 행악자가 자신의 그릇된 행실을 인정하고 율법과 하나님의 통치의 권위를 인정하면서, 실존적인 반응으로 형벌이나 구원에 직면하는 모습을 묘사하고 있다"고 본다.[10] 이 견해가 지배적인 견해가 되었다. 큄멜은 이를 탈무드의 세 곳을 인용하여, 순전히 율법 아래의 모든 사람을 지칭하는 수사학적 표현으로 보고, "나"라는 표현 자체를 일반적인 사람을 가리키는 기본 형식으로 여긴다. (m. Ber 1:3: 랍비 타르폰이 위험한 상황에 처한 셈에 대해 이야기하는 본문, m. Aboth 6:9: 랍비 조세 키스마가 한 이방인과 대화하는 본문, b. Ber 3a: 랍비 키스마가 엘리야와 대화하는 본문).[11] 또한 바울 자신도 다음의 본문들에서 이런 비슷한 패턴을 사용한다. 로마서 3:7(그러나 나의 거짓말로

---

10 P. Borgen, "The Contrite Wrongdoer—Condemned or Set Free by the Spirit? Romans 7:7-8:4," in *The Holy Spirit and Christian Origins: Essays in Honor of James D. G. Dunn* (ed. G. N. Stanton, B. W. Longenecker, S. C. Barton; Grand Rapids: Eerdmans, 2004), 182 (cf. 181-92); 또한 다음을 참고하라. M. A. Seifrid, "The Subject of Rom. 7:14-25," *Novum Testamentum* 34 (1992): 313-33.

11 W. G. Kümmel, *Römer 7 und die Bekehrung des Paulus* (Leipzig: Hinrichs, 1929), 128-32.

하나님의 참되심이 더 풍성하여 그의 영광이 되었다면 어찌 내가 죄인처럼 심판을 받으리요). 고린도전서 6:15(내가 그리스도의 지체를 가지고 창녀의 지체를 만들겠느냐). 고린도전서 13:1-3(내가 사람의 방언과 천사의 말을 할지라도 … 내가 예언하는 능력이 있어 … 내가 내게 있는 모든 것으로 구제하고). 이것들은 모두 1인칭 "나"를 활용해 발화자 자신이 아닌 일반적인 사람에 대해 언급한 예시들이다. 오늘날 많은 사람들이 이런 패턴이 로마서 7장에 나타난다고 믿는다. 학자들은 바울의 "나"라는 1인칭 화법이 어떤 제3의 캐릭터를 연기하듯 말하는 '프로소포포에이아'(prosopopoeia) 또는 '스피치 인 캐릭터'(speech-in-character)(역자 주 – 대표성을 지닌 특정 인물을 상상해서 견해를 제시하는 방식)에 해당한다고 보았다. 이는 고대의 문체적인 양식으로서 저자가 어떤 주장을 펼치기 위해 대표성을 지닌 어떤 인물을 상상해 내어 1인칭 형식으로 다른 사람에 대해 이야기하는 말의 기술이다.[12]

아담이라는 견해(Adam). 많은 사람들은 바울이 수사학적으로 아담이 죄에 빠진 사건에 대한 창세기 이야기를 묘사했다고 믿는다. 온 인류의 조상 아담은 선악을 알게 하는 열매를 먹지 말라는 창세기 2:16-17의 명령을 들은 후에 죄의 유혹에 굴복했고, 절망 및 하나님의 정죄를 경험했다(Theodore of Mopsuestia, Dibelius, Käsemann, Stuhlmacher, Dunn 등이 이를 주장한다). 롱에네커는 이 입장의 여러 이점들을 다음과 같이 열거한다.[13] (1) 7:7-13의 과거 시제와 부합

---

12 특히 다음을 참고하라. S. K. Stowers, *A Re-reading of Romans: Justice, Jews, and Gentiles* (New Haven: Yale University Press, 1994), 258-84; 와 "Romans 7.7-25 as a Speech-in-Character (prosōpopoeia)," *Paul in His Hellenistic Context* (ed. T. Engberg-Pedersen; Minneapolis: Fortress, 1995), 180-202.

13 R. N. Longenecker, *Paul: Apostle of Liberty* (New York: Harper & Row,

한다. (2) 바울이 "율법이 없었을 때에는 내가 살았더니 이제는 내가 죽었다"고 말한 의미를 잘 포착한다. (3) 5:12-21과 7:7-25이 잘 연결되게 해준다. (4) 공교롭게도 "꾀다, 속이다"를 의미하는 '(엑스)아파타오'가 창세기 3:13과 로마서 7:11에서 병행을 이룬다. (5) "나"를 격언의 성격으로 이해하면 훨씬 더 의미가 분명해진다. 부쉬(A. Busch)는 하와가 중심 인물이라는 살짝 다른 견해를 갖고 있다. 먼저 하와는 하나님께 수동적으로 순종하는 모습을 보이다가, 모순적이게도 능동적으로 범죄하게 되는데, 이는 율법과 죄에 의한 범죄 사이에서 갈등하는 자아의 그림을 보여준다는 것이다.[14]

이스라엘이라는 견해(Israel). 이것 역시 흔히 받아들여지는 견해로 1인칭 "나"의 수사적 활용으로 율법과 죄와 씨름하는 이스라엘을 묘사한다는 설명이다. 이 접근은 시내산 이전에 살아있던 이스라엘이 율법수여를 통해 죄의 실재를 깨달았고 결국 타락했다고 설명한다. 이 입장은 모세의 법령 아래 놓인 이스라엘의 상황과 연속선상에 놓인 온 인류의 딜레마를 묘사한다는 점에서 구원사적 견해로 불리기도 한다(John Chrysostom, Cyril of Alexandria, Bornkamm, Schlier, Achtemeier, Moo 등이 이를 주장한다). 캐치폴(D. Catchpole)은 "로마서 7장의 1인칭 '나'는 모세시대를 살아가는 아담적 인격으로서, 첫 번째 시대인 이스라엘 시대에 붙잡혀 있고, 아직 그리스도 이후의 구속사의 두 번째 시대를 알지 못하는 존재"라고 주장한다.[15] 그는

1964), 94.

14   A. Busch, "The Figure of Eve in Romans 7:5-25," *Biblical Interpretation* 12 (2004): 1-36. 이와 유사한 접근은 다음을 참조하라. S. Krauter, "Eva in Röm 7," *Zeitschrift für die Neutestamentliche Wissenschaft* 99 (2008): 1-17.

15   D. Catchpole, "Who and Where Is the 'Wretched Man' of Romans 7, and Why

7:7-12이 5:12-21의 아담적 패러다임을 재진술한 것이고, 7:13-
25이 그리스도 없이는 첫 번째 시대에 놓인 사람을 구제할 수 없는
"무척 안타까운 인간현실"에 대한 결론을 제시한 것이라고 본다.[16]
P. 에슬러는 바울이 "자신과 동료 유대인들의 경험을 포괄하는, 이
스라엘 율법을 겪고 있는 '나'의 목소리"를 들려준다고 여긴다. 이는
"모세 율법과의 관계 속에서 이스라엘을 필연적으로 괴롭히는 문제
들"을 다루기 위해서인데, 특히 "죄에 대한 속박의 상태"에서는 "그
리스도에 대한 믿음만이 완전한 탈출을 제공"한다는 사실을 설명
하기 위함이다.[17]

그리스도인이라는 견해(Christian). 바울이 신자로서 자신의 영(선을
행하며 율법에 순종하고자 하는 열망)과 육(하나님의 계명을 행할 능력이 없
는 상태)이 투쟁하는 경험을 묘사한 것이라고 보는 학자들도 많다(후
기 Augustine, Luther, Calvin, Barth, Nygren, Cranfield, Packer, Dunn 등
이 이를 주장한다). 그들은 모든 신자들이 정확히 이 본문이 밝혀주
고 있는 것과 동일한 방식으로 몸과 마음의 갈등을 경험한다고 주
장한다. 죄와 그리스도인으로서의 선한 열망 사이에 벌어지는 전쟁
이 바로 7:7-25에서 일어나고 있는 일과 정확히 부합한다. 장혜경
은 바울이 율법-은혜의 이슈를 다루면서 율법을 죄의 도구로 제시

Is 'She' Wretched?" in Stanton, Longenecker, and Barton, *The Holy Spirit
and Christian Origins*, 168 (cf. 168-80).

16   Ibid., 177-79. 이와 비슷한 결론은 다음을 참고하라. Daniel Napier, "Paul's
Analysis of Sin and Torah in Romans 7:7-25," *Restoration Quarterly*
44.1 (2002): 15-32; Paul W. Meyer, "The Worm at the Core of the Apple:
Exegetical Reflections on Romans 7," *The Word in This World: Essays in New
Testament Exegesis and Theology* (Louisville: WJK, 2004).

17   P. F. Esler, *Conflict and Identity in Romans: The Social Setting of Paul's
Letter* (Minneapolis: Fortress, 2003), 242.

하고, 그리스도인의 삶을 성령을 통해 율법에서의 해방을 예기적으로 경험하는 것으로 묘사한다.[18]

이 견해들 중 무엇이 정확한 해석일까? 역사적으로 저명한 학자들은 각각의 견해를 주장해 왔고, 각 입장을 대변하는 매우 훌륭한 논증들이 존재한다. 이 문제를 해결하는 유일한 방법은 우리가 이제 막 '다양한 관점' 시리즈에서 시도하고 있는 것과 같다. 그것은 본문 자체에서 나오는 주요 근거를 검토하고, 이 모든 관찰사실에 가장 잘 부합하는 해석이 무엇인지를 따져보기 위해 주해적으로 본문을 공부하는 것이다. 따라서 우리는 이제부터 이런 관점에 따라 7:7-13을 검토해 보고, 그러고 나서 7:14-25을 살펴보면서 어떤 입장이 바울이 실제로 말했던 것을 가장 잘 묘사하는지를 확정하게 될 것이다.

죄와 율법 - 죄의 문제, 7:7-13

7-12절의 수사학적 구조는 꽤 단순하다. 기본 요지는 문단의 처음과 끝에 드러난다. 즉, 율법은 죄가 아니며(7a절) 오히려 "거룩하고 의롭고 선하다"(12절)는 것이다. 이 진술은 두 개의 논증으로 뒷받침된다. (1) 율법은 그것이 사람의 마음 속에서 죄악된 행위를 이해할 만한 것으로 받아들이게 만들고, 그래서 죄가 매력적인 것으로 보이게 될 때 죄를 범하게 하는 도구로 기능한다(7a-8a절). (2) 율법은 죄를 삶에 가져오고, 이는 "나"의 죽음으로 이어진다(8b-11절, 이는

---

18   H.-K. Chang, "The Christian Life in a Dialectical Tension? Romans 7:7-25 Reconsidered," *Novum Testamentum* 49.3 (2007): 257-80.

8b-10a절과 10b-11절로 구성된다).

논제 : 율법은 죄가 아니다(7:7a). 이 문단 전체의 이유가 도입부에서 부터 나온다. 신약성경 내에서 "그런즉 우리가 무슨 말 하리요"라고 하는 수사학적 질문은 로마서에만 나타나는데, 로마서 내에서는 문단에서 이음매에 해당하는 위치에 여러차례 나타난다(3:5; 4:1; 6:1; 8:31; 9:14,30). 이는 바울이 말한 것을 오해할 가능성을 명시하면서 이러한 것들을 가르친다는 비난을 잠재우기 위한 것이다. 이 기술은 디아트리베 논증에서 일반적으로 나타나는데, 1인칭 복수 형태는 독자로 하여금 해석적 오류의 가능성(흔히 "율법이 죄냐?"와 같이 두 번째 짧은 질문의 형태로 표현된다)을 판단하도록 유인한다. 5:20에서 바울은 이렇게 말한다. "율법이 들어온 것은 범죄를 더하게 하려 함이라." 그리고 나서 6:14에서 이렇게 덧붙인다. "죄가 너희를 주장하지 못하리니 이는 너희가 법 아래에 있지 아니하고 은혜 아래에 있음이라." 마지막으로 바울은 "율법으로 말미암아 죄의 정욕이 일어난다"(7:5)고 말한다. 이러한 주장을 토대로 우리는 율법이 죄와 명확히 분리되지 않는다는 결론에 쉽게 도달할 수 있다. 다음의 문장에서처럼 죄라는 단어에 정관사가 붙지 않는 것은 (그것이 술어의 위치에 놓여 있다는 사실과 더불어) 죄의 질적인 특성을 더 부각시킨다. "율법은 죄악을 특징으로 한다."

바울은 이러한 수사학적 질문을 사용한 다른 문맥에서와 마찬가지로 독자들이 위험한 방식으로 제멋대로 추론할 가능성을 떨쳐내야 했기 때문에, "그럴 수 없느니라"('메 게노이토', μὴ γένοιτο)라고 대답한다. 율법은 본질상 악한 것이 아니기 때문에 바울은 로마서 7장의 나머지 분량을 율법을 옹호하고 그것이 기본적으로 갖고 있는 유익에 대해 입증하는 데 할애한다. 그래서 그는 율법과 죄의 연결, 그리고 그 둘이 인간 존재의 딜레마에 깊이 연결되어 있다는 점을 이야기한다. 율법은 하나님 앞에서 올바르게 살지 못하도록 하나님의 백성들을 방해하도록 역사하는 죄의 도구가 되었다. 하지만 율법 자체가 죄가 된 것은 아니다. 이 전제는 이어지는 구절들에서 발전될 것이다. 바울은 '알라'(ἀλλά)로 시작하는데, 이것은 강한 반대의 의미가 아닌, 율법과 죄의 관계를 재정의하는 의미로, 즉 "그럼에도 불구하고, 대신에, 오히려"의 뜻으로 사용된다. 바울은 "율법은 죄가 아니지만 죄에 대한 깨달음에 이르게 한다"고 말함으로써, 자신의 개인적인 관찰을 모든 사람의 경험에 위치시킨다.

죄의 수단으로서의 율법(7:7b-8a). 바울은 율법과 죄의 관계를 "앎"의 개념으로 정의하는데, 그는 먼저 일반적인 진술(내가 죄를 알지 못했을 것이다)을 한 후에 구체적인 예를 든다(내가 탐심을 알지 못하였으리라). 이렇게 함으로써 바울은 안다는 것을 뜻하는 각기 다른 용어를 사용하는데, 일반적인 진술에서의 '에그논'(ἔγνων)이 구체적인 예에서 '에데인'(ἤδειν)으로 전환된다. 고전 헬라어에서 전자는 경험적이고 실천적인 지식을 나타내고, 후자는 이성적이고 직관적인 지식을 나타낸다. 하지만 그러한 구분이 여기서는 그다지 뚜렷하게 나타나지는 않는다. 이 두 단어는 단순히 문체상 동일한 의미를 나타내는 다른 용어들을 사용하면서 강조하고, 죄에 대한 인식과 자각을 가리킨 것이다. 이 뉘앙스는 매우 중요한데 왜냐하면 바울이 "나"는 죄를 짓지 않았다고 말하는 것이 아니라, 오히려 그러한 행동들이 죄로 여겨지는지를 "깨닫지" 못했다고 말하고 있기 때문이다.[19] 요지는 율법이 본질적으로 죄가 아니지만, 율법을 통해 죄에 대한 자각이 일어나기 때문에 여전히 죄와 연결되어 있다는 것이다. 여기서 우리는 정확히 말해지고 있는 것이 무엇인지 신중하게 정의내릴 필요가 있다. 바울은 사람들이 율법 없이는 죄를 "경험" 하지 않는다고 말하는 것이 아니다. 오히려 이 메시지는 그 행동이 하나님의 율법을 범하는 것이라고 말해주는 율법이 없이는 그것을 죄로 "이해"하지 못한다는 것이다. 이 단계에서 바울은 거듭난 사람 또는 거듭나지 않은 사람을 가리키는 것일 수 있다. 하지만 부정과거의 사용과 이 문단의 어조는 거듭나지 않은 사람으로 해석하는 쪽으로 기울게 한다.

여기서 주요 예시는 십계명이다. "네 이웃의 아내를 탐내지 말지니라 네 이웃의 집이나 그의 밭이나 그의 남종이나 그의 여종이나 그의 소나 그의 나귀나 네 이웃의 모든 소유를 탐내지 말지니라"(신 5:21=출 20:17). 바울이 이 예를 든 것은 성적인 욕망으로 축소될 수 없는데(각주 27번의 건드리의 입장을 참고하라), 왜냐하면 이 계명은 타인이 소유한 것을 취하고자 하는 모든 종류의 죄악된 욕망을 이야기하는 것이기 때문이다. 바울이 이를 축약해서 인용한 것은 마소라본문에 나타난 탐심을 요약하려 했던 것이 분명하다. 이

---

19   또 다른 식으로 이 두 용어를 구분하는 것은 설득력이 없다. C. E. B. Cranfield, *A Critical and Exegetical Commentary on the Epistle to the Romans* (ICC; 2 vols.; Edinburgh: T&T Clark, 1975), 1:348. 크랜필드는 부정과거 '에그논'과 과거완료 '에데인'의 차이에 주목하면서, 후자가 미완료시제이며 지속적인 행동을 나타낸다고 주장한다. 엄밀히 따져봤을 때 이것이 미완료이긴 해도 또한 부정과거로 읽히는 것도 사실이다. 왜냐하면 이 동사의 부정과거형태는 존재하지 않기 때문이다(완료형태 '오이다'[οἶδα]는 현재를, 과거완료형 '에데인'[ᾔδειν]은 미완료와 부정과거를 나타낸다). 결국 이 "시제의 변화"에 어떤 특별한 의미가 있다고 보긴 어렵다.

마지막 설명은 고대 유대교에서 토라의 핵심을 표현한 것으로 폭넓게 나타나는 대목이기도 하다(마카비4서 2:5-6; 약 1:15). 피츠마이어(Fitzmyer)는 "이 간략화된 발췌문은 인간으로 하여금 창조주가 아닌 피조물들에게 이끌리지 말라고 가르치고자 했던 율법의 본질을 잘 표현한 것"이며, 결론적으로 "계명이 율법에 대해 그러한 것처럼 탐심은 죄와 연결되어 있다"고 말한다.[20] 바울의 요점은 율법이 죄의 의미를 밝혀줌으로써 그것을 더 분명하게 해줄 뿐 아니라, 또 그것을 더욱 매력적으로 보이게도 만들었다는 것이다.

죄가 율법을 활용해 죽음을 가져오게 된 과정은 이어지는 구절들에서 밝혀진다. 첫째, 죄는 "기회"('아포르멘', ἀφορμήν)를 타는데, 이것은 "교두보를 마련하고, 기지를 구축한다"는 뜻이다. 이 용어는 군사적 은유로 종종 교전상황에서 군사적인 습격을 시도할 때 구축하는 기지를 가리킨다. 바울이 이 의미 전체를 의도했는지 알기 어렵지만(또한 이 용어가 "기회를 얻다"는 뜻으로 사용되는 고후 5:12; 11:12; 갈 5:13; 딤전 5:14을 참고하라), 최소한 어떤 행동을 개시하게 만드는 "출발점, 계기, 기회"를 가리킨다는 점은 분명하다. 죄가 군사적인 침입자와 정복자로 묘사되는 로마서 6장 문맥에서 이 군사적 은유는 적어도 그렇게 사용될 가능성이 충분하다. 바울의 요점은 죄가 "기회"를 엿보고, 이것을 1인칭 "나"에게 침투하는 "교두보"로 삼아 "계명"을 통해 바울을 지배하는 일을 시작했다는 것이다(여기서 "계명"은 7절에서 탐심을 구체적으로 가리키기 때문에 단수로 쓰인다). 여기서 "계명을 통해"라는 표현은 이 단어가 바울 안에서 유혹이

---

20   Fitzmyer, *Romans*, 466.

작용하는 수단을 가리킨다는 의미에서 (탐심을) "이루었다"는 동사보다는, 죄가 사람을 이용할 수단으로서 "기회"를 수식할 가능성이 더 높다.[21]

어느 쪽으로 해석하든지 죄는 세상에서 활동하는 세력으로 의인화되는데, 이는 토라를 통해 사람들의 삶에 틈을 엿보고, 그것을 이용하여 역사한다. 그 결과 "온갖 탐심"('파산 에퀴튀미안', $\pi\tilde{\alpha}\sigma\alpha\nu$ $\dot{\epsilon}\pi\iota\theta\upsilon\mu\dot{\iota}\alpha\nu$)이 나온다. 이 표현은 성적인 욕망이 아니라, 모든 종류의 죄악된 욕망을 강조한다. 크랜필드[22]는 바울이 특히 하와가 "보암직하고 지혜롭게 할 만큼 탐스러웠기" 때문에 금지된 열매를 탐하도록 유혹을 받았다고 말하는 창세기 2:17; 3:6을 염두에 두고 있다고 본다. 창세기 2:17에서 하나님의 명령은 선악과 먹는 그 일을 더욱 매력적인 것으로 만들었다.

죄는 살아나고(7:8b–10a). 다음 단락(8b–10a절)은 대조법을 사용하여 "죄"와 "나"를 한 쌍으로 묶어서 대비시킨다.[23] 첫째, "율법이 없을 때" 죄는 "죽었었던" 반면, 나는 "살아있었다."(8b–9a절). 바울은 "죄가 율법 있기 전에도 세상에 있었으나"(5:13)라고 말하기 때문에,

---

21   다음의 학자들도 동일한 입장이다. Moo, *Epistle to the Romans*, 435; Fitzmyer, *Romans*, 466; Schreiner, *Romans*, 367; R. Jewett, *Romans* (Hermeneia; Minneapolis: Fortress, 2007), 450; 대조. Cranfield, *Romans*, 1:350; J. D. G. Dunn, *Romans 1–8* (WBC 38a; Dallas: Word, 1988), 380.

22   Cranfield, *Romans*, 1:350–51.

23   또 다른 방법으로는 스토트의 제안이 있는데(*Romans*, 203), 그는 죄가 들어오는 이 과정이 네 단계로 이뤄져 있다고 본다. (1)"율법이 없을 때 나는 살아있었는데, (2) 계명이 들어왔다. (3) 죄가 살아났고 (4) 나는 죽었다". 하지만 이것은 9절과만 어울리고, "죄가 죽었다"고 말한 8b절은 8a절보다는 9절과 더 어울린다. 게다가 "율법이 없을 때"와 "계명이 온" 이후는 어떤 의미에서 이중적인 대조에서 각각의 소제목 역할을 한다(무와 오스본도 마찬가지로 해석한다. Moo, *Romans*, 437; Osborne, *Romans*, 176).

죄가 율법 이전에는 존재하지 않았다고 말했을 가능성은 없다. 따라서 이것은 마치 야고보서 2:17,26에서 행함이 없는 믿음이 "죽었다"(효력이 없고 활동하지 않는 상태)고 선언된 것처럼, 율법 이전 상황에서의 죄는 상대적으로 생명이 없고 힘을 발휘하지 못하는 비활성의 상태에 있었다고 봐야 한다. 이 관점으로 창세기 2-3장의 의미를 되짚어 본다면, 동산에서 뱀은 계명이 주어지기 전까지 활동하지 않았다고 볼 수 있다(참고. Barrett, Longencker, Cranfield, Moo, Dunn).[24] 중요한 사실은 죄가 그것을 죄로 드러내는 율법이 없이는[25] 효력을 지니지 못한다는 것이다.

다른 한편, 죄를 알려주는 율법이 없을 때, 바울은 자신이 살았다(9a절, came to life)고 말하는데, 여기서 사용된 미완료형 '에존'(ἔζων)은 즉 "살고 있었다/살아있었다"를 뜻한다. 표면적으로 이것은 앞서 소개한 모든 해석과 어울릴 수 있다. 실제로 율법 이전 살았던 인물은 아담이 유일한데, 이것은 또한 시내산 사건 이전의 이스라엘을 묘사할 수도 있다. 그래도 가장 최선의 설명은 하나님의 요구를 알지 못한 채 살아가는 모든 사람을 묘사하는 형태로

---

24 앞에서도 거론했지만, 이것은 바울이 아담을 가리켜 1인칭 "나"를 의미했다는 말이 아니다. 바울은 아담과 이스라엘을 일종의 본보기로 고려하고 있지만, 온 인류를 대표하는 존재로서 주로 자기 자신을 염두에 두고 있다.

25 Jewett, *Romans*, 450. 쥬엣(Jewett)은 관사가 없는 형태의 '코리스 노무'(χωρὶς νόμου)를 많이 사용하면서, 바울이 8b-9a절에서 "모든 형태의 율법을 포함하기 위해" 그렇게 했다고 말한다. 하지만 일반적으로 전치사구는 보통 관사 없이 쓰인다(참고. D. B. Wallace, *Greek Grammar Beyond the Basics: An Exegetical Syntax of the New Testament* [Grand Rapids: Zondervan, 1996], 734. 이 문법책에서 월리스는 문맥에 따라 목적어가 실제로 한정적이거나 비한정적이거나 질적인 의미로 다양하게 사용될 수 있다고 설명한다). 그리고 이 구절들에서 "그 율법"('호 노모스', ὁ νόμος)은 전치사구를 제외하면 모든 곳에서 나타난다. 즉, 바울은 7-13절에서 정관사를 지닌 "그 율법"으로 이해되기를 의도한 것이다.

바울 자신의 경험을 기술한 것이라고 보는 것이다. 바울은 스스로 자신의 부모가 그에게 토라를 가르치기 시작한 시점 이전 자신이 어린아이였을 때를 상상했을지도 모른다. 물론 일부 학자들은 유대교의 세계에서 매우 이른 나이에 토라로 훈육을 받기 때문에 이것이 바울의 개인적인 경험을 가리킨다는 해석을 거부하고,[26] 또 다른 학자들은 한 아이가 성인이 되어 토라의 규율에 순종할 의무를 갖게 될 시점에 불렸던 호칭인 "계명의 아들"(바르 미쯔바)를 가리킨다고 말한다.[27] 필자는 이 대목이 자전적인 분위기를 풍긴다는 것을 거부할 이유가 별로 없다고 생각한다. 그중에서도 필자는 이 본문의 발화자를 자신이 엄격히 율법을 지킬 의무를 가진다는 것을 깨닫게 된 13세의 바울(바울이 그 이전 나이 때에는 이것을 몰랐던 것으로 본다고 가정할 때)로 보기보다는, 율법을 배우기 이전의 소년 바울로 상상하는 것이 더 가능한 해석이라고 본다. 그러나 어느 쪽이든 자전적 해석은 이 본문의 주장과 어울리는 것이 사실이다. "내가 살았다"의 의미는 바로 뒤에 나오는 "내가 죽었다"는 표현과의 관련성을 고려해서 결정되어야 한다. 가장 가능성 있는 해석은 바울은 자신이 율법에 대해 알기 이전에는 "자신이 살아있었다고 생각했었던" 반면, 율법 이후에는 "자신이 죽었음을 알게 되었다"는 것이다. 따라서 여기서 "생명"은 필멸의 삶을 가리키는 것이 아니라 하나님과의 관계를 더 의미한다고 봐야 한다.

---

26 Fitzmyer, *Romans*, 467; Dunn, *Romans 1–8*, 382.

27 R. H. Gundry, "The Moral Frustration of Paul before His Conversion: Sexual Lust in Romans 7:7–25," in *Pauline Studies* (ed. D. A. Hagner and M. J. Harris; Paternoster, 1980), 80–94; Jewett, *Romans*, 450–51.

둘째, "계명이 온 이후" 완벽한 역전이 나타난다. "죄는 살아나고 나는 죽었다"(9b-10a절). 7절에서와 마찬가지로 여기서 "계명"은 율법 전체의 초기 형태인 십계명의 가르침을 가리킨다. 그래서 바울은 "하나님이 시내산에서 토라를 주셨을 때" 죄가 살아났다고 말한다. 여기서 "살아났다"를 가리키는 헬라어는 '아네제센'(ἀνέζησεν)인데 여기서 제기되는 질문은 "다시"라는 어근적 의미를 지닌 접두사 '아나'(ἀνα-)가 그 의미를 그대로 유지하고 있는지,[28] 아니면 합성어가 되면서 어근적 의미를 잃어버려 단순히 "살아났다"만을 의미하는지이다.[29] "다시"라는 의미를 유지한다는 것을 뒷받침하는 근거가 더 많긴 하지만, 그렇다고 해서 바울이 여기서 아담(Dunn), 이스라엘(Moo), 자기 자신(Stott) 중 무엇을 염두에 두고 말한 것인지에 대한 질문을 해결하지는 못한다.

우리는 이 이슈에 관해 다음의 네 가지 선택지를 고려해야 한다.[30] (1) 케제만(Käsemann)[31]은 이 본문이 아담의 타락을 인류 전체의 딜레마로 극적으로 묘사하면서 "태곳적 나"라는 개념을 도입한다는 점에서 5:12-21로 돌아간다고 주장한다. 이것은 "율법이 없을 때 살았다"는 말과 잘 어울리는데, 이 묘사는 에덴동산의 아담을 가리킨다. 그래서 그때의 계명이라 함은 선과 악을 알게 하는 나무의 열매를 먹지 말라고 한 명령을 뜻한다. 하지만 "나"를 아담

---

28 Fitzmyer, *Romans*, 467; Moo, *Romans*, 438, n53; Jewett, *Romans*, 451.

29 Cranfield, *Romans*, 1:352; Jan Lambrecht, *The Wretched "I" and Its Liberation: Paul in Romans 7 and 8* (Grand Rapids: Eerdmans, 1993), 48; Schreiner, *Romans*, 367.

30 참고, Osborne, *Romans*, 176-77.

31 E. Käsemann, *Commentary on Romans* (London: SCM, 1980), 196.

으로 이해하는 것은 8-10절에서는 잘 이해되지만(이 단락은 확실히 아담을 함의한다), 그것이 주된 의미인지는 의문이다. 이 점에 대해서는 다른 해석적 대안들을 살펴보면서 확인하게 될 것이다. (2) 이것은 시내산에서 율법을 받기 이전의 이스라엘을 가리킬 수도 있다(물론 시내산 율법 이전에도 율법이 있는 상태이지만 완전한 형태는 아니다).[32] 이 부분에서 "율법"이 차지하는 중심적인 위치를 고려할 때 가능한 해석이다. 하지만 바울이 자주 신령한 삶을 의미하는 것으로 "내가 살았었다"를 강조하는 것이 더 합리적이다. 이 해석은 9b-10절에서 "내가 죽었다"와 관련지어 이 문맥을 이해할 때 더 잘 이해된다.[33] 바울이 율법 이전에 이스라엘이 "살았었다"라고 말했을 가능성은 별로 없어 보인다. (3) 이 본문은 칼빈의 견해를 따라 회심 이전의 바울의 삶에 대한 설명으로 해석될 수도 있다(아마도 이것이 바울에겐 "바르 미쯔바" 이전 상황으로 이해되었을 것이다. Dodd, Michel, Barrett, Bruce). "율법을 깨닫지 못했을 때"(apart from the law)라는 표현은 바울이 죄를 올바르게 이해하지 못했고, 자신이 어느 정도로 죄인인지를 깨닫지 못했음을 의미할 것이다. 이 해석은 9절의 취지와 가깝지만 여전히 남는 의문점은 어떤 유대인 소년이 이런 의미에서 자신들이 "율법을 깨닫지 못했을 때"라고 말할 수 있을까 하는 것이다. (4) 따라서 가장 최선의 해석은 바울이 자신을 "율법을 깨닫지 못한" 온 인류의 본보기로 삼는다는 것이다. 즉 바울이 모든 인류에게 전형적으로 경험되는 것으로서 죄와 율법과의 상

---

32   Moo, *Romans*, 437.

33   Schreiner, *Romans*, 362. 슈라이너가 인용하는 다음 병행구절들을 참고하라. 롬 6:11; 10:5; 12:1; 고후 4:11; 5:15; 13:4; 살전 5:10.

호작용을 자신의 경험을 진술하는 형태로 이야기한다는 해석이다
(Cranfield, Morris, Dunn).

다시 말해 가장 적합한 해석은 바울이 온 인류의 패러다임으
로 자신에 대해 이야기하는 것으로 보는 것이다. 아담과 이스라엘
도 바울이 염두에 두었을지 모른다. 하지만 그는 주로 일반적인 인
간 경험의 본보기로서 자신의 과거를 곱씹고 있는 것이 분명하다.
쥬엣이 말했듯이 "나"를 아담으로 보기보다, "바울은 죽음을 염두
에 두고 있다. 이 죽음에 대한 설명은 로마서 5:12,15,17,21에서처
럼 항상 죄에서 기인하며 6:23의 '죄의 삯은 사망'이라는 표현에서
절정에 이른다." 그리고 바울은 회심하기 전까지 이것을 온전히 깨
닫지 못했다는 것이 쥬엣의 설명이다.[34] 그런데 바울은 자신이 율법
을 알게 된 시점으로부터 자기 죄를 알게 되었고, 이것이 바로 그가
말하고자 하는 요점이다.

8b-10a절에 대한 이 강조점은 7:7-13에서 바울이 자신의 이야
기를 통해 율법 아래 놓인 한 사람의 유대인으로서 자신의 회심 이
전 상태에 대해 이야기했고, 이로써 하나님과의 관계에서 온 인류
가 서 있는 위치를 설명했다는 주장을 뒷받침한다. 이에 대한 오스
본의 훌륭한 설명을 보라. "율법 이전의 죄는 양심이나 죄에 대한
자각이 없었다는 점에서 휴면상태다. 하지만 율법이 옴으로써 죄는

---

34 Jewett, *Romans*, 452; 반대의견으로 무를 참고하라. Moo, *Romans*, 438. 참고,
   L. A. Jervis, "'The Commandment Which Is for Life' (Romans 7.10): Sin's Use
   of the Obedience of Faith," *JSNT* 27 (2004): 193-216. 저비스는 이것은 전체적
   으로 그리스도인의 삶에서 나타나는 죄와의 투쟁을 나타낸다고 주장한다. 그는 여
   기서 사용된 "계명"이란 단어를 율법이 아닌 그리스도의 명령에 따르는 삶에 대한
   명령으로 이해한다.

그것을 교두보로 삼아(8절) 살아났다. 이 일이 일어나자 자연적인 결과로서 죽음이 왔다(5:12-14)."[35] '에고'(ἐγώ, 나)는 죄에 대해 죽어야 하지만(6:2,4-6), 오히려 우리가 죄로 인해 죽음을 경험하게 되었다.

죄가 죽음을 가져옴(7:10b-11). 이제는 10b-11절에서 영적인 죽음의 실재가 설명된다. (에덴과 시내산에서 주어진 것을 요약한 것으로서) "계명"의 목적은 "생명"('조에', ζωή)을 낳는 것이었다. 유대교 율법에 따르면 하나님의 규례를 지키는 자들은 "살게 될 것이다"(레 18:5; 비교, 신 4:1; 6:2; 30:15-16; 솔로몬의 시편 14:1-2). 레위기 18:5의 이 가르침은 주로 이 세상에서 복된 삶[36]을 사는 것을 의미하는데, 갈라디아서 3:12과 로마서 10:5에서 이것을 인용한다. 바울은 율법의 명령이 생명을 가져올 것을 기대했지만, 그것이 실제로 죽음을 가져온다는 충격적인 사실을 발견하게 되었다. 율법 자체는 죽음을 가져오지 않는다. 하지만 이것이 죄의 도구가 되고 그로써 이를 순종하지 않는 모든 사람에게 죽음을 낳게 된다. 결과적으로 "나"는 생명의 영역에서 죽음의 영역으로 이동하며, 이것이 하나님과 그의 율법을 떠나 사는 모든 사람에 대한 묘사이기도 하다.

11절에서 바울은 8절에서 이미 언급한 것을 반복하는데, 그런데 여기서는 죄와 죽음이 존재하는 세상에 나타난 구원의 실재에 닻을 내린다. 죄는 모든 인간의 삶에서 '교두보'를 확보하기 위해 율법으로 인해 주어지는 '기회'를 이용했고 이로써 모든 사람을 '속이

---

35   Osborne, *Romans*, 177.

36   레 18:5에 이중적 의미가 있을 수도 있다. 문자 그대로 "이를 행하면 그로 말미암아 살리라"란 표현은 "그것 안에서 생명을 얻는다"(find life in them)는 의미와 "그것에 의해 산다"(NIV, "live by them")모두를 의미할 수 있다.

고' '죽음'을 가져왔다. 이 해석은 7-12절에 죄의 속이는 힘이라고
하는 새로운 개념을 제공한다. 동사 '엑세파테센'(ἐξηπάτησεν)은 하
와가 하나님과 대면하여 "뱀이 나를 속였습니다"라고 말할 때 사용
한 동사로, 칠십인역 창세기 3:13 본문을 반영하는 것으로 보인다
(바울 역시 뱀이 하와를 유혹했던 행위를 묘사할 때 이 동사를 사용했다. 고
후 11:3; 딤전 2:14 참조). 바울이 보기에 이것은 창세기 3장에서 하
와에게 작용했던 것과 동일한 형태로, 우리 모두를 속이는 죄의 미
혹하는 힘이다. 크랜필드는 뱀이 하와를 유혹했던 모습이 율법 이
후 이스라엘이 실패한 것과 어떤 유사성을 지니는지를 훌륭하게 보
여준다.[37] 뱀은 하와를 유혹하기 위해 세 가지 방법을 활용했다. 그
는 명령의 부정적인 면만을 강조하고 긍정적인 측면("어느 나무에서든
먹을 수 있다")을 무시했다. 그는 명령 자체를 활용해 하와로 하여금
하나님의 뜻을 의심하게 했고, 그녀가 하나님을 대적하도록 종용했
다. 죄는 이같은 방법으로 이스라엘의 율법을 활용하는데, "율법을
왜곡하고, 율법에 대한 거짓된 이미지를 사람들의 머릿속에 심어놓
고, 특히 인간이 율법을 이행할 수 있는 위치에 있다고 암시하면서
하나님을 자기에 대한 의무에 매인 존재로 보이게 만들기 위해 율
법을 도구로 삼아 사람들을 속인다."[38] 그 결과 생명을 얻게 할 바로
그것을 통해 죽음이라는 결과가 찾아온다.

결론(7:12-13). 7:7-11에 나타난 바울 메시지의 요점('호스테',
ὥστε, "이로 보건대")이 12-13절에서 설명된다. 율법은 본질상 악한
것이 아니지만, 실제로는 죄의 도구가 되며, 그리고 율법은 이에 대

---

37 Cranfield, *Romans*, 352-53.
38 Ibid., 353.

한 하나님의 참된 목적에 비추어 볼 때 "율법은 거룩하고" 각 계명은 "거룩하고 의롭고 선하다"는 것이다. 7a절과 12절은 요점을 제시함과 동시에 이 단락의 틀을 이루고 있다. 즉, 율법은 죄가 아니며 오히려 거룩하다는 것이다. 12절은 문장을 둘로 가르는 '멘'(μὲν)으로 시작한다. 여기서 전체로서의 "율법"과 이를 구성하는 각각의 "계명들"로서의 율법이 구분된다. 앞서 바울은 죄가 인류에게 죽음을 가져오는 실질적인 범인이라는 것을 입증했다. 율법은 실질적으로 하나님이 주신 것이어서 사람들에게 죄를 알게 하고 하나님께로 돌이키기 위한 것이었지만, 죄가 악한 목적으로 이것을 오용했다. 율법이 하나님에게 기인한다는 것은 그 기본적인 성격이 하나님의 본질이자 그에게만 돌려지는 속성인 거룩성을 지닌다는 점으로 입증된다. 거룩은 죄에 대한 절대적 대립(antithesis)을 의미하고, 본질상 율법은 "거룩함"으로서 그 진정한 본성을 나타낸다. 던이 말했듯이 "바울은 율법에 대해 긍정적으로 말할 수밖에 없었다. 왜냐하면 율법에 대한 비판은 죄에 의해 촉발된 율법의 남용에 대한 것이고, 그 죄는 (그리스도인의 시각에서) 거의 확실하게 그 자기 민족의 교만과 뻔뻔함으로 나타났기 때문이다."[39]

게다가 각각의 계명들은 거룩할 뿐 아니라 "의롭고 선하다." 한편으로 3:20과 5:20-21은 모두 율법이 그 자체로 의를 낳을 수 없다고 말한다. 하지만 이것은 기능적인 측면을 묘사한 것인데, 이는 3:20에서 말하는 것처럼 "율법을 지키는 것으로 하나님이 보시기에 의롭다 선언될 수 있는 사람은 한 사람도 없기" 때문이다. 존재론적

---

39   Dunn, *Romans 1–8*, 385.

으로 하나님의 거룩하심에 참여하는 것으로서의 율법은 그의 의로 우심에 참여하는 것이기도 하다. 게다가 "의롭다"('디카이아', δικαία) 는 단어에는 중의적인 의미가 있는데, 이것은 "의로운" 것으로서 하나님의 신성한 성품에 참여하는 것이면서, 그와 동시에 "올바른" 것으로 모든 사람에게 절대적인 의를 제공하는 하나님의 언약에 참여하는 것을 의미한다. 신명기 4:8은 "오늘 내가 너희에게 선포하는 이 율법과 같이 그 규례와 법도가 공의로운 큰 나라가 어디 있느냐"라고 말한다(비교, 시 119:7,62). 마지막으로 율법의 법령은 "선하다"('아가테', ἀγαθή). 왜냐하면 그것들은 하나님의 선하심에 참여하는 것이고 항상 온 인류에 가장 좋은 것을 가져오기 때문이다.

13절이 앞단락인 7-12절에 속하는지(Godet, Murray, Käsemann, Dunn, Fitzmyer, Stott) 아니면 이후 단락인 14-25절에 속하는지 (Michel, Cranfield, Morris, Stuhlmacher, Moo, Schreiner, Jewett)에 대해서는 큰 이견이 존재한다. 후자를 주장하는 학자들은 13절의 수사적 질문인 '메 게노이토'(μὴ γένοιτο, 개역개정 "그럴 수 없느니라")가 7절의 질문과 병행을 이루면서 둘째 단락을 시작하는 역할을 한다고 주장한다. 하지만 13절의 내용은 (죄가 율법을 통해 사망을 낳는다고 말하는) 8-10절과 매우 긴밀하게 연결되어 있다는 점에서, 7절과 한 단위로 포함되어 7-13절 전체의 틀 역할을 한다고 보는 것이 더 정확하다. 그리고 7-12절의 부정과거 시제가 13절에서도 동일하게 이어지는 반면, 바울은 시제를 전환하여 14-25절 전체에서 현재 시제를 사용한다. 하지만 무가 정확히 지적하듯이 "13절은 바울논의의 두 핵심부를 연결하는 다리로서 7-12절을 요약하면서 동시에

14-25절의 출발점 역할을 한다."[40] 그러니까 이것은 한 단락에서 다음 단락으로 이동하는 전환부다. 여기서 던은 자신의 지적을 덧붙여서 13절이 7-12절을 결론맺으면서 14-25절의 내용을 소개하는데, 특히 13b절이 14-23절의 제목 역할을 한다고 설명한다.[41]

13a절의 질문은 8-10절 메시지에서 추론될 수 있는 문제를 다룬다. 율법이 "선하다"(12절에서 반복됨)면, 그리고 그와 동시에 "생명에 이르게 할 계명이 도리어 사망에 이르게 하는 것"(9-10,11절에서 반복됨)이라면, 이 "선한" 것이 사실 "내게 죽음이 되었다"고 추측하는 것이 당연하다. 이 가능성에 대한 바울의 대답은 7절에서와 마찬가지로 "그럴 수 없느니라!"이다. 율법은 죄가 아니며(7절), 이 세상의 죽음의 근원인 것도 아니다(13절).

그리고 나서 이제 강한 반대의 의미를 지닌 '알라'(ἀλλά, 그러나 대신에, 오히려)에 의해 진짜 원인이 드러난다. 죽음은 율법을 통해 오는 것이 아니라 전적으로 죄의 산물이다. 바울의 주장은 하나님은 죄가 악한 목적으로 율법을 이용할 때 두 가지 목적('히나', ἵνα)을 갖고 있었다는 것이다. 첫째, 율법은 죄를 죄로 "나타내고" 드러내기 위한 계시적인 목적을 지닌다('파네', φανῇ, "비추다, 알리다, 계시하다"를 의미함). 말하자면 죄가 율법을 오용하고 있음을 입증함으로써 악의 본질을 밝혀준다는 것이다. 둘째, 율법은 현실 속에서 죄가 단순한 문제가 아니라 그 부패성의 깊이를 헤아릴 수 없을 정도로 "매우 죄악되다"는 것을 보여줌으로써 첫 번째 목적을 강화한다. 이것은 율법이 "작용하는" 힘으로서가 아니라, 단순히 죄가 이용하는 "도

---

40 Moo, *Romans*, 452.

41 Dunn, *Romans*, 376-77.

구"가 되어('디아', διά, "선한 그것으로 말미암아", "계명으로 말미암아" 등으로 두 번 언급됨), 결국 사망을 낳게 만든다. 결과적으로 죄는 그것이 "그 자신을 위해 하나님에게 대항하는 힘을 획득하고 이로써 모든 사람과 모든 만물을 다스린다"는 의미에서 "그 자체로 사악하고 악마적인 본성을 드러내게 되었다."[42] 따라서 율법에는 인류에게 죄의 실재를 드러내려고 그 악한 본질을 설명함으로써 그 효력을 역전시키는 과정을 시작하는 하나님의 목적이 담겨 있다.

이 부분의 첫째 단락은 주로 아담과 이스라엘을 다루지 않는다. 둘 다 그 메시지의 일부를 이루고 있긴 하지만, 주된 초점은 아니다. 바울이 초점을 맞추고 있는 것은 율법 아래에 죄인으로 사는 자기 삶을 기술하는 것인데, 여기서 바울은 자신의 사례를 믿음이 없고 죄에 의해 기만당하고 죽음의 세력 아래 놓여 있는 온 인류의 곤경을 나타내는 패러다임으로 활용한다. 그의 주장은 이 곤경을 야기한 책임이 율법에게 있지 않다는 것이다. 오히려 그 책임은 율법을 속이기 위한 도구로 삼는 죄에게 있다.

신자와 율법 - 죄에게 패배함, 7:14-25

우리의 결론은 바울이 로마서 7:7-13에서 중생하지 못한 인류를 묘사했다는 것이었다. 하지만 14-25절에서는 이보다 더 큰 이슈가 존재한다. 이 두 단락은 동일한 강조점을 이어가는 것인가, 아니면 율법과 죄와 씨름하는 중생한 사람들에 관한 이야기로 전환되

---

42 P. Stuhlmacher, *Paul's Letter to the Romans: A Commentary* (trans. S. J. Hafemann; Minneapolis: Presbyterian, 1994), 110.

는 것인가? 여기에 세 가지 가능성이 있다. (1) 바울은 7:7-25을 쓰면서 그리스도인을 염두에 두고 있었다(Augustine, the Latin Fathers, Dunn, Packer). (2) 비그리스도인에 대해 논의하는 것이다(Origen, The Greek Fathers, Käsemann, Kümmel, Fitzmyer, Moo, Jewett). (3) 7-13절은 비그리스도인을, 14-25절은 그리스도인을 묘사한다(Calvin, Barrett, Murray, Bruce, Cranfield, Packer, Osborne).

이 지점에서 우리는 로마서 7장에 대한 이 책의 핵심 주제에 이르게 된다. 학자들은 주님이 다시 오실 때까지 이 주제에 대해 연구할 것이고 합의에 이르지 못할 것이 분명하다. 첫째, 여기서 시제가 부정과거에서(일부 학자들은 과거 시제라고 부른다) 줄곧 현재 시제로 바뀐다. 시제에 관한 전통적인 이론에 입각해 해석하자면, 바울은 7:7-13에서 바울이 율법 아래 놓인 유대인으로서 자신의 과거를 묘사한 것이고, 7:14-25에서는 율법과 씨름하면서 그리스도와 동행하는 삶을 살기 위해 몸부림치는 한 사람의 유대 그리스도인으로서의 현재적 경험을 묘사한 것으로 풀이된다. 또는 무가 제시하는 이론을 받아들이는 사람이라면, 바울은 율법 아래 놓인 이스라엘을 염두에 둔 것으로, 그러니까 과거의 이스라엘과 현재의 이스라엘을 묘사한 것이라고 이해한다.[43] 전통적인 이론보다는 동사 상 이론(aspect theory)을 통해 시제를 이해하는 학자들이라면,[44] 유대인

---

43 이 입장의 한 형태로서 에슬러(Esler, *Conflict and Identity*, 239)는 현재 시제는 "로마에서 모세율법을 여전히 고수하고 있으면서 그리스도를 따르는 이스라엘 사람"을 묘사하는 데 사용되었고, 그래서 "모세의 율법은 비이스라엘 사람들에게 지속적인 하나의 가능성으로 남아있다"고 이해한다.

44 참고. S. E. Porter, *Idioms of the Greek New Testament* (2nd ed.; Sheffield: JSOT Press, 1994), 23-25.

으로서의 바울의 삶을 그린 내용(7-13절)이 배경 또는 서막 역할을 하면서 한 사람의 그리스도인(그렇다면 이것은 논의의 전경을 이룬다)으로서 그가 경험하는 지속적인 어려움을 요약해 준 것으로 이해한다(14-15절). 그렇지 않으면 이스라엘의 과거 경험이 배경을 이루고, 이스라엘의 현재적 경험이 전경을 이룬다는 입장도 있다. 브루스는 7-13절에서 14-25절로 변화되는 것에 대해 "그곳에서 죄는 말하는 그 사람을 은밀하게 공격하여 쓰러뜨렸다. 여기서 그는 적을 물리치진 못하지만 고통스럽게 저항한다"고 말한다.[45]

중생한 사람을 묘사한다는 입장은 다음과 같다.[46] (a) 현재 시제와 강조격 '에고'(ἐγώ, 이 단락에서 6회 사용)는 바울이 자신의 현재적 경험을 말한 것임을 시사한다. (b) "하나님의 법을 즐거워하고"(22절), 순종하려 하고(15-20절), 섬기려는 사람(25절)은 신자를 의미한다. (c) 1:18-3:20에서 불신자에 대한 묘사는 이 단락의 것과 꽤 차이가 있다. 그들은 "하나님을 찾거나"(3:11), "하나님의 법에 굴복하지" 않는다(8:7). (d) 바울이 회심하기 이전의 자기 모습, 즉 박해자요 율법에 열심을 가졌고 흠 없는 자였을 때의 자신을 관찰한 것이라는 견해는 이것과 다르다. (e) 그리스도인의 삶은 5-8장의 주제이며, 따라서 7장 역시 비슷한 논지를 이어가는 것으로 보인다. (f) 그리스도인만이 "속사람"(22절)을 갖고 있는데, 이 표현은 오로지 고

---

45   F. F. Bruce, *The Letter of Paul to the Romans* (TNTC; Grand Rapids: Eerdmans, 1963), 143.

46   중생자와 비중생자 모두를 포함한다고 보는 주장은 필자의 로마서 주석에서 가져온 것이다(180-81), 여기서 나는 모리스와 무를 인용했다. L. Morris, *The Epistle to the Romans*, (PNTC; Grand Rapids: Eerdmans, 1998), 285-87; Moo, *Romans*, 445-47.

린도후서 4:16과 에베소서 3:16에만 나온다. (g) 여기서 의지가 선을 향한다는 것은 중생하지 않은 사람과 어울리는 표현이 아니다. (h) 바울이 자신을 "하나님의 법을 섬기는 종"이라 부른다는 것은 참된 신자에게 어울리는 표현이다. (i) 의지와 행동 사이의 긴장은 그리스도인의 경험에 대한 바울의 입장과 일치한다(비교, 8:23; 고전 9:27; 갈 5:16-17; 딤전 1:15). (j) 25절에서 "우리 주 예수 그리스도를 통해 나를 건지신 하나님께 감사하리로다"라고 한 것은 신자의 외침으로 보인다. (k) 이 단락은 그리스도 안에서 하나님께 구원받았음을 묘사한 이후에, '에고'(ἐγώ)의 분열된 상태를 반복적으로 설명함으로 마무리된다. 따라서 이 갈등은 신자의 것임을 나타낸다.

중생하지 않은 사람을 묘사한다는 입장은 다음과 같다. (a) '에고'(ἐγώ)와 육(14,18,25절)을 연결하는 표현들은 육에 속한 바울의 삶의 과정(7:5)을 말한 것으로 생각하게 만든다. (b) '에고'(ἐγώ)는 지속적으로 "죄의 종으로 팔렸고"(14,25b절), "죄의 법이라는 감옥에 갇힌 자"(23절)로 표현되는데, 이는 바울 자신에 대한 묘사로 볼 수 없다(6:14, "죄가 너희를 주장하지 못하리니"). (c) 여기서의 전체적인 그림은 바울 자신에 대해 말한다고 보기에 매우 부정적이다. 그는 이미 죄와의 씨름하는 과정에 대해 묘사하면서, 죄에게 패배했다고 말하지 않는다(6:12-13; 13:12-14; 갈 5:17). (d) 그리스도인의 삶의 특징은 지속적인 내적 갈등이 아닌 평강이다. (e) 그리스도가 25절까지 나타나지 않고, 성령이 한 번도 언급되지 않는다는 것은 사람들이 지속적으로 그리스도나 성령을 힘입어서가 아니라 "나 자신의 힘으로"("내 자신이", 25절) 살아가는 상태에 있음을 의미한다. (f) "내 육신에 선한 것이 거하지 아니한다"는 고백은 신자에게 해당하지 않는다. (g) "오호라 나는 곤고한 사람이로다 이 사망의 몸에서 누가 나를 건져내랴"(24절)라는 외침은 그리스도인에게 부합하는 말이 아니다. (h) 이 언어의 자연적인 의도는 불신자의 것과 잘 어울리는 데, 왜냐하면 이 구절은 모세의 율법을 지킬 필요에 대해 언급하는 반면, 신자들은 이미 율법의 명령에서 해방된 상태에 있기 때문이 다(6:14; 7:4-6). (i) 8:1에서 "이제"라고 말한 것은 새로운 논조를 시 작한다는 표시다. 이후 구절들에서 묘사되고 있는 성령 안에서의 삶은 불신자의 것(7:14-25)과 대립되는 것으로 참된 하나님의 자녀 의 삶의 배경을 이룬다.

위의 두 주장 모두 그것 자체만 보면 설득력 있게 들리기 때문 에, 그중 하나를 확신있게 선택하는 것은 매우 어렵다. 중생하지 않 은 사람을 묘사한다는 입장에서 최선의 설명은 무의 것인데, 그의 두 가지 반박은 꽤 설득력이 있다. (1) "죄 아래 팔렸다"(14b절)고 말 하는 "나"란 존재는 로마서 6:18,22에서 모든 신자가 "죄로부터 해 방되었다"는 주장과 양립될 수 없다. (2) "죄의 (권세 또는) 법에 사로 잡혀 있는" '에고'(ἐγώ)는 8:2에서 "죄와 사망의 법에서 해방된" 신자 에 대한 묘사와 절대적인 대립을 이룬다. 참된 신자는 율법에서 해 방된 "객관적 상태"에 있으면서 동시에 율법의 노예상태에 있을 수 없다. 7장에서 성령이 언급되지 않다가 8장에서 소개된다는 점 역 시 중요하다. 따라서 7장의 묘사는 성령이 없는 상태의 사람을 뜻 하며, 헌신적인 그리스도인이나 미성숙한 그리스도인이라 볼 수 없 다. 이것은 명백히 불신자를 가리킨다.[47] 덧붙여서 다스(A. A. Das)는

47　Moo, *Romans*, 448-49. 이 입장을 뒷받침하는 주장을 표로 잘 정리한 키너를 참
　　고하라. C. S. Keener, *Romans* (New Covenant Community Series; Eugene,

"육신적인 나"는 8:9의 "너희가 육신에 있지 아니하고 영에 있나니"라고 하는 표현과 절대적인 긴장을 이룬다. 따라서 육신 아래 속한 사람은 성령을 가진 상태가 아니고, 성령에 속할 수도 없다. 다스는 "나"란 존재가 율법 문제와 씨름하고 있는 하나님을 경외하는 이방인이라고 본다.[48] 따라서 무와 다스의 견해에 따르면 7:7-25에서 묘사된 인물은 중생하지 않은 사람이다. 그리스도인들이 실제로 "죄와 씨름"하긴 하지만, 이것은 이 단락의 초점이 아니다. 오히려 무가 보기에 바울은 죄와 투쟁하는 모든 사람에게 일종의 패러다임 역할을 하는 모세 율법 아래의 유대인의 상태를 묘사한 것이다.[49] 같은 입장에 속한 주장 중 또 다른 인기 있는 해석은 바울이 그리스도인의 시각에서 회심하기 직전의 경험을 묘사한다는 것이다. 어떤 사람이 율법을 지키고 하나님의 뜻을 따르려는 깊은 열망이 있다고 해서, 그 사람을 구원받았다고 말할 수 없는데, 따라서 바울은 그리스도인의 관점에서 중생하지 않은 사람을 설명하고 있다.[50]

스토트(Stott)는 이것이 설득력 있는 주장임을 인정하면서도 또 다른 측면에 대해 지적한다. 그러니까 여기서 '에고'(ἐγώ)는 옳은 것을 "행하기 원하고"(15b절), 그릇된 것을 "행하기 원하지 않는다"(16a절). 그는 "선을 행하고자 하는 소원"이 있고(18b,21b절), "마음으로는" 하나님의 법을 섬긴다. 이 묘사를 불신자를 가리킨다 할 수 있

OR: Cascade Books, 2009), 92-95.

48   A. A. Das, *Solving the Romans Debate* (Minneapolis: Fortress, 2007), 206-7, 222-35.

49   Ibid., 449-50.

50   Käsemann, *Romans*, 206-7; Neil Elliott, *The Rhetoric of Romans: Argumentative Constraint and Strategy and Paul's Dialogue with Judaism* (Sheffield: JSOT Press, 1990), 246-47.

을까? 이 지점에서 스토트는 다음의 세 가지를 주장한다. (1) 그를 "그 속에 선한 것이 거하지 않는"(18절) "신령하지 못한"(14절) 사람으로 보는 견해는 신자의 모습에 더 가까운데, 왜냐하면 비그리스도인은 이 부분에서 "자기 의와 자만심"을 갖는 경향이 있기 때문이다. (2) 율법에 대한 바울의 입장은 그것이 "거룩하고 선하며"(12절), "신령하고"(14절), 또 자신의 마음으로 하나님의 법을 즐거워하고(22절), 이를 섬긴다(25절)고 표현되는데, 이것 역시 중생하지 않은 사람에게 어울리는 상태가 아니다. (3) "최후의 건지심을 간절히 기다리는 마음"(24절)은 마지막 때의 구원을 바라는 하나님 백성의 마음과 가장 일치한다.[51]

이처럼 상충하는 증거들로 인한 해석적 긴장에 대하여, 스토트는 "개시된 종말론" 개념에서 답을 찾을 수 있다고 본다. 그리스도인들은 현재 하나님나라의 현존을 경험하는 "이미"와 하나님나라의 완성을 바라보는 "아직"의 긴장에 갇혀 있다는 것이다. 여기서 그는 다음과 같은 세 가지 결론에 이른다. (1) "나"는 하나님의 법을 사랑하고 이에 복종하기 원한다는 점에서 중생한 사람임이 분명하고, 그렇지만 여전히 깊은 갈등 중에 있다. (2) '에고'(ἐγώ)는 건강하거나 성숙한 그리스도인이 아니며, 육신과 성령의 전투에 자주 패배하는 상태의 인간을 가리킨다. (3) 이 사람은 성령의 역사하심에 대해 무지해 보이고, 그리스도인의 삶을 육신적으로 살아가는 사람이다. 스토트가 보기에 이 사람들은 그리스도를 따르고 있지만, 여전히 성령으로 말미암은 자유를 깨닫지 못한 구약시대의 신자들로 남아

51　Stott, *Romans*, 206.

있는 유대 그리스도인이다.[52]

필자의 입장은 스토트와 더 가까우면서도 그만큼 과감하지는 않다. 이 지점에서 크랜필드(Cranfield)의 해석이 좀 더 정확하다고 볼 수 있는데, 그는 14-25절이 "진정한 그리스도인의 특징으로서 내적인 갈등을 생생하게 묘사하는데, 이것은 성령이 역사하는 내면을 가진 사람에게서만 가능한 것으로 그 마음이 복음의 가르침으로 갱신되고 있는 상태에 있다"고 본다.[53] 필자는 여기서 좀 더 수정된 입장을 취한다.

7:14-25의 육신 아래의 삶과 8:1-17의 성령 아래의 삶의 대조는 구원받은 자와 구원받지 못한 자의 대조를 가리키는 것이 아니라, 육신을 신뢰하는 그리스도인과 성령 안에서 살아가는 그리스도인의 대조일 가능성이 더 높다. 이 사람은 자신의 능력으로 죄와 싸워 이기려고 애쓰지만 결국에는 성령에 복종하기를 배우는 바울(그리고 우리 자신)을 가리킨다. 여기서 "나"를 두고 바울이 어느 정도 자신에 대해 말하는 것으로 보지 않고, 그것을 수사학적인 의미로 받아들여서 불신자나 이스라엘을 말한 것이라고 해석하기란 무척 어려운 일이다.[54]

이제부터 필자는 대체로 이런 취지에서 이 단락에 대한 연구를

---

52 Ibid., 208-10. 흥미롭게도 이 지점에서 다스는 스토트와 달리 "나"를 하나님을 경외하는 이방인으로 이해한다(Das, *Solving the Romans Debate*, 223-35). 스토워스 역시 같은 입장이다. Stowers, *Re-reading of Romans*, 227.

53 Cranfield, *Romans*, 1:341.

54 Osborne, *Romans*, 182.

발전시켜 나가려 한다. 이 단락은 크게 세 문단으로 세분화된다.[55] 14-16절은 율법이 인류에게 사망을 가져온다는 것이 잘못이 아니라, 오히려 육신과 죄가 결정적인 범인이라고 말한다. 17-20절은 "내" 안에서 내주하는 죄가 어떻게 역사하고 있는지를 묘사한다. 21-23절은 "죄의 법"의 위력에 대해 설명한다. 그리고 나서 바울은 24-25절로 이 단락을 결론맺는다. 여기서 그는 죄와 육신의 존재로 인해 야기된 절망에 대한 해답은 오직 그리스도 안에서 찾을 수 있다고 주장한다.

실패의 책임 : 육신과 죄(7:14-16). 이것은 "의지와 행위의 대립"이라고 불릴 수도 있다. 바울이 과거에 유대인으로서 죄로 말미암아 율법을 잘못 사용함으로 생겨나는 무익함이 이제 바울이 현재적 그리스도인으로서 그 싸움을 지속하는 것으로 이어진다. 바울은 7a, 11절의 기본 논제인 "율법이 신령한 줄 우리가 안다"를 되풀이하면서 주장을 시작한다. 여기서 바울은 단수형 "나"를 복수형태인 "우리"로 바꾼다.[56] 이것은 바울과 로마 그리스도인들이 이미 알고 있는 공통의 교리적 사실, 구체적으로 말하자면 율법의 "신령한" 본성과 인간 자아가 지닌 "육체적" 본성의 대립에 대한 것이다. 율법을 '프뉴마티코스'(πνευματικός, 신령하다)라고 부르는 것은 "성령에 속함"

---

55 Esler, *Conflict and Identity*, 241-42. 에슬러는 이 단락을 14-17절, 18-20절, 21-25절로 나누는데, 이는 문장의 형태가 지닌 패턴에 근거한 것이다. 즉 각 문단이 "우리가(내가) 알거니와"로 시작하고, 온전히 이해할 수 없는 장애에 대한 언급, 그리고 조건절이 따라붙는다는 것이다. 이것은 충분히 설득력이 있는 단락분석이다. 여기서 관건은 17절이 앞부분에 더 어울리는지 아니면 뒷부분에 더 어울리는지에 달려 있다. 필자는 17절이 18-20절을 도입한다고 보기 때문에 에슬러와 달리 17-20절을 한 단락으로 묶어서 이해한다.

56 "우리가 안다"를 "내가 안다"로 해석하는 입장에 반대하는 다음 입장을 참고하라. Cranfield, *Romans*, 355.

또는 영적으로 영감을 받음을 의미한다. 여기서의 요점은 사무엘상 23:2, 시편 119편의 구약본문들, 또는 마태복음 22:43, 사도행전 1:16; 4:25, 디모데후서 3:16, 베드로전서 1:21과 같은 신약본문들에서 확인되듯이, 율법이 신적인 기원을 가지고 있다는 것이다. 이 것은 타락한 신자는 "신령한 자들"('프뉴마티코이', πνευματικοί), 즉 "성 령의 인도함을 받는" 성숙한 교회 지도자들에 의해 거룩성을 회복해야 한다고 말하는 갈라디아서 6:1과도 유사하다. 여기서 도출될 수 있는 또 다른 결론은 율법은 성령에 속한 자들, 즉 성령의 인도하심을 받아 그리스도인의 삶을 추구하는 자들에 의해서만 지켜질 수 있다는 것이다.

이와 반대로, "나"는 "육신에 속한"('사르키노스', σάρκινος) 자, 육신 적인 사람(18,25절의 '사르크스', σάρξ 사용을 예비하는 의미에서) 또는 육 욕을 따르는 사람을 의미하는데, 이것은 "신령한" 사람과 분명히 반 대되는 존재를 가리킨다. 이것은 단순히 유한한 인간(종종 그런 취지 로 사용되기도 하지만)을 묘사하는 것이 아니다. "신령한"과 대조를 이 루기 때문에 오히려 이 표현은 이 세상에 속하여 "육신적"이고 "신 령하지 못한" 욕망에 지배당하는 사람을 가리킨다. 이 대조는 고린 도전서 3:1에도 나타나는데 여기서 바울은 이와 동일한 어휘로 고 린도의 그리스도인들을 묘사한다. "형제들아 내가 신령한 자들을 대함과 같이 너희에게 말할 수 없어서 육신에 속한 자 곧 그리스도 안에서 어린아이들을 대함과 같이 하노라"(다음 구절과도 비교해 보라. 2:13-15). 티슬턴(불트만의 입장을 따르면서, Bultmann, *Theology of the NT*, 1, 239-46)은 이 용어가 성령에 의존하지 않는 자기 만족과 자 기 의존의 뉘앙스를 지닐 수 있음을 지적하면서, 하나님의 인도하심을 받기보다 "전적으로 인간적인 동기"로 움직이는 상태를 의미한다고 본다.[57] 필자는 여기서 두 의미를 모두 가진다고 본다. 그러니까 이것은 성령보다는 자기 자신과 세상의 지배를 받는(그래서 죄의 성향으로 이끄는) 것을 의미한다.

여기서 제기되는 핵심 질문은 이것이 참된 그리스도인에게 사용될 수 있는 표현인가이다. 그리고 이 질문을 더 복잡하게 만드는 것은 이에 더해서 "죄에게 팔려 노예가 된" 상태에 이르게 된다는 것이다. 연약한 또는 "육신적인" 그리스도인을 가리키는 바울의 이러한 은유는 고린도전서 3:1에서도 고린도교회를 가리킬 때 사용되었는데, 로마서 7장에서는 "죄에게 팔렸다"는 설명이 덧붙여지면서 훨씬 더 부정적인 뉘앙스가 더해진다. 완료형 분사 '페프라메노스'(πεπραμένος)는 그들이 노예상태로 존재한다는 것을 의미한다. 이 이미지는 6:15-23에서 다른 영역에서 침략해 온 군대로서 마음속에 교두보를 확보하고(7:8,11) 공격하고 무너뜨리고 결국 노예로 삼는 죄로 그 의미가 발전한다(7:23 이하를 참고하라). 이런 표현으로 신자를 묘사할 수 있는 것일까? 무는 이에 반대한다. 왜냐하면 6:2에서 그리스도를 따르는 사람은 "죄에 대하여 죽었고" 6:18,22에서 그들은 "죄로부터 해방되어 의에게 종이 되었"기 때문이다.[58]

하지만 바레트(Barrett)는 그리스도인들이 자유하게 되었지만, "그들의 구원은 바울이 육신에 대항해 그들을 경고할 필요가 없을

---

57   A. C. Thiselton, *The First Epistle to the Corinthians: A Commentary on the Greek Text* (Grand Rapids: Eerdmans, 2000), 288-89.

58   Moo, *Romans*, 454.

만큼 이생에서 그렇게 완전히 이뤄진 것은 아니"라고 주장한다.[59] 던은 그리스도인의 삶에 있는 종말론적 긴장으로 인해, 그러니까 죄와 사망의 영역에 놓여 있으면서 동시에 그리스도와 성령의 능력 아래 머물고 있다는 측면에서 설명한다.[60] "신자는 사람을 노예화하는 죄의 힘으로부터 자유하게 되었지만, 죄는 신자의 삶에서 다시 한번 육체를 이용해 반격을 시도하고 교두보를 확보한다(8,11절). 죄의 권능을 노예의 은유로 표현하는 것은 죄의 지배를 강조하기 위해 고안된 과장법이다."[61] 여기서 바울은 신자 안에서 벌어지는 거대한 세력들의 전쟁을 묘사하면서 이에 수반된 엄청난 갈등을 묘사하고 있다. 하지만 7:14-25은 그것이 보통의 그리스도인의 삶을 묘사한 것이라는 의미는 아니다. 이 단락은 8:1-17과 별개로 이해될 수 없다. 7장은 육신과 자아의 힘으로 살아보려는 신자를 묘사하고, 8장은 성령으로 사는 사람을 묘사한다. 이는 그리스도인에게 너무도 자주 발생하는 상황으로, 힘과 통제력을 행사하는 "죄의 지배상태"를 묘사한다.

15절을 도입하는 '가르'(γάρ)는 왜 바울이 '에고'(ἐγώ)가 "죄 아래 팔렸다"고 말하는지를 설명하면서, "원함과 행함 사이의 갈등"을 다

---

59 C. K. Barrett, *A Commentary on the Epistle to the Romans* (HNTC; ed. H. Chadwick; New York: Harper & Row, 1957), 146.

60 Dunn, *Romans 1–8*, 388–89, 또한 크랜필드도 참고하라. Cranfield, 1:357–58. M. P. Mittendorf, *The "I" in the Storm: A Study of Romans 7* (Concordia, 1997), 245. 미텐도르프는 이렇게 덧붙인다. "그러므로 성화된 의지와 생각과 속사람이 신자로서 바울의 존재를 지배한다 할지라도 그는 육신을 입고 있는 한 여전히 '죄 아래 팔린' 상태로 남아있다(7:14) … '죄 아래 팔린' 사람은 육신이 그를 지배할 때, 바울은 반복적으로 그 자신이 미워하는 악을 행한다."

61 Osborne, *Romans*, 183.

루는 잘 알려진 본문을 시작한다(15-20절).[62] 15절을 시작하는 단어들은 14절의 내용을 역전시킨다. 14절은 "우리가 알거니와"로 시작하는 반면, 15절은 "나는 알지 못한다"('우 기노스코', οὐ γινώσκω)라고 말한다. 그 의미를 특정하기란 무척 어려운데, 만일 바울이 실제로 자신이 무엇을 하고 있는지 "알거나 이해하지" 못한다고 말했을 가능성은 거의 없다. 왜냐하면 7:7-25에서 바울은 자신의 행위를 익히 알고 있음을 드러내기 때문이다. 그가 결여하고 있는 것은 앎이 아니라 통제력이다.[63] 이것은 거의 확실하게 "내"가 "승인하고 용납하지" 않는다는 의미에서 "내"가 "이해하지" 못한다는 것을 의미한다.[64] 신자들은 무엇이 잘못인지를 알고, 자신들의 행위를 탐탁지 않게 여긴다.

이 구절에서 세 개의 다른 동사가 이 행동들을 묘사하는 데 사용된다. "내가 행하는 것('카테르가조마이', κατεργάζομαι)을 내가 알지 못하노니 곧 내가 원하는 것은 행하지('프라쏘', πράσσω) 아니하고 도리어 미워하는 것을 행함이라('포이오', ποιῶ)". 여기서 세 동사가 다른 의미로 사용되었을 수 있다. 크랜필드는 '프라쏘'(πράσσω)는 용납되지 않은 비확정적인 행동을 가리키는 데 쓰인 반면, 나머지 두 동사는 성공적으로 종료된 행동을 가리킨다고 이해한다.[65] 쥬엣은 '포이오'(ποιῶ)를 행함을 가리키는 기본 동사로 간주하고, '프라

---

62   Moo, *Romans*, 456.

63   이는 피츠마이어와 슈라이너와 반대되는 견해로, 이것을 죄의 권능과 깊이를 "헤아리는" 능력이 없다는 것으로 해석한다. Fitzmyer, *Romans*, 474; Schreiner, *Romans*, 373 (또한 쥬엣도 참고하라, Jewett, *Romans*, 462-63).

64   Barrett, *Romans*, 147; Cranfield, *Romans*, 1:358-59; Moo, *Romans*, 457.

65   Cranfield, *Romans*, 1:358.

쏘'(πράσσω)는 "주어진 상황에 대한 어떤 강한 행동"을, 그리고 '카테르가조마이'(κατεργάζομαι)는 어떤 활동을 완수한 상태를 의미한다고 본다.[66] 무는 후자의 두 동사가 사실상 유의어인 반면, 첫 번째 동사는 어떤 행위를 "낳는다"는 의미를 나타내는 더욱 강한 표현이라고 본다. 하지만 이 문맥에서 세 동사의 용례에 별다른 차이점이 없고, 바울서신에서 모두 어떤 일을 수행한다 할 때 자주 사용된다. 따라서 동사의 차이점이라면, 15절의 핵심적인 측면, 즉 "나"의 행동들을 강조하기 위해 문체상의 다양화로 받아들이는 것이 바람직해 보인다.[67]

기본적인 대조점은 "곧 내가 원하는 것은 행하지 아니하고 도리어 미워하는 것을 행함이라"에서 나타난다. 여기서 우리는 다시 한 번 원함과 행함의 주된 갈등을 다루게 된다. 이것 역시 신자에게 더 어울리는 묘사다. 확실히 칼빈이 "일반은혜"라 부르는 개념에 입각해서 생각해 보자면, 불신자는 선을 행할 수 있으며, 자주 그렇게 한다. 하지만 전적 부패의 교리는 비그리스도인에게 참된 선을 이루고자 하는 일반적인 욕구(현재 시제 '텔로', θέλω)에는 반대한다. 바울은 '에고'(ἐγώ)가 원하는 것과 실제로 행하는 것 사이의 기본적인 대립에 대해 묘사하고 있으며 이것은 그리스도인과 더 어울리는 표현이다. 확실히 이런 형태의 문장은 그리스 철학자들에게서 유사한 것들을 발견할 수 있다. 에픽테투스(Epictetus 2.26.4)의 글에서 "내가 원하는 것을 내가 하지 않고, 내가 원하지 않는 것을 내가 행한다"

---

66 Jewett, *Romans*, 462–63.

67 다음의 학자들도 이와 동일한 입장이다. Barrett, *Romans*, 147; Dunn, *Romans 1–8*, 389; Schreiner, *Romans*, 373.

라고 하기도 하고, 오비디우스(Ovid, *Metamorphoses*, 7:20-21)의 글에서는 "나는 더 나은 것이 무엇인지를 보고 그것을 승인하지만, 나쁜 것을 따라간다"고 말한다. 하지만 던은 그리스 철학자들에게 없는 큰 차이점이 바울서신에 나타나는데, "여기서 우리는 종말론적 긴장이 야기하는 신랄함과 좌절감을 대면한다 … 개인(신자)이 이미 성령이 전적으로 인도하는 삶의 가능성과 약속을 이미 경험하기 시작했기 때문에, 이 긴장은 훨씬 더 날카롭고 신랄하게 표현된다"고 설명한다.[68]

이 주장의 결론은 16절에서 나타난다. "만일 내가 원하지 아니하는 그것을 행하면"("만일"을 뜻하는 '에이', εἰ는 이 문맥에서는 사실상 "~때문에"를 뜻한다)이라는 조건절은 사실상 15절의 내용을 되풀이한다. 의지와 행동은 완벽히 대립되며, 여기서 지배하는 능력은 의지가 아니라 자아에 있다. 율법의 "선함"을 인식한다는 표현은('칼로스', καλός는 "선함"을 의미하는 12절의 '아가토스', ἀγαθός의 유의어다) 12-14절에서 율법의 거룩함과 선함으로 돌아간다. 여기서 더 강조되는 것은 선을 행하는 데 실패했다는 것이 아니라 선을 행하기 원한다는 사실에 있다. 실패는 율법이 악하다는 증거로 간주될 수도 있는데, 왜냐하면 율법은 개인을 죄에서 구원할 수 없기 때문이다. 바울의 요점은 옳은 일을 할 "의지" 또는 양심은 잘못의 책임이 율법에 있지 않고 인간 자아에 있음을 입증해 준다는 데 있다. 여기서 "시인하노니"로 번역된 '쉼페미'(σύμφημι)는 성경에서는 발견되지 않고, 헬

---

68 Dunn, *Romans 1-8*, 389. 던은 에픽테투스는 이 딜레마에 대한 해답으로 "합리적인 정신"을 내세우고, 오비디우스의 문장에서는 "실존적인 좌절의 예리함"이 결여되어 있다고 지적한다.

레니즘 문헌에 어떤 사실에 대한 동의를 의미하는 것으로 자주 사용된다. 따라서 바울은 선을 행하고자 하는 소원이 있다는 것은, 율법 자체는 아무 문제가 없고, 오히려 그것이 정의롭고 옳다는 사실을 인식하는 것이나 다름없다고 말하고 있다.

쥬엣은 이 구절이 로마서 7장 배후 상황을 설명해 주는 핵심 구절이라고 보면서, 다음의 세 가지 "고전적인 설명"에 대해 논의를 이어간다(필자는 여기에다 네 번째 설명을 덧붙이고자 한다). (1) 바울이 유대인으로서 율법을 완전히 지킬 수 없기 때문에 "나쁜 양심"을 가졌다고 오해하는 견해(Godet, Sanday, Headlam)가 있는데, 이 것은 스탕달과 샌더스에 의해 반박되었다(갈 1:14; 빌 3:4-6에 기초해서). (2) 바울이 자신의 자아 속에서 잠재의식적으로 율법과 씨름한다고 하는 심리학적 이론은(C.H. Dodd, Gerd Theissen) 바울이 그런 갈등을 어느 저술에서도 내비치지 않는다는 점에 의해 반박된다. (3) 이 구절이 바울의 어린시절, 추측하기로 성인이 되어가는 나이일 때 "자신의 욕망을 제어하지 못하는 무력함과 성적인 긴장"을 표현한 것이라는 견해(R. Gundry, F. Watson)는 가능성이 매우 낮은데, 왜냐하면 그런 증거가 로마서 7장에서만 아니라 다른 바울서신에서도 발견할 수 없기 때문이다. (4) 현세와 내세 사이에 놓인 한 사람의 그리스도인이 죄의 힘과 투쟁한 것을 묘사했다는 견해(A. Nygren, Dunn)가 있는데, 많은 학자들은 그리스도 안에서 그리스도인이 얻는 승리에 대한 로마서 6:4,7,11-14,17-19을 근거로 문제가 있다고 본다. 쥬엣은 이것을 바울이 한 사람의 종교적 열심에 빠져 있던 사람으로서 회심할 시점에 자신의 순수한 종교적 헌신이 부적절했음을 깨닫게 된 자기 모습을 묘사한 것이라고 본다.[69] 하지만 15-16절의 언어는 필자가 이미 언급했듯이 하나님의 뜻을 따르기를 간절히 원하지만 육신에 자기를 내어주며 실패하고만 그리스도인의 투쟁이라고 설명하는 것이 가장 적합하다. 이 갈등은 신약 성경 곳곳에서 확인되는 것이고, 14-25절의 언어와 잘 들어맞는다. 그리스도 안에서 주어진 우리의 승리를 설명하는 본문은 죄의 실재와 영적인 패배의 현실을 배제하지 않는다.

실패의 과정 : 내 안에 살아있는 죄(7:17-20). 16절에서 잘못된 욕망에 굴복하는 것은 "나" 또는 자아이지만, 여기서 바울은 그러한 육체적 욕망을 통제하는 것은 실제로 "죄"임을 밝힌다. 여기서 우리는 다시금 죄가 (본질적으로는 선한) 율법을 이용해서 '에고'(ἐγώ)를 패배시킨다는 8-11절의 요점으로 돌아간다. 죄는 육신 안에 "자리를 차지하면서" 그 사람을 지배하는 방식으로 그렇게 한다. 한 사람의 인격에 죄가 "내주한다"는 개념은 이 본문의 전환점인데, 이것은 앞의 내용(죄가 어떻게 지배력을 갖게 되는지를 설명함)을 마무리하고, 후속하는 내용(죄의 지배의 효과에 대해 설명함)으로 안내한다.

17절은 약간 이상하게 '뉘니 데 우케티'(νυνὶ δὲ οὐκέτι)로 시작하는데, "(16절의 상황을 고려할 때) 이제는 정말로, 더 이상 '내'가 아니다"라는 의미를 가진다. 바울은 자신의 행동에 대해 책임을 회피하는 것이 아니다. 이것은 "나를 질책하지 마시오"를 뜻하지 않는다. 오히려 바울은 어떤 외부로부터 주어지는 힘이 자신으로 하여금 자

---

69   Jewett, *Romans*, 464-66. 쥬엣의 해석은 해머튼-켈리의 자료에 기반한 것이다. R. G. Hamerton-Kelly, *Sacred Violence: Paul's Hermeneutic of the Cross* (Minneapolis: Fortress, 1992), 107-8, 111.

신이 그릇되다 여기는 그것을 행하도록 끌고간다고 말하고 있다.[70] 그의 의지가 작동한 것이 아니다. 그는 자신이 미워하고 완전히 반대하는 일을 행하고 있다. 따라서 그는 자신에게 침투하여 "내주하는"('오이쿠사', οἰκοῦσα) 외부의 힘이 있음을 깨닫는다. 그렇게 해서 죄는 내부의 세력이 되고, 이로써 '에고'(ἐγώ)에 대한 상당한 힘을 확보하고 통제력을 갖게 된다. 처음에는 외부인으로 있다가 그 이후론 침략자로, 이제는 내부자가 되어 우리 가운데 큰 혼란을 야기하는 큰 힘과 통제력을 얻게 된다. 이 진행과정에 주목하라. 죄는 외부의 적으로서 우리 영역을 침범했고, 우리 삶에 교두보를 마련했고, 우리에게 대하여 승리했다. 그리고 이제는 우리 가운데 거처를 마련하고 말았다. 모리스가 말하듯이, "존대받는 손님도 아니고, 월세를 지불하는 세입자도 아니고, 합법적으로 머물지도 않으면서 방출시키기가 매우 어려운 불법거주자들이다."[71]

다음 세 절(18-20절)은 17b절에서 소개된 주제(내주하는 죄)를 확장한다. 18절은 13절의 메시지를 재현하고, 19절은 15b절의 교훈을 재진술하고, 20절은 16a,17절의 주제를 되풀이하면서, 이미 제시된 주제를 반복한다. 18-19a절에서 3개의 연속적인 '가르'(γὰρ)절이 나타나는데, 이것은 죄가 어떤 방식으로 그리고 어떤 이유에서 "나"라는 존재 안에 거주하면서 지배력을 얻게 되었는지를 설명한다. 첫째, 바울은 죄가 지배력을 얻는 것을 강조한다. 왜냐하면 16

---

70   여기서 15절에 "행하다"를 가리키는 세 동사 중 하나인 '카테르가조마이'(κατεργάζομαι)는 기본적인 의미에 가까운 것으로 보인다. 이를 반영해서 번역하면 이렇게 읽게 된다. "율법에 반하는 것을 행하는 것은 내가 아니요, 죄입니다."

71   Morris, *Romans*, 293.

절의 마지막에 위치한 "선한 것"(여기서 '아가토스', ἀγαθός는 12,13절[계명은 선하도다]에 등장하며, 16절의 '칼로스', καλός의 유사어이다)이 그 사람 안에 거주하지 않기 때문이다. 무가 말했듯이, "'선한 것'은 '선을 행하고자 하는 의지 또는 힘'을 축약법으로 말한 것이다."[72]

"나" 안에 있는 내적인 실재는 '사르크스'(σάρξ)즉 "육체"로서 자아를 규정짓는 죄로 향하는 본성적인 경향성을 가리킨다(14절). 바울은 선을 행할 수 없다. 달리 말해, 하나님의 명령들을 순종할 수 없다. 왜냐하면 내적인 실재가 자아이자 죄인 반면, 선한 것은 외부적인 실재이기 때문이다. 여기서 "육체"의 의미는 특정하기 어렵다. 무는 바울이 "내 안에"를 "내 육신 안에"를 뜻하는 것으로 정의한다는 점에 기초해, '사르크스'(σάρξ)를 인간적인 의도, 말하자면 죄에 빠지기 쉬운 상태의 육체적인 몸으로서의 물질적 의미로 이해한다.[73] 던은 '사르크스'(σάρξ)를 도적적인 의미로 받아들이는데, 여기서 "육체"라는 단어는 '에고'(ἐγώ)를 규정하는 이 시대에 대한 애착을 가리킨다.[74] 이 후자의 의미가 더 적합해 보인다. 7:5,14,25에서 육체는 죄에 빠지기 쉬운 인간의 취약함과 연결된다. "여기에 이원론이 나타난다. 하지만 이것은 도덕적 이원론으로, 하나님이 율법 안에서 요구하시는 것을 행하고자 하는 소원과 죄를 극복하지 못하는 육신적인 연약함이 있음을 의미한다."[75] 육체는 죄가 지배하

---

72 Moo, *Romans*, 458.

73 Ibid., 459.

74 Dunn, *Romans 1-8*, 391. Cranfield, *Romans*, 1:361. 크랜필드는 "육체"를 성령에 반하는 "타락한 인간 본성 전체"라고 부른다.

75 Osborne, *Romans*, 185.

도록 허용하며, 이 지점에서 영적인 실패가 발생했다.[76]

얼핏 보면 이것은 바울이 그 안에 어떤 선한 것도 거주하지 않는 중생하지 못한 사람을 묘사하는 것처럼 들린다. 하지만 우리는 이미 불신자 안에 여전히 내재하는 본성적인 선을 가리키는 "일반 은혜"에 대해 논의한 바 있다. 여기서 "선한 것"은 하나님이 요구하시는 것을 의미하지 단지 선한 행위를 의미하지 않는다. 우리는 하나님의 관점에서 참된 "선"을 가지고 있지 않아도 여전히 착한 일을 할 수 있다. 18b절에 나타난 이원론은 인간의 의지와 그것을 수행할 능력의 간격을 나타낸다. "원함은 내게 있으나 선을 행하는 것은 없노라." 이것은 비그리스도인 만큼이나 "육신적인" 그리스도인을 묘사한 것으로, 7:14-25의 큰 문맥에서 볼 때 필자는 전자의 해석이 더 설득력 있게 들린다(7:14-25의 서두에서 논의된 것을 참고하라).[77] 로마서 7-8장에 나타난 선을 행하려는 "소원"(desire)과 "의지"(will)에 대한 가장 유력한 해석은 하나님의 계명을 지키도록 하나님이 주신 마음의 소원이지만, 죄에게 자신을 내어준 육체에 거하고 있기 때문에 하나님의 뜻에 따른 행동을 "낳을" 능력이 없는 상태라는 것이다.

76　바울서신의 '사르크스'에 관한 유익한 논의에 대해서는 다음을 참고하라. A. C. Thiselton, "Flesh," *New International Dictionary of New Testament Theology* (ed. C. Brown; 3 vols.; Grand Rapids: Zondervan, 1967-71), 1:675-77; R. J. Erickson, "Flesh," *Dictionary of Paul and His Letters* (ed. G. F. Hawthorne, et al.; Downers Grove, IL: InterVarsity Press, 1993), 303-6; T. R. Schreiner, *Paul: Apostle of God's Glory in Christ: A Pauline Theology* (Downers Grove, IL: InterVarsity Press, 2001), 138-46.

77　참고. Mittendorf, *"I" in the Storm*, 243: "신자들이 계속해서 죄악된 육체 가운데 살아가고 있기 때문에 죄도 그들 안에 내주하게 되고, 그 안에서 육신적인 욕망들이 계속해서 솟아난다(7:14,17-18,20)."

이어서 바울은 19절에서 15b절의 기본적인 메시지를 되풀이하는데, "내"가 "선"을 행하기 원하지만, 실제로 이루는 것(15절 "내가 미워하는 것)은 "악"('카코스', κακός)을 낳는 것이다.[78] 선과 악의 대조는 이 주제를 더 명확히 하기 위한 것인데, 여기서 분명히 발견되는 사실은 "나", 육신, 죄/악이라는 세 가지 범주가 율법의 참된 목적을 우회한다는 것이다. 선한 것은 무엇보다 율법을 순종하고 그럼으로써 하나님의 뜻을 따르는 것이다. 우리는 여지껏 살펴봤던 동일한 해석적 질문들에 직면하게 되는데, 그 질문은 ⑴ "선악"의 딜레마가 선을 행하고자 하는 불신자를 묘사하는가, ⑵ 율법 아래에서 그것을 지키려는 유대교 신자들을 가리키는가, ⑶ 참된 선을 행하고자 하는 율법적 열심의 무능성에 관한 질문과 씨름하고 있는 회심 직전의 바울인가, ⑷ 아니면 삶에 현존하는 죄의 권세와 투쟁하고 있는 그리스도인인가이다. 주석과 책들을 읽어본다면 모든 설명이 다 설득력 있게 들리고, 이 단락에서 바울이 사용하고 있는 언어를 각각의 방식으로 이해하게 된다. 하지만 필자는 네 번째 해석이 7:14-25에 나타난 바울의 메시지를 가장 잘 설명하는 선택지라고 확신한다. 왜냐하면 이 견해가 하나님의 뜻을 행하려는 소원, 육체, 죄와의 싸움 등 이러한 '에고'(ἐγώ)의 여러 측면들을 보다 설득력 있게 종합하기 때문이다.

20절에서 바울은 이제 16a절과 17절의 메시지를 반복한다. 바

---

78 Das, *Solving the Romans Debate*, 223-24. 다스는 선을 행할 소원이 있으나 그 것을 이룰 능력이 없다는 내용이 유대교에서만 아니라 그리스-로마 세계에서 얼마나 일반적인 주제인지를 보여준다. 그는 유리피데스(*Medea*, 1077-80; *Hippolytus* 377-83), 플라톤(*Prot.* 352d), 아리스토텔레스, 스토아학자들 사이에서도 비슷한 내용들을 찾아볼 수 있음을 지적한다.

울의 목적은 18,19절과 동일한데, 반복을 통해 내주하는 죄라는 문제를 강조한다. 20절은 '에이'(εἰ)로 시작하는데, 이것은 사실상 "만일 내가 원하지 않는 것을 행한다면"이라는 또 다른 조건적 상황(16절 참고)을 거론한 것이다. "나"의 의지와 소원은 하나님을 따르는 데 있다. 하지만 육체가 여기에 개입하여 그 결정을 동요시킴으로 죄에게 길을 열어주는데, 이것은 실제 소원과 극도로 반대되는 결과를 낳는다. 그리고 이 사실은 "열매를 내는 '에고'(ἐγώ)는 더 이상 없다"는 것을 증명하는 근거가 된다(8,13,15,17,18절에서처럼, '카테르가조마이', κατεργάζομαι). 오히려 문제의 핵심은 내주하는 죄에 있다. "나"는 지배력을 잃고 그 행위들에 대한 권위를 포기했다. 이는 선보다 도리어 악을 낳게 된다. 한 가지 더 생각할 것은 여기서 묘사되는 사람들은 어떤 종류의 사람들인가이다. 여기서 전적 부패의 교리를 감안한다면, 완전히 죄의 권세 아래 있고 하나님의 뜻을 따를 소원을 가지고 있지 않은 비그리스도인이 아닌, 하나님의 뜻을 따라 행하기 "원하지만" "육신"에 굴복하고 만 연약한 그리스도인을 묘사한 것으로 보는 것이 더 가능성 있다.

실패 이면에 있는 투쟁 : "다른 법"(7:21-23). 이 단락을 시작하는 '아라'(ἄρα)는 바울이 앞서 말한 것으로부터 추론될 수 있는 결론으로 이끈다(BDAG, 127 – "결과적으로, 그러므로"). 선을 행하는 데 실패한 '에고'(ἐγώ)의 문제를 육신과 죄라는 개념에 비춰본다면, 이제 그것은 인간존재의 중심에 놓인 악의 현존으로 이끄는 죄라고 하는 적대적인 영역의 침투로 인해 그 사람에게서 발생한 전쟁의 관점에서 이해된다. 여기서 핵심 질문은 '호 노모스'(ὁ νόμος)가 무엇을 의미하는지다. 이것은 모세의 법령을 가리키는가?(Wilckens, Dunn,

Schreiner, Jewett), 개인 안에서 작동하는 일반적인 원리를 가리키는 가?(Hodge, Murray, Cranfield, Käsemann, Stott, Morris, Fitzmyer, Moo). 만일 그것이 토라를 가리킨다면 우리는 "그러므로 율법을 살펴보니 (여기서 '톤 노몬', τὸν νόμον은 대격이 된다) 내가 선을 행하기 원하지만 악이 나와 함께 있음을 깨닫는다"라고 번역할 것이다. 한편, 그것이 토라를 가리키지 않는다면, 우리는 "(실제로 내면에서 작동하는 법칙으로서)내가 발견한 원리는 내가 선을 행하기 원하지만 악이 나와 함께 있다는 것이다"라고 번역하게 된다. 어느 쪽이든 가능한 해석이다. 이 문단의 나머지 부분을 살펴보라. 22절("내 속사람으로는 하나님의 법을 즐거워하되")과 25a절("하나님의 법을 섬기노라")에서 "하나님의 법"을 언급한 것은 분명히 모세의 규례지만, 23절("내 지체 속에서 한 다른 법")과 23,25b절("죄의 법")에서 이 단어는 사람들의 행동을 지시하는 "원칙" 또는 "규칙"이라는 기본의미로 돌아간다. 23절의 "내 마음의 법"은 어느 쪽으로도 해석 가능하다(아래를 참고하라).

21-25절의 법을 모세율법으로 이해하는 학자들은 23절의 "죄의 법"을 목적격 속격으로, 즉 "죄로 이끄는 법"으로 이해하고, 같은 구절의 "한 다른 법"을 (본래 의도한 것과 다른) "율법의 다른 용도"로 이해한다.[79] 물론 로마서 앞부분에서 이 단어가 줄곧 모세의 율법을 가리켰다는 점에서(로마서 2-6장에 27회 사용) 바울이 말 그대로 이 단어를 통해 계속해서 토라를 가리켰다고 예상할 수도 있다. 그럴 가능성이 충분하긴 하지만 필자는 이 해석이 7:21-26에서는 그

---

79 Schreiner, *Romans*, 377. 슈라이너는 "죄의 법"을 "사람들의 삶에서 죄가 행사하는 횡포"로, 그리고 "한 다른 법"을 "죄에 대한 율법의 제휴관계"를 가리킨다고 해석한다.

리 만족스럽지 못하다고 여긴다. 여기서까지도 모세 율법으로 이해한다면, 바울이 여기서 '호 노모스'(ὁ νόμος, 그 법)를 언어유희적으로 활용하여 "하나님의 (선한) 법"과 "다른 원리"(즉 죄의 지배)를 대립시키고 있음을 해명하기가 어려워진다.

바로 이 지점에서 (율법에 뿌리를 둔) 선을 행하려는 소원과 (죄에 뿌리를 둔) 악을 행하려는 성향 사이에 전쟁이 발생한다. 여기서 일종의 이원론이 나타나는데, 이렇게 서로 충돌하는 힘들은 21-25절의 단어들을 언어유희적으로 해석할 때 가장 잘 이해된다. 또한, 대격 '톤 노몬'(τὸν νόμον)은 직접목적격으로 사용된 것으로 볼 때 훨씬 매끄럽게 읽히는데, 이것은 위의 두 번째 번역을 뒷받침해 준다("나는 이 법칙[원리]이 작용하는 것을 본다"). 그래서 바울은 모세의 규례가 "나"라는 존재 안에서 또 다른 삶의 원리로 대체된다고 말하고 있는 것이다. 이 원리에 따라 선을 향한 소원이 역사하는 악의 현존(그리고 위력)에 의해 좌절된다("내 안에 있는 의지"와 "내 안에 있는 악"의 대립에 주목하라).

다음 두 절(22-23절)은 이 싸움의 긍정적인 측면에서 부정적인 측면으로 논리를 이어가면서 이 내적 갈등의 의미에 설명을 덧붙인다. 이 모든 것은 "'에고'(ἐγώ)의 속사람('톤 에소 안트로폰', τὸν ἔσω ἄνθρωπον)" 안에서 발생한다. '에고'(ἐγώ)가 그리스도인을 가리키는지 비그리스도인을 가리키는지에 대해 큰 입장의 차이가 있는데, 이것은 확실히 7:7-25을 기록한 바울의 의도를 결정하기 위한 상당히 중요한 부분에 해당한다. 불신자로 보는 사람들은 헬레니즘 문화에서 통용되는 심리학적 이해를 전제하는데, 그것은 한 사람의 인격 안에서 생각과 영이 육체와 물질과 대립되고, 전자가 더 우월한 본성에 속한다는 것이다. 해리스빌(Harrisville)은 로마서 7장의 자아를 일컬어, "자신의 영혼과 본성적인 욕망을 다스리기 위해 내적인 싸움을 하는 당당한 이교도"라고 말한다.[80] 쥬엣은 바울 안에서 일어나는 내적 갈등을 "'하나님의 법'을 섬기려는 본래의 의도와 반대되는 행위를 하는 열혈신자의 모습"이라고 말한다.[81] 확실히 이 문구는 그 자체로 한 인격의 내적인 사유를 가리킨 것으로 보이는데, 이에 대해 피츠마이어는 "중생하지 않은 인류가 마음속('누스', νοὑς)으로 자신의 죄에 대해 자각한 바를 토로한 것"이라고 해석한다.[82]

하지만 바울은 다른 두 본문에서도 "내적 자아"에 대해 논의하는데, 둘 모두 신자를 가리킨다. 고난을 통한 영광에 대해 설명하는 고린도후서 4:16에서 바울은 "겉사람"과 "속사람"('에소', ἔσω)을 대조하는데, 전자는 "낡아지고" 후자는 "날로 새로워진다." 해리스는 "속사람"은 '누스'(νοὑς)와 동일시될 수 없으며, 이는 '새 창조'(고후 5:17), '새 사람'(골 3:9-20), '그리스도인의 새로워진 존재', 신자의 영적인 측면으로서 인격 전체를 가리킨다"고 주장한다. 이 인격 안에서 매일의 성장을 통해 그리스도를 따르는 사람들이 점차적으로 "그리스도의 형상으로" 변화되어 간다.[83] 두 번째 본문은 에베소서 3:16인데 여기서 바울은 성부 하나님이 "그의 성령으로 말미암아 너희 속사람('톤 에소 안트로폰', τὸν ἔσω ἄνθρωπον)을 능력으로 강건

80　R. A. Harrisville, *Romans* (Augsburg Commentary; Minneapolis: Augsburg, 1980), 115. 또한 다음을 참고하라. Moo, *Romans*, 462; Schreiner, *Romans*, 377.

81　Jewett, *Romans*, 470.

82　Fitzmyer, *Romans*, 476.

83　M. J. Harris, *The Second Epistle to the Corinthians* (NIGTC; Grand Rapids: Eerdmans, 2005), 360.

하게” 해달라고 기도한다. 다시 한번 신자의 내면적인 삶이 묘사되고 있는데, 여기서 “속사람”은 “새 자아”(‘카이노스 안트로포스’, καινὸς ἄνθρωπος, 엡 4:24; 골 3:9-10)와 동일한 것으로 말해져선 안 되고, “‘새 자아’에 더욱 가까워지도록 강해지는” 신자의 내적인 영적 실재를 가리킨다.[84] 중요한 사실은 바울이 신자에 대해 설명할 때 “속사람”이라는 문구를 사용한다는 것이고, 여기서도 이것이 더 나은 해석이라는 것이다. 던은 이것이 인간론적 이원론이 아닌, 구원사적 이원론이라고 설명하는데, 여기서 “나”는 “신자가 속해 있는 바, 죄와 사망(그리고 율법)의 옛 시대와 은혜와 생명(그리고 성령)의 새 시대 사이에 펼쳐진 구원의 결과로서 둘로 나뉜다.”[85]

“하나님의 법”을 “즐거워”(‘쉬네도마이’, συνήδομαι, 기쁨을 경험하는, BDAG, 971)할 수 있는 상태는 비그리스도인이 아닌 그리스도인의 경험에 해당한다(여기서 “하나님의 법”은 21,23절의 “다른 법”과 구분하기 위한 표현이다). 확실히 유대인이라면 토라를 열렬히 사랑할 것이기에, 이 사람은 유대인일 수 있고 그리스도인일 수도 있다. 하지만 “속사람”이라는 언어와 14-25절의 그리스도인의 투쟁의 맥락을 고려할 때, 하나님이 은혜로 주신 율법을 즐거워하는(rejoicing. 참고로 이는, Wilcken, Michel, Barrett 같은 몇몇 학자들이 말하는 것처럼, 기꺼이 동의한다[joyously agreeing with]는 수준의 의미가 아니다) 신자의 모습으로 보는 것이 더 나은 해석이다.

다시 한번 우리는 근본적인 딜레마에 이른다(23절). “속사람”은

---

84 C. E. Arnold, *Ephesians* (Zondervan Exegetical Commentary; Grand Rapids: Zondervan, 2010), 210.

85 Dunn, *Romans* 1-8, 394.

하나님의 법을 추구하고 즐거워하지만, "다른 한 법"('헤테론 노몬', ἕτερον νόμον)이 역사하는데, 이 법은 하나님을 철저히 대적하고 사람의 행실을 그릇된 방향으로 가도록 영향력을 행사한다. 어떤 점에서 바울은 앞의 두 장에서 죄의 존재론을 발전시켰다고 볼 수 있다. "죄는 먼저 능력 또는 영역의 차원으로(6:2-14), 그리고 사람을 노예화하는 주인으로(6:16-22), 이제는 우리 안에서 역사하는 하나의 법 또는 지배력"으로 간주된다.[86] 죄는 6장에서 하나님의 백성을 굴복시키고 노예화하는 침략군으로 제시되는데, 여기서도 마찬가지다. 죄는 "전투를 벌이고, 나를 감옥에 갇힌 죄수로 만든다." 이것은 실질적으로 "내 지체 속에서" 작용하는데('엔 토이스 멜레신 무', ἐν τοῖς μέλεσίν μου, 상반절과 하반절 모두에 나타난다), 이 표현은 본래 몸에 붙어있는 팔다리를 가리키지만, 코이네 헬라어에서는 몸을 구성하는 모든 부위에 사용된다. 아마도 "내 마음의 법과 싸우는 내 지체 속의 다른 법"에서 보이는 일종의 정신/몸 이원론과 관련이 있을 수 있다. 그러나 동시에 '마음'을 인격 전체의 한 측면 혹은 '능력' 중의 하나라는 의미에서 '지체'의 하나로 이해하게 된다면, 이원론은 무색해진다. 여기서 질문은 이것이 물리적인 몸을 가리키느냐 인격 전체를 가리키느냐에 있다. 7:7-25에서 죄가 물리적인 몸만 아니라 우리 존재의 모든 측면을 공격하고 있기 때문에 후자의 해석이 더 설득력 있다. 따라서 여러 역본에서 따르는 것처럼, "나의 근본적인 자아 속에서"를 의미하는 것으로 "내 안에서 역사하는"으로 번역하는 것이 타당하다.

---

86 Osborne, *Romans*, 188.

율법을 가리키는 '노모스'(νόμος)는 22-23절에서 ABAB패턴으로 4회 나타난다. "하나님의 법"은 "다른 법"에 의해 반대되고, 그래서 이것은 "죄의 법"이 되고(이 둘이 신자에게 대항하여 작용한다), "마음의 법"을 파괴하고자 한다. 여기서 전투를 벌이는 두 세력이 나타나는데, "내 마음의 법"은 "하나님의 법"을 따르기 원하지만(22절), "다른 법", 즉 "죄의 법"은 그 일이 일어나지 않도록 역사한다. 이 "다른 법" 또는 규칙은 "나" 안에 있는 선의 대립항으로 두 가지 형태로 기능한다.

첫째, "다른 법"은 침투하고 "싸움을 벌인다." 이것은 또 다른 군사적 은유인데 로마서 6-7장에서 바울이 죄를 묘사할 때 가장 중요하게 사용하는 방법이다. 여기서 사용된 동사는 합성어('안티스트라튜오메논', ἀντιστρατευόμενον)로 신약 성경에서 유일하게 여기서만 사용되며, "원수에게 전쟁을 하러 나가다"를 의미하면서 둘 사이의 대립을 강조한다. 이것은 8,11절(앞의 논의를 보라)에 나타난 "교두보" 은유와 밀접한 관련이 있는데, 왜냐하면 죄는 마음의 영역에 침투해서 그곳의 일부를 장악하고 이를 활용해 전쟁을 수행할 수단을 마련한다. "내 마음의 법"('토 노모 투 누스 무', τῷ νόμῳ τοῦ νοός μου)은 어떤 사람이 하나님의 율법을 자기 것으로 삼고, 이해하고 따르는 합리적인 과정을 가리키는 바울의 방식이다. 이것은 장소적인 개념인데, 말하자면 이곳에서 하나님이 사유와 의지에 역사하고 또 영적 성장이 일어난다(롬 12:2, "마음을 새롭게 함으로"). 하지만 그와 동시에 죄가 인간을 지배하려고 역사하는 공간이기도 하다. "법"이 그러했던 것처럼 인간의 마음은 모든 개인의 삶을 지배하고 통치하는 원리로서의 역할을 지닌다. 이런 식으로 인간의 마음은 전인적인 인격을 지배하기 위한 본성의 전쟁이 벌어지는 곳이다.

둘째, 이 새로운 "법"은 전쟁에서 승리하여, "나를 죄의 법으로 사로잡는다"(이는 죄가 인간을 지배하는 상태다).[87] 이것은 적을 정복해서 전쟁 포로로 만들고, 이로써 그들을 지배하는 것을 뜻한다 (BDAG, 31). 던은 이것을 "공격받는 믿음"이라고 표현하는데, 고린도후서 10:3-4과 갈라디아서 5:17에서도 확인되는 바울의 독특한 관점이다.[88] 위에서 살펴본 것처럼 죄는 침략군으로서 인간의 삶에 들어와 먼저 교두보 영역(여기서는 마음)을 장악한 다음, 그 사람을 정복하고 노예화(14b절)하는 모습으로 묘사된다. 그것은 군대가 정복하고 포로로 삼아 노예화하는 모습을 그려내는 것이기 때문에, 중생하지 않은 사람을 묘사한다는 주장을 뒷받침하는 것일 수 있다. 하지만 그와 동시에 14절을, 바울은 신자 안에서 격렬한 싸움을 요약하고 있지만 죄의 지배를 받는, 약하거나 "육적인" 그리스도인을 묘사하기 위해 강한 부정적 용어로 묘사하고 있다고 볼 수도 있다. 롬 8:1-17의 주제는 성령에게 자신을 내어줄 때만 이 싸움에서 이길 수 있다는 것을 말하는데, 따라서 7:14-25과 8:1-17의 전개는 각각 육-영 이원론을 가리키고 있다. 앞본문의 극단적인 패배는 이후에 나오는 8장의 극단적인 승리를 위한 길을 열어준다. 두 본문 모두 그리스도인이 영적 생활에서 육신이나 영 중 어느 쪽에 자신을 내어주느냐를 두고 씨름하는 모습을 묘사한다.

---

87 Cranfield, *Romans*, 1:365. 크랜필드는 '엔'(ἐν)이 "사로잡다" 이후에 사용되는 것을 이와 비슷한 문구가 등장하는 고후 10:5와 비교한다(여기서는 '에이스[εἰς]가 사용되어 "모든 생각을 사로잡아 그리스도께 복종하게 한다"로 번역됨). 따라서 더 나은 번역은 "죄의 법을 수단으로 하여"가 아니라 "죄의 법으로"이다.

88 Dunn, *Romans 1-8*, 395.

결론 : 그리스도안에서만 누릴 수 있는 승리(7:24-25). '에고'(ἐγώ) 안에서 압도적인 죄의 승리로 인해 비참과 절망을 겪은 후 바울은 "오호라 나는 곤고한 사람이로다!"라고 부르짖는다. 7:14-25에서 묘사된 "나"의 가련한 상태를 묘사한 것들을 생각해 보자. 나는 "신령하지 못하여 죄에 팔렸고"(14절), "도리어 미워하는 것을 행하고"(15절), "원하지 아니하는 그것을 행하고"(16절), "죄가 내 속에 거하고"(17절), "내 속에 선한 것이 거하지 아니하고"(18a절), "원함은 있으나 선을 행하는 것이 없고"(18b절), "원하지 아니하는 바 악을 행하고"(19절), "내 안에 죄가 살아있어서 그것을 행하고"(20절), "나에게 악이 함께 있고"(21절), "한 다른 법이 싸워서 죄의 법으로 나를 사로잡는다"(23절). 모든 절이 이 죄에 대한 패배의 실재가 주는 무게에 짓눌린 한 개인을 묘사한다. 이것은 그저 불행한 인간의 초상이 아니다. 그는 포기의 끝자락에 서 있으면서 해답을 붙잡으려는 한 사람의 인간이다.

"가련하다"(개역개정 "곤고한")는 말의 의미는 "비참하고 괴롭고 고뇌로 가득한"을 의미한다. 성경에서 이 단어는 특히 하나님의 심판과 관련이 있지만(사 47:11; 렘 6:7; 암 5:9; 미 2:4; 약 5:1; 계 3:17), 여기서는 하나님을 향한 의지와 죄를 향한 의지 사이에 끼여 있어 결국 죄에 패배하고 마는 '에고'(ἐγώ)의 영적인 절망을 가리킨다. 다시 말해 여기서의 핵심적인 질문은 이것이 그리스도인을 묘사할 수 있느냐 아니면 반드시 비그리스도인을 묘사한 것이냐이다. 주석가들은 대부분 이 본문이 참된 신자를 가리킨다고 보기에는 이 실패가 너무 심각한 수준이라는 이유에서 후자의 입장을 취한다. 그들에 따르면, 그리스도를 알고 "하나님의 능력" 아래 있으며(벧전 1:5), 구

　죄와의 투쟁에 관한 다양한 관점들

원의 "인"이자 보증으로서 성령을 지닌 사람(엡 1:14; 4:30)은 이러한 깊은 패배를 결코 맛볼 수 없을 것이다. 하지만 여기서 크랜필드는 중요한 반론을 제기한다. "그리스도인의 생활에 더욱 진보할수록, 더욱 성숙한 제자도를 갖추고, 하나님의 높으신 부르심에 대한 더욱 뚜렷한 자각이 생겨나고, 자신에게 주어진 영적 의무나 열망과 자기의 실제 모습 사이의 간극에 더욱 통렬한 양심의 자각을 갖게 된다."[89] 이것은 14–25절의 전반적인 취지와 잘 어울리는데, 이는 그리스도인의 삶에서 나타나는 육체와 성령의 큰 싸움을 말한다는 점에서 그렇다. 그리스도인이라면 하나님 앞에서 올바로 살고자 할 때 주님보다는 자신을 의지할 때마다 이러한 심각한 패배를 경험한다. 패커가 말하듯이 "'비참한 인간'의 탄식이야말로 건강한 신자의 표지이다. 하나님의 법을 사랑하고 그것을 온전히 지키려 하나, 자기 안에 무언가(말하자면 내주하는 죄)가 있음을 그 효력으로만 인지하면서, 그것의 방해와 위협으로 인해 실패하게 되는 것이 바로 신자의 경험이다. 이 죄는 종종 그를 배신하여 당시에는 선한 것처럼 보였지만 돌이켜보면 악한 것들을 행하도록 종용한다."[90]

이제 해결책에 대한 단서가 다음의 수사학적 질문에 의해 제시된다(비교. 6:1,15; 7:7,13). "이 사망의 몸에서 누가 나를 건져내랴?"(24b절) 여기서 희망의 요소에 주목하라. 이 질문에는 절대적인 절망에 대한 어떤 항복의 기미도 찾아볼 수 없고, 오히려 구원의 가능성에 대한 인식이 남아있다.[91] "구원받음과 구출됨"에 대한 요

---

89   Cranfield, *Romans*, 1: 366.

90   Packer, "Wretched Man Revisited," 76.

91   하지만 쥬엣(Jewett, *Romans*, 472)은 이 질문이 '아무도 할 수 없다'는 대답을 요

청은 영적인 패배로 인해 생겨난 비참스러운 심적 고통에 대한 자연스러운 반응이다. 이 논의 주된 초점은 고뇌하는 "나"와 "이 사망의 몸"의 상태를 묘사하기 위한 바울의 단어선택이 지닌 함의에 대한 것이었다. 바울의 논의에서 줄곧 육체적인 딜레마보다는 우주적인 딜레마에 초점이 있었기 때문에, 바울의 설명이 단지(죽을 수밖에 없는) 썩어 없어질 육체에 국한된다고 보기 어렵다.

23절에서 "지체"로 묘사되는 것처럼, "몸"은 단순한 물리적인 몸보다는 인격 전체를 가리킨다고 본다. 따라서 여기서 바울이 제기하는 질문은 7-23절에 나타난 인격 전체에 대한 죄의 침탈행위에 의해 야기된 곤경으로 요약된다. 또한 이 질문은 앞에 붙어 있는 "이것"(this)과 관련이 있다. '투 소마토스 투 타나투 투투'(τοῦ σώματος τοῦ θανάτου τούτου)라는 문구는 "이(this) 사망의 몸"(KJV, NASB, Dunn, Jewett), 또는 "사망에 속한 이(this) 몸"(NRSV, NJB, TNIV, NET, Cranfield, Moo, Shreiner)으로 번역될 수 있다. 만일 후자의 번역을 취한다면 강조점은 인간에 대한 죄의 지배와 삶에 중점을 두고, 죄와 죽음의 힘에서 이(this) 몸이 구출되기를 바라는 소원에 있게 된다. 전자의 입장이라면(헬라어 어순을 고려할 때 필자는 이 입장이 더 나은 번역이라고 본다), 강조점은 이(this) 사망의 힘으로부터(단순히 육체적 죽음이 아닌 영적인 죽음을 포함한다), 그리고 이 세상에서의 죄와 사망의 지배로부터 해방되는 것에 있다. 이것은 마치 이 사람이 육체의 부활을 고대한다는 의미에서 단지 마지막 때에 속한 종

구하는 방식으로 제기되었다고 말한다. 그것은 이 질문이 인간의 도움만을 고려할 때에만 해당한다. 분명히 바울은 주 예수의 중보가 더없이 충분하다는 기대를 품는다.

말론을 말하는 것이 아니다.[92] 여기에는 종말의 실현된 측면이 존재하는데,[93] 왜냐하면 죄와 사망의 힘으로부터의 건지심, 하나님을 따르기 원하는 영적인 열망이 좌절됨으로 인해 생겨난 절망에서의 해방이라는 개념이 있기 때문이다.

"구출"이라는 경험은 가능할 뿐 아니라, 그리스도 안에서 독특하게 성취되기 때문에 바울은 7:25을 "하나님께 감사하리로다"('카리스 데 토 테오', χάρις δὲ τῷ θεῷ)로 시작한다.[94] 이제는 절망할 필요가 없다. 해답이 눈 앞에 있기 때문이다. 인류는 죄에 대해 해결책을 갖고 있지 않다. 율법은 이것을 해결할 수 없고 실제로는 상황을 더욱 악화시키는 도구가 되어 버린다. 하지만 하나님 안에서는 항상 해결책이 존재한다. 죄를 이길 힘은 인간의 노력과 성취로 이뤄질 수 없다. 이것은 사실 "육신"(18,25절)에 기초한 삶의 특징이다. 죄에 대한 승리는 율법을 통해서 오지 않는데, 이는 죄가 자아에 대해 힘을 얻기 위해 율법을 활용하기 때문이다. 하지만 자기 백성을 자기에게로 돌이키실 은혜로운 하나님이 계시는데 이것이 감사의 근거가 된다. 사실 '카리스'(χάρις, 은혜, 감사, 호의)에는 이중의 의미가 있을 수 있는데, 이는 이 세상에서 그리고 우리 인생에서 죄의 권능에 대한 해결책을 제공하시는 하나님의 "은혜", 그리고 이에 대한

---

92   R. Banks, "Romans 7:25a: An Eschatological Thanksgiving?" *Australian Biblical Review 26* (1978): 34–42.

93   이것을 회심하고자 하는 열망으로 이해하는 일부 학자들의 해석(예, Jewett, *Romans*, 472)은 억지스러운 해석으로 보인다. (사망의 몸에서 구출된다는) 이 언어는 실제로 회심을 가리키는 언어가 아니며 위의 해석이 훨씬 더 어울린다.

94   쥬엣(Jewett, *Romans*, 473)이 주장하듯이 '데'(δέ, 그러나)는 대부분의 번역에서 누락되었지만 '사망의 몸'이라는 희망없는 상황과 그리스도의 능력으로 그러한 속박으로부터의 해방되는 상황의 대립관계를 표현하는 역할을 하기 때문에 실제로 매우 중요하다.

우리의 "감사"를 가리키기 때문이다.

죄와 죽음으로부터의 구원을 가져오는 수단이자 행위자('디아', διά, ~를 통해서)를 나타내는 완전한 기독론적 공식(주 예수 그리스도)은 비그리스도인의 상황이나 그리스도인의 상황에 모두 부합할 수 있다. 여기서 제기되는 질문은 강조점이 신조와 같이 공식화된 진술(비교, 롬 1:4; 5:1, 따라서 비그리스도인의 회심)에 있는지, 그렇지 않으면 그리스도의 주되심(따라서 그리스도인에 대한 묘사다)에 있는지다. 다시 말해, 24절은 구원을 주시고 죄에 대한 최후의 승리를 주시는 그리스도를 주님으로 영접하라는 의미인가, 아니면 연약한 그리스도인이 성령 안에서 승리하기 위해 예수님을 인생의 주인으로 붙들라는 의미인가(8:1-17)? 바울이 25b절에서 죄의 딜레마로 돌아간다는 사실을 감안한다면 이 발화자는 그리스도인일 가능성이 더 높다. 무가 인정하듯이 발화자의 논의가 "갈등 중에 있는 '에고'(ἐγώ)로 돌아간다는 사실은 7:14-25이 그리스도인의 경험을 묘사한다는 견해를 지지하는 사람들이 가장 빈번하게 언급하는 내용이다." 왜냐하면 이것은 그리스도 안에서의 하나님의 사역을 통해 구원이 임한다는 사실을 바로 그 '에고'(ἐγώ)가 알고 있기 때문이다.[95] 중요한 사실은 7:14-25의 전반적인 취지가 이 그림에 잘 들어맞는다는 것이다. 죄와 갈등 중이며 총체적인 절망에 사로잡힌 "나"란 존재는 결국 그리스도의 주되심 안에서 해결책을 볼 수 있다는 것에 기뻐할 수 있다. 갈등은 여전히 계속되지만(25b절), 해결책이 무엇인지가 확인되었고 이제 승리를 얻을 수 있게 되었다. 그리스도의 주되심은 8:1-

---

95　Moo, *Romans*, 466.

17에서 성령 안에서의 삶으로 더욱 충실하게 드러난다.[96]

영적인 승리는 그리스도께서 우리의 삶에 주인이 되시는 날까지 계속된다. 우리 모두는 우리 행위의 주인이 자아가 될 것인지 아니면 그리스도가 될 것인지를 두고 갈등에 직면한다. 그리스도 안에서만 역경과 이 세대에 순응하라는 압력을 이길 힘을 얻게 된다(롬 12:1-2). 고린도전서 15:56-57에서도 이와 유사한 가르침이 나타나는데, 여기서 바울은 "사망이 쏘는 것은 죄요, 죄의 권능은 율법"이라고 말한다. 여기서 나타난 죄와 사망의 딜레마는 로마서 7:7-23과 밀접한 병행을 이룬다. 이런 동일한 이유에서 바울은 문제의 해답이 되어주신 하나님께 감사를 드린다. "우리 주 예수 그리스도로 말미암아 우리에게 승리를 주신 하나님께 감사하노니"(고전 15:57). 고린도전서 15장에서 강조점은 마지막 때에 관한 종말론적 가르침에 있는데, 특히 주 그리스도께서 사망의 권능을 단번에 파괴하실 최후의 부활사건에 관심을 집중시킨다. 이것은 로마서 본문에서도 어느 정도 확인되는 내용이다. 죄와 사망에 대한 완전한 승리가 우리가 단번에 "사망의 이 몸"에서 "구원"받을 마지막 때(eschaton)까지 발생하지 않았기 때문이다(롬 7:24a). 하지만 여기서의 강조점은 종말의 현재적인 측면으로, 우리가 현재 겪고 있는 죄와의 갈등을 통과하면서 그리스도를 만유의 주로 인정할 때 "넉넉히 이길 수 있다"

---

96   이것은 엔베르크-페데르센의 견해다(T. Engberg-Pedersen, "The Reception of Graeco-Roman Culture in the New Testament: The Case of Romans 7.7-25," *The New Testament as Reception* (ed. M. Müller and H. Tronier; London: Sheffield Academic Press, 2002), 32-57. 그는 그리스-로마의 한 윤리사상가로서 바울은 7:7-25에서 죄가 인간을 지배하는 현상을 목격했고, 이것은 8:1-14에서 승리를 경험하는 그리스도인을 설명하기 위한 부정적인 밑그림이라고 본다.

는 사실에 있다(롬 8:37).

그와 동시에 육체와 성령의 싸움이 지속되는데, 이런 이유에서 바울은 단락의 마지막 부분(7:25b)에서 이 투쟁의 현실을 되풀이한다.[97] 이것 역시 로마서 7:14-25이 중생자를 가리킨다는 견해를 뒷받침한다. 만일 바울이 25a절에서 회심을 묘사한 것이라면 그는 패배의 현실보다는 25b절의 구원의 승리를 훨씬 더 강조했을 것이다. 하지만 그가 신자의 내면 속에서 발생하는 싸움을 묘사한 것이라면 의미가 잘 통한다. 그리스도는 승리를 주시지만, 전쟁은 지속된다.

바울은 "그런즉"('아라 운', Ἄρα οὖν, 로마서에서 8회 사용)을 사용해서, 선행하는 논의의 요점과 결론을 묘사하는 "공식적인 진술"을 개시한다.[98] 여기에 정신과 육체, 그리고 하나님의 법과 죄의 법 사이의 두 가지 형태의 대립이 나타난다. 둘 다 6:16을 밑바탕으로 하면서 노예 이미지를 활용한다. 요점은 사람마다 무언가에 종으로 "자신을 드리며" 따라서 우리는 우리가 무엇을 섬길지 신중하게 선택해야 한다. 우리는 우리의 영혼을 하나님께 굴복시킴으로 하나님을 섬기거나, 육체에 자신을 내어줌으로써 죄를 섬긴다(7:14, "죄 아래 팔렸도다"). 23절에서처럼 "마음"('누스', νοῦς)은 생각하는 영역과 의지가 작동하는 영역으로 이뤄져 있어서, 선을 행하고자 하는 '에고'(ἐγώ)의 "의지"나 "원함"에 관한 많은 진술들을 요약해 준다(7:15,16,18,19,20,21). "마음"은 하나님의 인도하심을 받고 하나님을

---

97 몇몇 학자들(Bultmann, Dodd, Käsemann, Wilckens, Jewett)은 25b절을 바울서신 원본에는 없는 후대의 첨가나 삽입이라고 설명하면서 이 어려움을 피해간다. 하지만 그러한 추측에 근거를 제공할 본문비평이나 문헌비평적 근거는 없다. 이 본문은 로마서의 원본에 속한 것이 확실하다.

98 Cranfield, *Romans*, 1:288.

따르기 원한다. 바울은(여덟 번째이나 마지막으로 이것을 사용하여) '아우토스 에고'(αὐτὸς ἐγώ), 즉 "나 자신"이라고 더 강조된 표현을 사용해 "나"란 개념을 강화한다. 이것은 (과거 일부 학자들이 말했듯이) "자신의 능력을 의지하는 나"를 의미하지 않고, 단순히 내적인 갈등을 강조하기 위해 사용된다. 그리스도의 주되심(25a절)은 마음을 새롭게 해서(롬 12:2) "하나님의 법"을 섬길 수 있게 한다. 바울은 자신의 앞선 가르침을 요약하여 자신의 원함(정신적인 목표)이 하나님께 "종"('둘로스', δοῦλος)이 되고 그의 명령을 지키는 것이라고 말한다.

여기서 묘사하는 딜레마는 "육체"('사르크스', σάρξ)가 하나님을 향한 마음을 대적하고, 18절과 여기에서 자신이 "죄에게 종으로 팔렸다"는 사실이다. 이것이 바로 7:7-25 대부분을 차지하는 갈등이다. 여기에 바울의 영육 이원론이 의도되었지만, 바울은 "성령"을 사용하기를 기피한 것이 아니다. 왜냐하면 8:1-17에서 성령이 구원사역을 하고 있기 때문이다. 그는 7:14-25을 통해 육체 안에서 하나님을 위해 살고자 하는 그리스도인을 묘사한다. 8:1-17을 통해서는 성령 안에서 살아가는 그리스도인의 삶을 묘사한다. 이것은 그리스도인의 생활에 관한 기본적인 역설이다. 6:22에서 신자는 "하나님에게 종"이 되기 위해 "죄로부터 해방되었다." 하지만 그와 동시에 하나님을 섬기기 원하는 많은 사람들이 죄에게 패배하고 지배를 당한다. 우리는 두 시대를 동시에 살아간다. 죄와 육체의 지배를 받는 아담의 옛 시대와, 성령과 새로워진 마음에 지배를 받는 그리스도의 새 시대는 중첩되어 있다.[99] 이 갈등은 실제로 경험하는 것이

---

99 Dunn, *Romans 1-8*, 398-99.

지만, 앞서 바울은 이것이 이미 신자의 삶 전체를 압도하게 해선 안 된다고 말한다. 그리스도의 주되심 안에서 하나님의 백성은 승리할 수 있다.

결론

이 책은 아마도 지난 수십 년간 집필되어 온 '퍼스펙티브스' 시리즈 중에서 다른 어떤 논쟁보다도 각 견해의 설득력이 팽팽할 것이다(이 글의 서론을 참고하라). 바울이 그리스도인의 관점에서 비그리스도인에게 말한 것인지, 아니면 그리스도인에게, 또는 율법 아래 놓인 "모든 사람"에게 말한 것인지 확정하기가 무척 어렵다. 로마서 7장의 1인칭 "나"는 바울인가, 율법 아래의 이스라엘인가, 비그리스도인인가, 그리스도인인가, 신자와 불신자를 불문한 모든 사람인가? 로마서 7:7-25의 언어는 이 중에서 어떤 설명과도 어울릴 수 있지만, 각각의 설명들이 바울이 의도한 의미에 동일하게 적중했다 할 수는 없을 것이다. 우리는 모든 요인들(문맥, 논지전개, 본문의 상세한 내용 등)을 살펴본 후에 가능성의 측면에서 약간 앞서 있는 선택지를 취해야 한다. 상세한 연구를 통해 내가 더 가능성 높은 해석으로 받아들이는 것은 바울이 먼저 중생하지 않은 유대인으로서의 자신을 묘사하고(7-13절), 그러고 나서 이번 단락에서 거듭난 신자를 묘사했다는 입장이다(14-25절).

로마서 7:7-25의 바울의 의도에 관한 이 글의 요약은 다중적으로 제시될 수밖에 없다. 첫째, 바울은 율법을 위한 한 편의 "변증의 글"을 쓰고 있다. 그는 율법이 선하고 영적으로 적절하고 거룩하다는 사실을 뒷받침하려 한다. 여기서 로마서가 유대인과 이방인 신자 모두를 포함한 교회에 보내진 편지이고, 두 그룹 사이에 긴장이 있음을 인지하는 것이 중요하다. 따라서 7, 9-11장에서 바울은 독자들에게 자신이 유대 그리스도인이며, 여전히 모세율법을 존중하고 자신의 동료 유대인들을 깊이 살피는 사람임을 증명하려 한다. 그래서 그는 율법이 선하고, 죄가 율법을 잘못 사용해 신자와 불신자 모두에게 악을 가져온다는 사실을 강조한다. 따라서 비그리스도인(7:7-13)과 그리스도인(7:14-25)의 실패한 삶의 책임은 죄에게 있지 율법에 있지 않다. 율법은 죄에 의해 수동적으로 이용되고 있는 수단이며, 그 자체로는 잘못이 없다.

둘째, 바울은 거의 확실하게 자기 자신을 가리켜 1인칭 "나"라고 말한다(어느 정도 자전적인 묘사라 할 수 있다). 그러면서도 그는 한 사람의 유대인이자 바리새인으로(7-13절), 이후에는 유대 그리스도인(14-25절)으로서의 자신의 과거 경험을 되짚어보는 데서 끝내지 않는다. 물론 이것이 그의 목적에 속하는 것이지만, 그보다 더 중요한 취지는, 바울은 자신의 예를 활용해 모든 사람의 본으로 삼고자 했다는 것이다. 그 자신이 율법과 죄와 씨름해 온 경험을 묘사하면서 죄와 씨름하고 있는 우리 각 사람에게 메시지를 전한다. 앞서 언급했듯이 바울은 정말로 "스피치 인 캐릭터" 방식을 사용해 독자들로 하여금 "나"와 자신들을 동일시하도록 이끌지만, "나" 배후의 인물은 바울 자신이다.[100]

---

100 Jewett, *Romans*, 444.

셋째, 부차적인 측면으로 바울은 독자들에게 단락의 요점들을 분명히 하기 위해 아담(아마 하와도) 이야기를 활용한다. 8-11절에서는 아담이 실제로 중심적인 위치를 차지하지만, 나머지 구절에서는 아담이 부차적인 존재가 되고 대신에 율법 아래 있는 사람들이 중심이 된다. 따라서 아담은 해당 단락의 중심 인물은 아니지만, 조상으로서 그리고 "죄 아래 있는 자"로서 여전히 중요하다. 동산에서 아담과 하와가 겪은 씨름은 모든 사람에게 되풀이되며, 죄가 은밀한 방식으로 속임수를 사용해 침투한 하와의 이야기가 죄가 '에고'(ἐγώ)에 침투했다고 하는 바울의 묘사 배후에 깔려있다.

넷째, 율법 아래의 이스라엘은 7-13절의 초점이었지만(여기서 바울은 유대인으로서의 자신의 경험을 활용한다), 단락 전체에서는 주된 관심사가 아니고 특히 14-25절의 취지도 아니다(여기서부터 유대 그리스도인으로서의 바울로 관점이 바뀐다). 물론 유대 그리스도인은 14, 16, 22, 25절에서 '노모스'(νόμος)가 빈번하게 거론된 것처럼, 여전히 토라와 관계가 있고 (사도행전 21장에서 바울이 그랬던 것처럼) 여전히 토라를 지키는 경향이 있지만 그들은 구약적인 의미에서 "율법 아래" 있지 않다. 하지만 5:12-7:25은 죄의 문제와 죄가 인류 전체에 침투한 사건에 집중한다. 따라서 7:7-25 전체는 율법 아래에 있는 유대인이자 그리스도인인 바울의 이미지를 사용해 유대인과 이방인, 신자 불신자를 아우르는 인류 전체의 문제를 다룬다. 전반적인 강조점은 하나님이 유대인에게 그리고 유대인을 통해 온 인류에게 주신 하나님의 선물로서의 율법의 선함에 있다. 이것은 죄의 수동적인 원천일 뿐이며, 죄는 이 율법을 도구로 삼아 사람들을 악한 행위로 이끈다.

다섯째, 7:14-25의 취지는 죄와 투쟁하는 그리스도인에 대한 것이다. 여기서 바울은 8:1-17을 준비하는데, 이 두 단락은 모두 로마서 전체에 스며있는 육-영 이원론을 묘사한다. 이런 식으로 7:14-25은 침투하는 죄와 싸우는 그리스도인을 묘사하는데, 여기서 "육체"(18,25절)는 죄로 인한 패배를 낳고, 23절의 "속사람"은 그리스도인의 내적인 싸움을 묘사한다. 7:25a에서는 신자를 위한 해결책이 제시된다. 하나님의 자녀는 그리스도의 주권 안에서만 육체와 죄를 정복할 수 있다. 그래서 8:1-17에서는 그리스도를 따르는 자들이 죄를 이기기 위해 성령님께로 돌아가 힘을 구할 때 승리할 수 있다고 말한다. 14-25절에서 등장하는 인물은 중생하지 않는 사람(또는 이스라엘)이 아니라, 바르게 행하기를 "소원"하지만, 육신의 힘 때문에 죄와 사망과의 전쟁에서 실패하는 중생한 사람을 가리킨다.

스티븐 체스터의 논평

그랜트 오스본은 우리에게 해석행위에 있어서 관용의 본보기를 보여준다. 그는 전반적으로 자신의 해석적 입장이 바울 주장의 전체적인 특징에 부합하다는 점에 기초해 자신의 견해의 정확성을 피력하는 데 매우 철저한 태도를 보이면서도, 로마서 7장과 같은 어려운 본문과 관련해 확실성이 부족하다는 점 역시 여러 차례 조심스럽게 인정한다. 교회에 남긴 바울의 위대한 선물 중 하나는 복음의 진리가 위태롭고 타협이 불가능한 사안과 상황(갈 1:6-10 참조), 그리고 그리스도인의 친교와 연합을 견해의 차이보다 중시해야 할 사안(고전 8-10장, 롬 14-15장 참조)의 차이를 분별할 수 있는 능력이다. 오스본은 이러한 분별력을 실천해 다른 해석적 견해에 대해 합당하고 신중성 있게 고려한다. 이에 대해 나는 무척 고맙게 생각한다. 이 책에 기고한 세 명의 기고자들이 로마서 7장에 대한 각기 다른 의견을 제시하긴 했지만, 그들은 그리스도인들이 죄와 씨름하는 일에 대해 그다지 큰 의견차이를 나타내지는 않는다. 나는 오스본의 로마서 7장 해석이 틀렸다고 생각하지만, 바울이 죄와의 투쟁에 대해 말하는 많은 부분에서 확인되는 목회적 지혜에 대해서는 그의 입장을 긍정할 수 있다. 그가 로마서 7장 내의 투쟁을 구분하는 접근이 특정한 해석적 난점과 위험을 초래하지만, 성령을 힘입어 죄와 싸워 순종하는 것이 모든 그리스도인의 부르심에 속한다는 근본적인 동의를 없애지 못한다.

오스본은 로마서 안에서 바울의 논증 순서를 상세하게 논의하는 것으로 시작한다. 그는 로마서 1:1-4:25이 인류의 죄악성과 칭의가 가져오는 해결책을 묘사한다고 주장한다. 로마서 5:1-8:39에서 그리스도 안에서 칭의가 만들어낸 새 삶을 제시한다. 로마서 7:7-25의 의미는 앞뒤 문맥의 틀에 의해 규정되는데, 5:1-7:6에서는 그리스도인의 삶에 나타난 칭의의 결과들이 논의되고, 8:1-39에서는 성령 안에서의 새 삶이 다뤄진다. 바울은 7:7-13에서 율법이 그 자체로 악한 것이 아님을 증명하기 위해 자신의 회심 이전 경험을 이야기하는 것으로 돌아간 반면, 7:14-25은 즉시 신자의 경험에 관한 논의를 재개한다. 오스본은 이 해석이 결정적이진 않다는 점을 확실히 인정하지만, 해석적 함의의 측면에서 볼 때 7:14-25을 그리스도인의 경험으로 보는 견해가 바울의 주장을 구성하는 전체 구조에 더 부합한다고 주장한다. 로마서에 나타난 바울의 논증 순서에 대한 매우 광범위한 요약으로서 나는 그가 제시한 설명에 이의를 제기할 것이 없다고 본다. 바울이 각각의 특징적인 관심사와 용어가 서로 분리된 논증 단위를 구성하지 않았다면, 1-4장과 5-8장 사이에는 분명히 논의의 발전이 있다. 가령 칭의는 그리스도 안에서의 새로운 삶의 전제다. 하지만 이 신학적 순서와 전제를 **신자 개인의 경험**에서 연대기적 순서를 묘사한 것으로 해석하면 문제가 발생한다. 믿음과 칭의는 과거사건으로 지나가 버리는 것이 아니라 그리스도 안에서의 새 삶을 구성하는 요인으로 지속된다(참고, 6:7은 "죄에서 해방되다"로 보통 번역되기는 하지만 헬라어는 "죄로부터 의롭다함을 받았다"[개역개정]고 말한다. 8:30,33 참고). 성화는 칭의가 있고 난 후에 이에 뒤따르는 것으로 이해되어선 안 된다. 칭의와 성화는 모두 그리스도 안에서 받는 것이고, 살아있는 한 인격을 나누는 것이 불가능하기 때문에 성화 역시 우리가 믿음으로 그리스도와 연합될 때 선물로 받게 되는 것이다. 오스본이 이러한 특징들을 부정할 것이라고 생각할 이유는 없지만, 주의깊지 못한 독자라면 오스본의 주장을 잘못 이해해서 칭의가 먼저 이루어지고 성화가 두 번째로 이루어진다고 생각할지도 모른다는 우려가 있다.

오히려 바울의 논증에서 나타나는 구체적인 연대기적 순서와 전개는 그런 의미로 쓰인 것이 아니다. 오히려 바울의 주장의 흐름은 율법의 시대에서 종말론적인 성령의 시대로의 이행을 나타낸다. 그리고 이것이 그리스도의 삶과 죽음과 부활을 통해 실현되었고, 여기서 개인은 옛 시대를 살아가거나 그렇지 않으면 그리스도 안에서 믿음을 통해 성령의 새 시대를 살아간다. 신자들은 성령을 따르는 삶을 통해 율법의 요구를 "성취한다"('플레로오', πληρόω, 8:4). 하지만 그들은 율법을 따라 "일하거나"('카테르가조마이', κατεργάζομαι) 율법을 "행하지"('프라쏘', πράσσω, '포이에오', ποιέω, 7:14-21) 않는다. 바울의 어휘에서 두 시대의 뚜렷한 구분이 나타나는데, 여기서 이 구분은 성령의 시대를 살아가는 관점에 의해서만 올바르게 평가될 수 있다는 것이 중요하다. 바울은 율법의 부정할 수 없는 거룩성에 관한 그의 주장의 일관성을 옹호하기 위해 7:7-25에서 옛 시대 율법에 대해 자신이 경험한 바를 이야기한다. 그는 독자들에게 그리스도 안에서 자신이 서 있는 관점에서 알고 있는 것과 그 관점에 의해서만 알 수 있는 것에 대해 이야기한다. 모두 과거에 대해 설명하는 것이긴 하지만, 7:7-25은 그리스도 안에서 새 생명을 누린 사람에 의해서만 쓰일 수 있는 내용이다. 과거에 대한 이 현재적 관점의 필연성을 고려할 때, 회고적 관점이 로마서에 나타난 바울의 폭넓은 논지 전개와 어울린다. 로마서 7:7-25은 이 편지에서 성령의 종말론적 시대에 대해 다루는 부분에 속한다. 물론 이것이 과거를 다루긴 해도 그것은 성령의 시대라는 틀에서만 알려질 수 있는 내용이다.

7:7-25이 기록된 관점의 기본적인 문제는 오스본이 흥미로운 뉘앙스로 제시하는 문제다. 그는 7:14-25을 신자의 경험을 기술한 것으로 간주하는 보통의 주장을 상당히 수정한다. 그는 이 묘사가 죄와 씨름하는 그리스도인의 전형적인 모습을 묘사한 것이 아니라 육체를 신뢰하는 그리스도인에 대해 다루는 것이라고 보는 반면, 8:1-17은 성령 안에서의 그리스도인의 생활에 대해 논의한다. 바울은 7:14-25에서 결국 성령에 자신을 내어주는 법을 배우기 전까

지 자신의 힘으로 죄를 이기려 한다. 어떤 점에서 이러한 해석적 시도는 우리 사이의 거리를 좁혀준다. 나는 마크 사이프리드에 대한 논평의 결론을 로마서 7:7-25에서 묘사된 육체의 승리가 죄에 대한 속임과 종노릇을 특징으로 하고, 그리스도 안에 있는 신자가 성령을 소멸할 경우 되돌아가게 될 실패의 상태라는 지적으로 마무리했다. 이것은 그리스도를 떠난 삶을 묘사하는데, 특히 오늘날 믿음이 흔들리고 돌아설 때 정확히 경험되는 상태를 말한다. 따라서 나는 로마서 7장에서 기술된 계명과의 경험은 모든 그리스도인들이 때때로 공유하는 경험을 가리킨다는 데 동의한다. 하지만 이것이 현재적 경험의 특징은 아니며, 과거에 속한다는 입장이다. 이 상태가 어느 시기에 해당하는지의 문제는 매우 중요하다.

바울은 누구든지 그리스도 안에 있는 사람은 육신으로 연장된 시기를 살다가 결국 새 창조로 변화된다고 가르치지 않는다. 성숙으로 향하는 성장이 확실히 존재하지만, 죄와 씨름하는 신자의 경험은 성령의 능력 안에서 새 창조의 현실 안에서 살아가는 과정이다. 분명히 바울은 육신적이고 신령하지 못한 신자의 존재를 묘사한다(고전 3:1). 하지만 이것은 육체와 성령 사이에서 갈등을 겪고 있는 일종의 미성숙함이다. 고린도 사람들은 모든 신령한 은사를 풍성히 누려왔고(고전 1:7), 함께 마실 한 성령이 주어졌다(고전 12:13). 고린도전서에서는 로마서 7:14-25에서처럼 성령의 부재에 상응하는 상태가 존재하지 않는다. 사실 바울은 그리스도의 영이 없는 사람은 그리스도에게 속하지 않는다고 꽤 분명하게 밝힌다(8:9). 분명 그리스도인은 죄와 육체와 맞서 싸운다. 다만 7:14-25에서처럼 성령이 없는 상태가 아닌, 성령의 도움으로 맞서 싸운다.

따라서 오스본의 7:14-25 해석은 성령의 도움으로 맞서 싸운다는 넣어읽기(eisegesis)[101]의 주장으로 이어지진 않지만, 바울의 주장을 어그러트리는 읽기에 가깝다. 바울서신 어디에도 7:14-25에 대한 오스본의 해석이 요구하는 것처럼 성령이 신자의 삶에 그처럼 소극적인 존재로 묘사되는 본문은 없다. 7:14-25의 쟁점이 자기 힘으로 죄와 싸우려는 것이라고 간주하는 오스본의 견해가 옳다고 볼 수 있는 문맥상의 징후도 없다. 바울은 다른 곳에서도 독자들에게 회심 이후 그러한 자기 의존이 있었다는 어떤 암시도 주지 않는다. 바울이 육체에 대한 신뢰의 이유에 대해 말할 때도, 이는 회심 이전의 삶과 관련이 있다(빌 3:3-6).

이러한 난점들과 관련해 나는 오스본의 해석이 바울이 실제로 말하는 바와 꽤 어울리지 않는 여러 다양한 사례들을 발견한다. 명시된 계명을 불순종하는 '죄'에 대한 지식(7:7)과 죽음을 일으키기 위해 죄가 율법을 사용하는 것(7:8-11)의 차이는 중요한 것이다. 전자의 지식은 모두에게 열려있지만 후자는 그렇지 않다. 사실 후자는 유대교가 율법을 생명을 주는 신적인 수단으로 이해하고 있는 것과 반대된다. 하지만 7:8b-10a과 관련해 오스본은 바울의 경험을 점점 율법과 죄를 알아가고 있는 어린아이의 경험이라고 설명하는데, 여기서 그는 율법을 알기 전에는 자신이 살았다고 생각한 반면, 율법에 대한 앎이 발전한 이후로 그는 자신이 죽었음을 알았다. 율법은 죄(sin)를 죄과(transgression)로 바꾸고, 모든 사람에게 그들의 상태, 즉 영적인 죽음을 알린다. 오스본은 분명히 이것을

---

101   역자 주 – 성경 원문을 읽을 때 자신의 사상을 가미한 해석, 자기 해석

바울이 그가 바리새인이었을 때 가졌을 수 있다고 간주한다. 그러고 나서 그는 7:10b-11과 관련된 설명에서 바울이 율법의 명령들이 생명을 주는 것으로 기대했으나, 그것이 실제로는 죽음을 불러온다는 충격적인 발견에 이르게 되었다고 말한다. 나는 이 지점에서 어떤 주장이 전해지는지에 대해 확실히 이해하기가 어렵다고 느낀다. 단순히 본문을 다르게 분할해서 (율법을 아는 사람이라면 누구나 가능한) 의식적인 불순종으로서의 죄에 대한 지식과 (그리스도 안에서만 소급적으로 이해할 수 있는) 율법이 죄를 짓도록 이용하는 것에 대한 지식을 구별하되 그 구별을 다른 곳에 배치해두고 해석하는 것일까? 만일 그렇다면 7:8b-10a과 관련해 율법이 유대인 바울에게 그가 영적으로 죽었음을 보여주었다는 주장은 의문스럽다. 나는 유대인이 일상적으로 율법에 불순종하지 않는 자신의 상태를 율법 아래에서 영적으로 죽었다고 묘사할 가능성이 거의 없다고 본다. 빌립보서 3장과 갈라디아서 1장은 바울이 자신에 대해 그렇게 생각하지 않았음을 알려준다. 여기서 바울이 죄가 율법을 활용해 그에게 했던 기만행위에 대한 깨달음을 회고적인 관점에서 설명하고 있음을 더 강하게 인정할 필요가 있다.

이것은 7:15의 번역 문제에서 더욱 분명하다. 오스본은 7:7-25의 모든 부분들이 바울이 자신의 행동을 알고 있음을 보여주기 때문에, 7:15에서 문자 그대로 자신이 무엇을 하고 있는지 "알지도" "이해하지도" 못한다고 말했다고 해석하는 것에 의문을 제기한다. 하지만 이러한 내용은 회고적 관점에서 전혀 문제가 되지 않는다. 우리가 알고 있는 바울의 회심 이전의 삶에서 가장 심각한 죄는 그가 교회를 박해했다는 것이다. 그런데 그는 그의 정치적 행보를 취하는 데 있어서 자신이 옳다고 믿었을 뿐, 죄악으로 생각하지 않았음에 분명하다. 당시에 바울이 자신의 삶을 "탐심"(7:8)으로 특징지었다고 감히 생각할 수 없다. 율법 아래에서 흠 없이 보였던 그의 삶은 확실히 그로 하여금 다른 결론을 내리게 했다. 바울은 자신이 그리스도를 만나기 전 자신이 무엇을 하고 있었는지에 대해 알고 있었다. 하지만 그는 단순히 그중 많은 부분을 죄악으로 평가하지 않았다. 이것이 바로 그가 자신이 행하는 바를 알지 못한다고 말할 수 있는 방식이다. 그러니까 그는 그것을 죄로 알지 못한다는 것이다. 그는 자신의 행위를 그런 식으로 알지 않았는데, 왜냐하면 그는 죄가 율법을 수단 삼아서 사망을 가져온다는 것을 알지 못했고, 그가 회심할 때라야 비로소 이 속임수에서 건짐받았기 때문이다. 따라서 회고적 관점은 "나는 모른다"가 실제로 "나는 그것을 승인하지 않는다"를 의미한다는 오스본의 불확실한 견해를 채택할 필요가 없어진다. 이 오역은 영어 번역사에서 오랜 전통을 가지고 있으며, 1560년 제네바 성경까지 거슬러 올라간다. 당시 더 앞선 1526년 틴데일의 정확한 번역인 "I wote nott"가 이후 제네바 성경에선 "I alowe not"으로 대체되었다. 특히, 이와 같은 의미로 사용된 동사의 예를 다른 고대 문헌에서 찾을 수 없는 상황에서, 이 번역을 더 이상 유서 깊은 것으로 옹호하기는 어렵다.[102] 이러한 예시를 만들 수 없다면, 이것은 거부되어야 마땅하다.

오스본의 해석에서 무언가 미묘하면서도, 바울이 실제로 말하는 것과는 상당히 다른 것을 말했다고 하는 것은 7:14-25 해석과 관

---

102 Jewett, *Romans*, 462.

련있어 보인다. 우리는 죄의 특징을 인간을 차지하는 세력으로 규정하는 데 동의하지만 그것이 어떻게 작용하는지에 대해서는 그렇지 않다. 오스본은 이 힘이 하나님의 뜻을 따라 행하기 원하지만 육체에 굴복하고 마는 연약한 그리스도인을 사로잡는다고 주장한다. 나는 이 초상이 그리스도인들이 때때로 경험하는 것이라는 주장을 반박하지 않을테지만, 바울이 묘사하는 것은 그것이 아니다. 욕망에 굴복하거나 항복하는 의지에 대한 설명은 어디에 있는가? 바울이 실제로 말한 것은 자신이 옳은 것을 행하고자 하지만, 그것을 행동으로서 좋은 결과로 이행할 수 없다는 것이다(7:19). 게다가 바울이 자신의 속사람에 대해 이야기할 때(7:21-23) 그는 자신의 마음이 죄의 법에 노예가 되었다고 말하는 것이 아니다. 대신에 그는 내면의 분열에서 마음의 법이 지체 안에 머물고 있는 죄의 법에 패배하여 한 사람이 전체적으로 죄의 법에 사로잡힌다고 말한다. 이 요점은 바울이 자신이 마음으로는 하나님의 법을 섬기고, 육신으로는 죄의 법을 섬긴다고 말한 7:25b에서 꽤 분명하게 반복된다. 하나님의 법에 대한 충성심을 이보다 더 강력하게 표현할 수는 없다. 단락 전체에서 바울은 죄의 행위와 자아의 거리를 줄곧 유지하면서 죄를 행하는 것은 자아가 아니라 그 안에 거하는 죄라고 말한다(7:17). 그는 자신의 초상을 죄와 싸우는 모습이 아닌 죄에 압도당하여 결국 옳지 않은 것을 욕망하게 되는 모습으로 그려낸다. 이러한 묘사는 실제로 성령과 육체의 중간지대를 살아가는 우리의 삶의 갈등 속에서 때때로 발생하지만, 여기서 묘사된 정확한 그림은 아니다. 바울의 언어는 젊은 바리새인의 초상에 훨씬 더 가깝다. 이 바리새인은 한때 그의 많은 동시대인들보다 유대교에 앞서 있고

(갈 1:14), 자신을 율법 앞에서 흠이 없는 자라고 여겼으나(빌 3:6b), 부활하신 그리스도를 만나고 나서 스스로 의롭다 여긴 것이 죄였음을 깨닫게 된 사람의 모습이다. 그는 진심으로 하나님의 법을 즐거워하고 그것을 순종하기 원했지만 스스로 죄에게 기만당했음을 발견한다. 이 죄는 율법에 대한 그의 열심을 이용해 옳은 것을 행하려는 마음으로 도리어 죄를 짓게 만든다.

바울이 7:22에서 속사람에 대해 이야기할 때 사용한 단어('에소 안트로포스', ἔσω ἄνθρωπος)가 고린도후서 4:16과 에베소서 3:16에서 사용된 것은 확실히 신자들을 가리킨다. 하지만 죄와의 싸움은 이 중 어떤 문맥에서도 논의지 않을뿐더러, 두 본문 모두 하나님이 속사람을 강하게 하시고 새롭게 하신다는 데 강조점을 둔다. 두 본문에서 말하는 신자의 속사람은 그리스도의 새롭게 하시는 사역을 결여한 로마서 7:22의 속사람과 동일한 것이 아니고, 지체 안에 거하는 죄의 법에 패배해서 죄의 법에 사로잡혀 있는 것도 아니다 (7:23). "속사람은 한 사람의 인격의 일부를 이루는 것으로, 하나님께 접근할 수 있지만 율법 아래 있는 사람의 경우에는 궁극적으로 육체와 죄의 세력에 속박되어 있고, 신자의 경우에는 끊임없이 새롭게 되는 부분인 듯하다."[103] 따라서 나는 7:7-25 전체가 무척 일관성있는 것으로 이해되고, 이것은 유대교에 있을 때 과거의 삶에 대한 바울의 현재적 관점을 나타낸다고 생각한다. 그리고 7:14-25이 그리스도인에 대해 말하는 것이라는 결론은 정당화될 수 없다고 본다. 오스본은 유대인이 토라를 열렬히 사랑한다는 것을 알고

---

103   A. Lincoln, *Ephesians* (Dallas: Word, 1990), 205.

받아들이지만, 7:7-25의 다른 모든 내용이 그런 인물의 초상에 얼마나 밀접한 관련이 있는지는 보지 못한다. 바울은 그리스도를 떠난 자신의 삶을 되돌아보며 자신이 진심으로 선을 행하고자 했지만 실제로는 의도했던 것과 달리 악을 행했음을 깨닫는다. 율법은 그 자체로 거룩한 것임에도 불구하고 죄에 의해 기만의 도구로 사용된다. 그 결과 바울은 다메섹으로 가는 길에서 그리스도를 만날 때까지 인식하지 못한 죄에 사로잡혀 있었다.

마크 사이프리드의 논평

체스터의 글에서처럼 나는 오스본의 작업에서 많은 것을 배웠고, 여러 부분에서 동의하는 부분이 있다. 그럼에도 불구하고 우리가 생각을 달리하는 결정적인 부분들이 있다.

오스본이 "율법은 살아있는 자에게만 권위가 있으며, 죽음은 해방을 의미한다"고 잘 말했듯이, 이것을 그리스도인(7장의 묘사가 그리스도인들을 가리킨다면)에게 적용해 본다면, 그들은 율법과 아무 상관이 없다. 1-6절에 나타난 신학적 문법, 즉 그리스도에게 연합됨이 곧 율법으로부터의 분리라고 하는 원칙이 후속하는 모든 내용에 있어서 결정적인 역할을 한다. 이 구분은 로마서 7장과 8장 사이의 모든 긴장을 완화시킨다.

게다가 오스본이 후속적인 논의를 하면서 제안했듯이 그리스도인들은 그리스도를 자신들의 삶의 주님으로 삼을 필요가 없다. 사실상 "죄 아래 팔렸던" 자들은 그렇게 할 수가 없다. 7:1-6의 동사들은 모두 수동태다. 한마디로 말해, **그리스도께서 우리의 주로 삼아졌다.** 우리는 죽은 자 가운데서 일으킴 받은 분께 연합되었다. 하나님의 행위가 현실을 규정한다. 그리스도인의 삶과 성장에서 변수가 되는 것은 이 선물을 붙드는 믿음이다. 그래서 이것은 그리스도인은 당연히 율법과 관련하여 결국 불신자와 다르지 않은 상황임을 의미한다. 외적인 행실에서 어떤 차이점이 있을지 모르지만, 우리가 이 육체 안에 머무는 한(24절), 아담의 반역은 우리에게 남아 있다. 죄는 이 세상에서 단순히 활동하는 세력이 아니다. 오스본도 동의하겠지만 여기서의 죄는 아담의 모든 후손을 지배하는 힘이다. 로마서 7장에서 바울의 요점은 율법이 하나님의 손 안에서 낯설지만 필수적인 목적을 수행한다는 것이다. 이것은 사람들을 하나님께로 돌이키기 위해 주어진 것이 아니라, 바울이 5:20에서 암시하듯이 그들을 죄과(transgression)가 있는 상태로 끌고가는 것이다. 죄과가 지배하는 곳에서만 은혜가 임한다.

동시에 이 문맥에서 "율법을 즐거워한다"는 바울의 언어는 모든 인류를 포함하는 것이 아니라는 주장은 내가 보기에 의문스럽다. 그는 이미 율법의 행위가 이교도의 마음에 새겨져 있어서 그들도 사실상 선을 행할 수 있다(2:14)고 확실히 설명했다. 그래서 율법이 정죄하는 목소리가 낯설다고 볼 수 없다. 만일 이교도가 "율법이 선한 것을 시인하지"(참고, 16절. 이것은 바울이 22절에서 "즐거워하다"고 말할 때의 의미다) 않는다면 진정한 죄책이란 있을 수 없다. 인간 타락의 비극은 우리가 "선한 것"을 알고 인정하지만 그와 달리 행동한다는 데 있다.

결과적으로 죄의 권능과 비참한 인간의 무능력함에 대한 바울의 절대적인 진술을 5-6절에 소개된 신학적 문법과 더불어 받아들인다면, 14-25절을 그리스도인의 죄와의 싸움으로 읽을 수 없다는 결론에 이르게 된다. 오히려 이 단락은 "우리 주 예수 그리스도를 통해" 승리하는 인간의 패배를 묘사하고 있다. 따라서 우리의 진보는 우리 자신으로부터 벗어나 그리스도 안에서 하나님이 이미 우리를 위해 주시고 이루신 것을 향해 나아가는 것이다.

제 2 장

로마서 7장의 회고적 읽기
현재의 바울이 과거의 바울을 말하다

Perspectives on Our Struggle with Sin

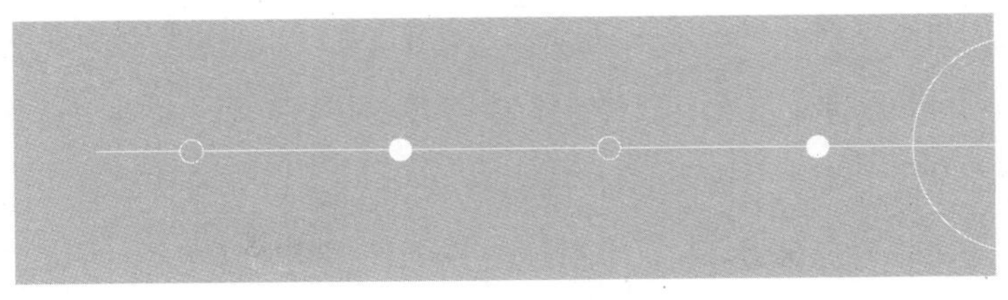

스티븐 J. 체스터

바울은 로마서 6장에서 세례를 통해 그리스도와 연합하고 의의 종이 되는 것의 의미를 설명한다(6:18-19). 여기서 고려할 중요한 측면 중 하나는 신자가 더 이상 "율법 아래" 있지 않고, "은혜 아래" 있게 된다는 것이다(6:14). 7:1-6에서 바울은 율법의 문제를 이어가면서 율법의 시대가 성령의 시대로 대체되었음을 추가로 설명한다(7:6). 로마서 8장에서는 설명을 덧붙여서, 성령이 그리스도 안에 있는 자들에게 가져온 자유와 그것이 수반하는 의무들에 대해 설명한다. 그렇다면 그 사이에 놓인 7:7-25은 어떻게 설명해야 할까? 이것은 바울의 설명 중 어느 곳에 어울릴까? 분명한 사실은 율법의 시대와 성령의 시대를 대조한다고 해서 이것이 율법이 선하다는 사실에 의문을 제기하는 것이 아니라는 것이다. 바울은 복음을 설명하면서 일관성 있게 율법의 거룩함을 주장하는데, 여기서는 율법이 본질적으로 선하면서도 어떻게 죄의 도구로 전락하는가를 설명하고자 한다. 7:7-25에서 하는 작업이 바로 그것이다. 그는 한 개인의 인생에서 죄와 씨름하는 과정을 기술하는데, 이 과정에서 바울은 해석자들에게 기독교 역사에서 줄곧 불일치한 견해를 낳게 한 고전적인 주해적 질문들을 남겨놓는다. 바울이 7:7-25에서 줄곧 1인칭으로 말한 것은 그가 자전적인 이야기를 풀어낸 것인가? 아니면 실제로 자신의 모습과 다른 어떤 페르소나를 연기한 것인가? 바울은 7:14에서 동사의 시제를 현재형으로 전환하면서, 여전히 7:7-13에서처럼 7:14 이후에도 회심 이전의 경험을 이야기하려 했던 것일까? 아니면 오히려 7:14-25이 그리스도 안에서 신자가 죄와 싸우는 현재적 경험을 설명하는 것일까? 7:14-25은 로마서 8장에서 계속되는 그리스도 안에서의 삶에 대한 설명의 첫 번째 부분인가, 아니면 구원받은 이후로 묘사된 로마서 8장과 상반된 묘사인가? 아니면 이런 대안적인 설명들이 지나치게 날카로운 구분을 제시하는 문제를 안고 있으며, 그래서 사실 바울의 주장은 그리스도를 영접하기 이전이든 이후이든 상관없이 율법에 대한 모든 사람의 경험을 의미하는 것인가? 이러한 질문에 대해 어떤 답변을 하느냐에 따라 죄와의 투쟁에 대한 바울의 설명을 어떻게 이해할지가 결정되고, 여기서 생겨나는 견해 차이는 결국 회심, 교회, 그리스도인의 삶에 대한 서로 다른 견해와 밀접한 관계가 있다. 따라서 우리의 해석이 단순히 우리 자신의 선호와 전통을 반영하는 것을 넘어설 수 있으려면, 바울의 본문에 대한 엄밀한 주해가 필수적으로 요구된다. 본문의 진정한 의미를 명확하게 이해하기 위해서는, 다시 말해 성령께서 바울을 통해 로마에 있는 바울의 원래 수신자들에게 무엇을 말씀하셨는지 이해하는 작업에 우리 자신을 적용해야 한다. 그러나 이러한 시도는 결코 진공 상태에서 이루어지지 않는다. 우리가 하나님께서 삶을 변화시키기 위해 성경을 사용하신다는 확신을 공유하고 있다면, 주석을 위한 우리의 노력은 항상 오늘날 우리 자신과 다른 사람들을 위해 어떤 해석이 영적으로 유익할지에 대한 분별력과 연결되고, 또한 그것에 영향을 받게 될 것이다.

본고에서 필자는 바울이 로마서 7:7-25에서 줄곧 자신에 대해 이야기하고 있으며, 7:14-25에서는 신자로서 자신의 현재 경험을 말하거나, 과거적 관점에서 바리새인이었던 자기 모습을 말하는 것이 아니라, 그리스도 안에 속한 현재의 시점에서 바리새인으로 살았던 과거의 자신을 이야기한 것이라고 주장할 것이다. 그는 이전에 죄와의 싸움에서 패배했던 경험을 이야기하지만, 이전에 품었던 그릇된 환상이 제거된 관점에서 자신의 과거 인생을 있는 그대로 직시한다. 당시에는 자신의 행동을 긍정적으로 평가했지만, 이제 그는 자신의 삶이 사실은 지각할 수 없는 상태로 죄의 지배를 받고 있었음을 인식한다. 바울은 회심을 통해 자신의 이전 상태의 실상을 볼 수 있도록 변화되었다. 다메섹으로 가는 길에서 그리스도를 만나기 전, 바울은 자신이 율법과 맺었던 관계를 긍정적으로 평가했을 것이다. 그것을 하나님의 뜻으로 안내하는 확실한 안내자로서 말이다. 하지만 이제 그는 율법에 대한 열심에도 불구하고 교회를 박해함으로 하나님을 대적하는 죄를 범했다는 것을 알게 된다. 이 충격적인 깨달음으로 바울은 자신의 전기를 재구성하여 이전에는 상상할 수 없었던 방식으로 자신의 이야기를 들려주게 된다. 이 재구성의 표현 중 하나가 바로 로마서 7장에서 율법과의 관계에 관해 설명하는 부분이다. 바울은 자신의 경험에 대해 말하지만 회고적인 관점에서 평가한다.[1] 필자는 이 해석이 탁월한 주석학적 의미를 갖고 있으며, 바울의 본문을 충실하게 반영할 뿐 아니라, 현대적 맥락에서 유익한 적용점을 갖고 있다고 주장할 것이다. 본문, 상황, 적용 사이의 이러한 관계를 명확하게 숙고하려면, 이 놀라운 본문이 제기하는 문제의 종류와 이 본문이 우리를 안내하는 기독교적 실천의 영역을 명확하게 살펴봐야 한다. 로마서 7장에 대한 주석적 결정이 우리의 영적 선배들에게 어떻게 작용했는지를 살펴보는 것보다 더 좋은 방법은 없다. 따라서 우리는 로마서 7장의 해석사에서 두 가지 주요한 예시적인 에피소드로 시작하고자 한다.

아우구스티누스와 웨슬리
: 크리스텐덤의 흥망성쇠에 위치한 로마서 7장[2]

396년 히포의 아우구스티누스(354-430년)[3]는 로마서 7장의 해석에 대한 자신의 입장을 바꾸었다. 이전에 그는 7:7-25 전체가 그리스도인이 되기 이전에 모세 율법 아래에 놓인 인간 실존을 묘사한다고 주장했다. 그러나 그는 입장을 바꿔서 이것이 7:7-13에만 해당

---

1 필자는 로마서 7장에 대한 이 해석을 다음의 책에서 먼저 제기한 바 있다. S. J. Chester, *Conversion at Corinth: Perspectives on Conversion in Paul's Theology and the Corinthian Church* (London and New York: T&T Clark, 2003), 183-95.

2 로마서 7장 해석사에 대한 보다 확장된 논의를 위해 다음을 참고하라. S. J. Chester, "Romans 7 and Conversion in the Protestant Tradition," *Ex Auditu* 25 (2009): 135-71.

3 저자의 저술 당시에 더 이상 살지 않았던 해석자들을 위해 연도에 관한 정보를 제공하고자 한다.

　죄와의 투쟁에 관한 다양한 관점들

된다고 보았다. 반면에 7:14-25은 그리스도인의 삶과 그리스도를 믿는 사람들이 경험하는 거룩을 위한 투쟁을 묘사하고 있다고 본 것이다. 하지만 전기와 후기 해석 모두에서 아우구스티누스는 로마서 7장이 인류와 개인 차원에서 하나님을 향해 인간이 진일보하는 과정을 묘사하고 있다고 주장했다. 그러니까 바울의 본문을 구원사적이면서도 개인적인 내용으로 본 것이다. 이러한 진보개념은 일반적으로 아우구스티누스의 로마서 3-8장 해석과 구체적으로는 로마서 7장 해석을 형성하는 근본개념이다.

> 그러므로 인간의 네 단계를 다음과 같이 구분해 보겠습니다. 율법 이전 상태, 율법 아래 상태, 은혜 아래 상태, 평화의 상태 … 율법 이전 상태에서 우리는 정욕을 따르고 죄를 지을 뿐 아니라 심지어 죄에 마음속으로 동의하는 마음이 있기 때문에 투쟁하지 않습니다. 율법 아래의 상태에서 우리는 투쟁하지만 끝내 굴복당하고 맙니다. 우리는 스스로 악을 행한다는 것을 인정하고, 이에 따라 우리는 정말로 악을 행하고 싶지 않다는 것을 인지하고 있습니다. 하지만 여전히 은혜가 부족하기 때문에 우리는 죄에 압도당합니다 … 하지만 마침내 은혜가 옵니다. 이 은혜는 이전의 죄를 용서하고 죄와 투쟁하는 사람을 돕습니다. 또한 어려움을 겪는 사람을 돕고 정의에 자비를 더하고 두려움을 없애줍니다. 이런 일이 일어날 때, 우리가 사는 동안 어떤 육신의 욕망이 우리의 영과 싸워 우리를 죄로 이끌지만, 그럼에도 불구하고 우리의 영은 하나님의 은혜와 사랑 안에 고정되어 있기 때문에 그것에 저항하고 죄를 짓지 않습니다 … 그들은 우리가 우리에게 약속된 변화를 경험하게 될 육체의 부활을 얻을 때까지 멈추지 않을 것입니다. 그리고 우리가 네 번

째 단계에 이르렀을 땐 완전한 평화가 있을 것입니다. 하나님을 대적하지 않는 우리를 대적할 수 있는 것이 없기 때문에 완전한 평화가 있을 것입니다.[4]

아우구스티누스의 전후 해석의 차이점은 이 네 단계를 바울 본문의 세부 사항과 연관시키는 방식에서 나타난다. 전기 아우구스티누스가 볼 때 율법이 없을 때 자신이 살아있었다고 바울이 언급한 것(7:9)은 죄와의 투쟁에 대한 의식이 거의 없던 율법 이전의 시기를 말한다. 7:7-13의 다른 부분, 그리고 7:14-25 전체는 죄와의 싸움이 있고, 죄가 승리하는 율법 아래에서의 삶에 대해 이야기한다. 여기서 바울은 "율법 아래 있는 사람의 입장에 서서 그 사람의 말을 자신의 인격으로 말하고 있습니다"라고 아우구스티누스는 말한다.[5] 바울은 7:24-25에서만 은혜 아래에서의 삶과 죄에 대해 승리할 가능성에 관한 첫 번째 힌트를 제공한다: "비록 육신의 정욕이 여전히 존재하긴 하지만 죄에 동의하지 않음으로써, 그는 육신으로는 죄의 법을 섬길지언정 은혜 아래서 새롭게 형성된 것으로서 마음으로는 하나님의 법을 섬깁니다."[6] "이 사망의 몸에서 누가 나를 건져내랴"(7:24)[7]라는 외침은 회심의 구원을 위한 기도이며, 로마

---

4 Augustine, "Proposition 18," in *Augustine on Romans: Propositions from the Epistle to the Romans* (ed. P. Fredriksen Landes; Chico, CA: Scholar's Press, 1982), 5-7.

5 Augustine, *Responses to Miscellaneous Questions: The Works of St. Augustine I/12* (trans. B. Ramsey; New York: New City, 2008), 175. 이 발췌는 다음에서 가져온 것이다. "Miscellany of Questions in Response to Simplician," 1.1.

6 Augustine, "Proposition 46" (in *Augustine on Romans*, ed. Fredriksen Landes, 19).

7 별도로 언급하지 않는다면 모든 성경인용은 NRSV를 따를 것이다(역자 주 – 내용이

서 8장은 은혜 아래에서의 삶에 대한 설명과 더불어 이 기도에 대답한다. 죄의 욕망은 여전히 남아 있고 부활의 평화가 오기 전에는 완전히 정복되지 않을 것이지만, 이에 성공적으로 저항하고 죄를 짓지 않는 것은 이제 달성할 수 있는 목표가 되었다. "율법의 풍성함은 **우리에게 주신 성령을 통해 우리 마음에 부어주신 사랑**"[8]을 나타내는 것이기 때문에, 여기서 모세의 율법은 더 이상 죽이는 문자가 아니라 오히려 생명을 가져온다. 로마서 8장에서만 그리스도로의 회심에 합당한 변화가 어느 정도인지를 설명해 준다.

후기 아우구스티누스의 해석적 입장은 7:7-13만이 율법 이전의 삶과 율법 아래에서의 삶이라고 그가 설명했던 처음 두 단계를 가리킨다는 것이다. 이제 7:14-23에서부터는 죄와 하나님의 율법 사이의 끊임없는 투쟁을 묘사하는데, 이는 은혜 아래 있는 그리스도인의 삶과 동일시된다. 절망의 부르짖음(7:24)은 더 이상 단순히 회심을 위한 기도가 아니라, 회심의 목표인 육체적 부활의 구원과 종말론적 평화의 달성을 위한 외침이다.[9] 회심은 아우구스티누스의 해석에서 중요한 위치를 차지하지만, 이제는 7:14에서 그 회심 주제가 그리스도인이 율법의 거룩함을 인정하고 개인의 죄를 철저히 인정하는 것으로 시작된다. 이러한 반응은 회심에 합당한 한 걸음의 전진을 나타내는데, 왜냐하면 아우구스티누스라면 율법 아래 있는 사람을 향해 "당신이 승리하지 못한 이유는 감히 자기 자신에

일치할 경우 개역개정을 사용했다).

8   Augustine, "Miscellany of Questions in Response to Simplician," 1.17 (in *Responses to Miscellaneous Questions*, Ramsey, 184, 저자의 강조).

9   T. F. Martin, *Rhetoric and Exegesis in Augustine's Interpretation of Rom 7:24-25A* (Lampeter: Edwin Mellen, 2001), 146-51, 203-9.

게 의존했기 때문"이라고 말할 수 있기 때문이다.[10] 이와 대조적으로 신자는 주님께 도움을 요청하고,[11] 바울이 갈라디아서 5:17에서 묘사했던 것과 같은 육체와 성령 사이에서의 동일한 갈등을 로마서 7:14에서는 다른 방식으로 말하고 있음을 인식한다.[12]

아우구스티누스가 로마서 7장에 대한 생각에 변화가 있었던 것은 바울에 대한 그의 해석에서 점진적으로 발생하게 될 광범위한 변화의 일부였고, 이는 중대한 신학적 결과를 가져왔다. 그는 신의 은총과 인간의 자유 의지 사이의 관계를 둘러싼 펠라기우스와의 논쟁에서, 죄는 자유롭게 선택한 나쁜 습관의 문제이며, 세례는 본질적으로 선한 것을 선택할 수 있는 인간의 온전한 능력을 방해하는 장애물까지도 제거한다는 펠라기우스의 주장을 이단으로 간주하게 되었다. 펠라기우스의 시각에서 그리스도인은 하나님께 순종할 자유가 있고 그렇게 하지 않는 것은 곧바로 결함을 의미하지만, 아우구스티누스에게는 선을 선택할 수 있는 자유가 그리스도인의 삶이 시작되는 곳이 아니라 오히려 그 목표가 된다. 죄의 비극은 구체적으로 말해 우리의 선택의 자유를 무력화시키는 능력에 있으며, 따라서 그리스도인의 삶은 치유의 과정이다. 따라서 7:14-23은 그 치유 과정의 일부로서 그리스도인의 삶의 투쟁에 대해 말한다고 보는 것이 온전히 설득력이 있어 보인다. 그리스도인과 율법 아래 있는 사람을 구분하는 중대한 사실은, 그리스도인은 은혜의 다스림

---

10 Augustine, *Sermons: The Works of St. Augustine III/5* (trans. E. Hill; New York: New City, 1992). 참고, Sermon 153.7 (Hill, 61).

11 Ibid., Sermon 154A.3 (Hill, 80).

12 Ibid., Sermon 151.2 (Hill, 41).

아래 성령의 도움을 받아 욕망을 따르지 않을 수 있다는 것이다. 물론 그리스도인은 죄의 욕망을 경험한다.[13] 이것이 바울의 개인적인 경험이자 승리이며, 이제 그는 모든 그리스도인을 이같은 싸움으로 소환하고 있다.

아우구스티누스가 생각을 바꾸게 된 배경도 중요했다. 396년은 그가 히포의 주교가 된 지 얼마 되지 않았던 시기였다. 그러니까 전기 아우구스티누스의 바울 해석은 그의 가족 영지에서 "하나님의 종들"이라 불리던 공동체의 금욕적이고 준–수도원적인 분위기 속에서 형성되었지만, 후기 아우구스티누스의 해석은 전혀 엘리트적이지 않았던 히포의 분위기를 반영했다.[14] 아우구스티누스는 주교로 활동하면서 펠라기우스와 그의 추종자들이 요구하는 생활 방식에 못 미치는 많은 평신도들을 만났다. 아우구스티누스와 펠라기우스를 갈라놓은 이유는 적어도 부분적으로는 그러한 평범한 그리스도인들이 참된 교회로 간주되고 신성한 은총의 진정한 수혜자인지에 관한 질문 때문이었다.

> 펠라기우스주의자들은 여전히 기독교 교회를 마치 이교세계의 작은 집단처럼 생각했다. 아우구스티누스에게는 매우 친숙한 관심사였던 "찬양의 제사"는 펠라기우스의 관점에서 볼 때 완전한 사람들로 구성된 기

---

13   참고, Eugene TeSelle, "Exploring the Inner Conflict: Augustine's Sermons on Romans 7 and 8," in *Engaging Augustine on Romans: Self, Context and Theology in Interpretation* (ed. Daniel Patte and E. TeSelle; Harrisburg, PA: Trinity, 2002), 111–46.

14   William S. Babcock, "Augustine and Tyconius: A Study in the Latin Appropriation of Paul," in *Studia Patristica XVII.3* (ed. Elizabeth A. Livingstone; 1982): 1209–15.

관인 기독교 교회가 이교도들의 인간적인 의견을 찬양하는 것을 의미했다 ⋯ 아우구스티누스는 가톨릭 교회에서 자리 잡은 그런 유의 사람들을 묘사했다. 이 사람들은 자신의 이름에 걸맞는 선을 행하고, 아내와 잠자리를 하고, 종종 쾌락을 위해 잠자리를 즐기기도 하며, 벤데타(가족-가문 사이에 벌어지는 연이은 복수 문화)에 주어진 명예에 민감하고, 땅을 빼앗는 사람은 아니지만 주교의 법정에서만이라도 자신의 재산을 지키기 위해 싸울 수 있고, (아우구스티누스의 이해에 따르면) 그 모든 것 때문에 "자신을 부끄럽게 여길 줄 알고, 하나님께 영광을 돌리는" 훌륭한 그리스도인이었다.[15]

아우구스티누스는 로마서 7장에 대한 새로운 해석을 통해 그러한 평신도들에게 적용할만한 그리스도인의 삶과 그들의 목회적 필요를 제시할 수 있었다. 419년 카르타고에서 전한 로마서 7장에 대한 강력한 설교 시리즈에서[16] 그는 죄의 도전에 맞서 싸우는 평신도들을 향해 그들의 영적 상태에 대해 이야기한다. 그는 콘스탄티누스 시대 이후의 교회를 반영하는 회심의 패러다임을 구축했는데, 이때는 처음으로 인구의 대다수가 기독교인구로 유입됨으로써 기독교 세계의 출현이 예고되었던 시기다. 말하자면, 로마서 7장은 당시 회심론에 대한 주요한 성경적 토대 중 하나로 작용했다.

---

15 P. Brown, *Augustine of Hippo: A Biography* (2nd ed.; London: Faber & Faber, 2000), 348-49. 브라운이 인용한 출처는 다음과 같다. *c. Epp. Pel. (Against Two Letters by the Pelagians)* III, v, 14.

16 Sermons 151-56 (in Hill, *The Works of St. Augustine*, 40-108). 롬 7:15을 해석한 이 설교(Sermon 154A)는 작품시기가 명확하지 않으며, 카르타고 설교 시리즈에서 온 것이 아니다.

　　1,300여 년이 지난 1746년, 복음전도자 존 웨슬리(John Wesley, 1703-91)는 "속박과 양자의 영"이라는 제목의 설교를 전한 바 있다.[17] 설교 본문은 로마서 8:15이었는데, "아바 아버지"라는 외침은 은혜 아래 자유와 생명을 얻은 사람들의 고백으로 받아들여졌다. 그러나 설교의 대부분은 율법 아래 있는 사람에 대한 설명으로 로마서 7장을 자세히 다루고 있다. 놀랍게도 전체 설교는 아우구스티누스가 제시한 인간의 단계적인 상태에 맞춰 구성되는데, 웨슬리는 그중 처음 세 단계를 "자연인", "율법 아래", "은혜 아래"라고 불렀다.[18] 그러나 이처럼 아우구스티누스에게 상당한 영향을 받았음에도 불구하고 웨슬리의 해석은 아우구스티누스의 어느 것과도 닮은 데가 없었다. 초기 개신교 주석가들 대다수가 7:14-25을 그리스도인의 삶에 대한 설명으로 보는 데 있어 후기 아우구스티누스를 따랐지만, 오히려 웨슬리는 독일의 경건주의 성경 주석가인 요한 알브레히트 벵겔(Johann Albrecht Bengel, 1687-1752)의 주석에 의존했다. 벵겔은 로마서 7:7-25 전체를 회심의 진행과정을 그림처럼 보여준다고 보았다. 이 단락은 "한 사람이 율법 아래 있던 상태에서 은혜 아래 있는 상태로 전환되면서 생각하고, 분투하고, 씨름하는 전체 과정을 묘사한다."[19] 다메섹 도상에서 갑작스럽고 존재를 압도하는

17　J. Wesley, *The Works of John Wesley, Volume 1, Sermons I, 1-33* (ed. A. C. Outler; Nashville: Abingdon, 1984), 248-66.

18　Outler, *The Works of John Wesley Volume 1*, 248. 아웃러는 아우구스티누스의 해석적 틀이 토마스 보스톤의 『인간본성의 사중상태』(T. Boston, *Human Nature in Its Fourfold State*, Edinburgh: 1720)라는 책을 통해 웨슬리에게 전달되었다고 설명한다.

19　J. A. Bengel, *Gnomon of the New Testament* (5 vols.; trans. A. R. Fausset; Edinburgh: T&T Clark, 1858-59), 3:91-92.

방식으로 그리스도를 체험한 바울은 로마서 7장에서 자신의 회심 과정을 묘사하고 있는 것이 아니다. 오히려 그는 **"7절에서부터 줄곧 … 이 싸움에 참여하는 사람의 모습"**을 그려내고 있다.[20] 회심자는 위로와 은혜의 돌파구가 생길 때까지 죄에 대한 깨달음으로 고뇌하는 과정을 겪는다. 7:24에서 나타나는 비참에 대한 절규는 **"투쟁의 마지막 순간 … 신비로운 죽음의 결정적인 순간"**이다.[21] 초기 개신교 주석가들도 종종 죄의 깨달음에 대한 경험을 회심의 필수 요소로 간주했지만, 그들은 그것이 7:7-9에만 해당한다고 보았다. 새로운 경건주의와 웨슬리안적 해석은 그 경험이 나머지 장까지 포함하도록 확장한다.

일찍부터 초기 개신교 주석가들은 바울의 죄 개념에 대한 아우구스티누스적 이해를 단호하게 거부했다. 죄라는 것은 진정으로 욕망에 동의할 때만 발생하는 것이 아니다. 욕망의 경험 자체가 죄이고, 그것은 본질적으로 자발적인 것이 아닐 수도 있다는 점에서 그렇다. 이 견해는 결국 영과 육의 갈등이 전인격적으로 하나님을 향하는 것과 관련된 문제라는 이해로 연결된다. 여기서 영은 한 사람의 인격 안에서 하나님에 의해 새로워진 모든 것을 의미하고, 육은 갱신되지 않고 남아있는 모든 것을 의미한다. "육신은 능력(faculty)이 아니라 하나님을 대적하고 반역하는 '인간성 전체'('토투스 호모', totus homo)입니다."[22] 따라서 웨슬리는 7:14-25이 그리스도인의 경

---

20   Ibid., 3:92 (강조는 웨슬리의 것임).

21   Ibid., 3:95-96 (강조는 웨슬리의 것임).

22   D. C. Steinmetz, "Calvin and the Patristic Exegesis of Paul," in *The Bible in the Sixteenth Century* (ed. D. C. Steinmetz; Durham, NC: Duke University Press, 1990), 100-118 (115).

험에 대해 말하고 있다는 견해를 거부하면서 그리스도인의 삶에 주어진 성화의 가능성과 의롭다 함을 받고 거듭난 신자들이 부적절한 욕망을 통해 오는 죄를 짓지 않도록 능력을 받았음을 강조했다. 웨슬리는 신자에게 변화를 일으키는 성령의 역할을 가볍게 취급하지 않았다. 비록 이 견해가 그리스도인의 완전을 변호하는 논리의 일부가 되면서 설득력이 떨어지는 딜레마를 겪게 되었지만, 로마서 7:7-25 전체를 회심을 겪고 있는 사람에 대한 설명으로 읽음으로써 이 작업에 대한 주요 주석적 장애요소 중 하나를 제거할 수 있었다.

아우구스티누스와 마찬가지로 로마서 7장에 대한 이 새로운 해석이 출현하게 된 배경은 매우 놀라운 것이다. 공교롭게도 웨슬리는 정확하게 크리스텐덤이 저물어가던 시기에 출현한 복음주의 부흥운동의 대표적인 인물이었던 것이다.

복음주의 운동의 회심 이야기는 크리스텐덤 또는 기독교 시민사회가 관용, 반대, 실험, 명목적이고 진지한 형태의 신앙을 허용할 만큼 충분히 약화되었지만, 기독교의 도덕적 규범과 기본적인 신학적, 우주론적 가정에 대한 전통적인 감각을 약화시킬 정도는 아니었던 그 시기에 번성했다. 새롭게 등장한 근대적 정체성이 점차 희미해져가는 기독교의 도덕적 헤게모니와 교차하게 된 정확한 시점이 바로 17, 18세기였다. 이처럼 복음주의적 회심 이야기는 기독교 세계의 끝자락과 근대성의 시작점에 때마침 등장했다.[23]

---

23 B. C. Hindmarsh, *The Evangelical Conversion Narrative: Spiritual Autobiography in Early Modern England* (Oxford: Oxford University Press, 2005), 340.

또한 아우구스티누스의 로마서 7장 해석이 교회에서 분명히 평균적인 그리스도인들을 위한 공간을 만드는 데 도움이 된 것처럼, 웨슬리의 감리교적 설교는 그들을 도전하기 위해 애썼다. 초기 감리교 개종자들은 그 영향을 기록으로 남겼다.

그들은 "교회에 가서 성찬을 받는 것"과 "남에게 해를 끼치지 않는 것"이 종교적 의무를 다하는 것이 아니라는 사실에 놀랐다고 말했다. 이것이 바로 이 충격적인 메시지를 접하기 전의 그들의 상태를 묘사하기 위해 "바리새인"이라는 비유가 되풀이되었던 이유다 … 웨슬리는 뻔뻔스럽게 죄를 짓는 사람과 "약간의 종교적 외양"만을 가진 사람 모두 "세례만 받았을 뿐인 이교도"라는 점에서 똑같다고 강조했다.[24]

웨슬리의 관점에서 로마서 7장을 회심을 향한 투쟁의 이야기로 읽고 설교하는 것은 모든 사람에게 은혜를 끼치고 로마서 8장을 모든 그리스도인의 삶에 대한 설명으로 제시하는 것이지만, 이러한 해석은 그 메시지를 받아들이거나 비슷한 회심경험을 공유할 수 없거나 또 이를 꺼리는 명목상의 그리스도인들을 배제할 위험을 안고 있기도 하다. 로마서 7:14-25을 그리스도인의 삶에서 죄와의 투쟁에 대한 설명으로 읽고 설교하는 것은 교회 내에서 그러한 명목상의 그리스도인들을 정확하게 끌어안고 그들이 발전하도록 격려하는 것이지만, 제자 훈련에 대해 미온적이고 회심의 열매에 대한 기대치가 낮은 많은 사람들을 위험에 빠뜨리는 것이기도 하다.

---

24   Ibid., 137.

쟁점을 인식하기
: 로마서 7장과 우리의 기독교 세계들

아우구스티누스와 웨슬리의 경우, 로마서 7장에 대한 그들의 해석은 성경을 더 폭넓게 읽음으로써 이후 여러 세대의 신자들이 복음의 진리를 받아들이는 기독교 세계를 건설하는 데 기여했다. 이러한 세계의 다양한 윤곽은 로마서 7장이 우리 시대에 질문을 제기할 수 있는 영역들을 강조한다. 예를 들어, 회심과 관련하여 죄에 대한 깨달음에 대해 어떻게 생각해야 할까? 후기 아우구스티누스처럼 죄와의 심각한 투쟁은 회심(7:14)의 순간부터 시작되는 것일까? 아니면 웨슬리가 보는 것처럼 죄와의 씨름은 회심의 지점에 이르는 필수적인 전주곡인가(7:24-25)? 아니면 그리스도인의 삶에서 거룩의 가능성에 대해 어떻게 생각해야 할까? 확실히 전기의 아우구스티누스는 로마서 8장만 그리스도인의 삶을 설명하는 것이라고 보고, 7:14-25의 투쟁은 이에 해당하지 않는다고 보는, 그러니까 그리스도인의 삶에 대해 후기의 관점보다 낙관적으로 이해하는 경향을 보인다. 또한 웨슬리는 욕망이 진정한 죄가 되기 전에 반드시 동의와 경험의 과정을 거쳐야 한다는 견해를 받아들이지 않기 때문에 전기 아우구스티누스보다 더 낙관적이었던 것이 분명하다. 웨슬리에게 있어서 진정으로 거듭난 사람들이 얻는 자유는 죄의 욕망에 대한 동의를 거부하는 것뿐만 아니라, 어느 정도까지는 그러한 욕망 자체로부터도 자유로워지는 것까지 확장된다. 그렇다면 로마서 7장의 해석은 교회와 선교에 대한 우리의 견해에 어떤 영향을 미칠까? 전기 아우구스티누스가 주장한 은혜에 대한 보다 포괄적인 견해와, 웨슬리가 제시한 명목상의 기독교에 대한 강력한 도전 중 어느 것이 가장 진정으로 복음적인 것일까? 필자는 로마서 7장을 주석하면서 이것이 회심, 그리스도인의 삶에서의 거룩함, 교회의 사명에 대한 우리의 이해에 어떤 의미를 발생시키는지 살펴볼 것이다.

그러나 최근 로마서 7장을 연구하는 학자들 중에는 이러한 질문 자체를 오류로 간주하는 사람들이 있다. 그들은 바울이 여기서 회심의 본질, 그리스도인의 삶이나 교회 문제와 관련하여 죄와의 투쟁을 논의한 것이 아니라, 모세의 율법과 죄 사이의 관계를 논의하고 있다고 지적한다. 바울은 이전에 자신의 메시지가 율법을 굳게 세운다고 주장한 적이 있지만(3:31), 그 방법이 어떻게 되는지를 설명하지는 않았다. 그는 유대인과 이방인 모두 죄 아래에 있으며(3:9), 의는 율법의 행위가 아니라 그리스도를 믿는 믿음으로 받는다고 주장했다(3:19-31). 이 의의 선물을 받은 사람은 율법이 아닌 은혜 아래 있으며(6:14), 율법에 대하여 죽음으로써 새로운 성령의 삶으로 들어간다(7:6). 주의깊지 못한 독자들은 이 구절들에서 율법과 하나님의 목적이 서로 상반된다고 추론할지도 모른다. 하지만 바울과 로마의 성도들에게 이것은 전혀 받아들일 수 없는 관점이다. 그들은 율법이 하나님이 주신 것이므로 선하다는 것을 알고 있다. 바울은 자기가 확신하는 바 신자가 율법에 대해 죽어야 한다는 주장과 율법이 거룩하다는 신념이 어떻게 결합될 수 있는지 설명해야 한다. 구원의 신적 경륜에서 율법이 차지하는 위치는 무엇인가? 크리스터 스탕달(Krister Stendahl, 1921-2008)은 로마서 7장을 해석하는 사람들의 관심이 이 특별한 수사학적 목적에 집중되어야 한다고 주장한 것으로 잘 알려져 있다.

바울은 여기서 율법의 거룩함과 선함에 대해 매우 특별한 주장을 전개
한다. 선한 율법과 악한 죄를 구분할 수 있는 가능성은 모든 사람이 자
신이 해야 할 일과 자신이 행하고 있는 일 사이에 차이가 있음을 알고
있다는 사소한 관찰에 기초한다 … 불행하게도, 또는 다행스럽게도 바
울은 이 주장을 뒷받침하는 논거를 너무나 잘 표현했기 때문에 그와
동시대 사람들에게는 상식적인 관찰로 보였던 것이, 후대의 해석자들
에게는 죄의 본질에 대한 가장 날카로운 통찰로 보였다.[25]

이전의 해석자들은 율법의 거룩함과 바울의 메시지가 양립할 수
있음을 옹호하려는 바울의 의도를 무시해 왔다. 따라서, 스탕달의
불만은 어느 정도 설득력이 있다. 바울은 유대인과 이방인 신자들
로 구성된 공동체에 편지를 쓰고 있으며, 따라서 복음과 율법의 관
계 문제는 즉각적이고 엄청난 신학적, 실천적 의미를 지닌다. 바울
이 이 주제에 대해 기록한 내용은 하나님의 구원 선물에 대한 이야
기의 일부로서 이 두 그룹의 신자들이 율법과 관계를 맺는 방식과
그들의 함께하는 공동체 생활에서 서로 어떻게 관계를 맺어야 할지
에 영향을 미칠 것이다. 오늘날 유대인과 이방인 신자가 함께 존재

---

25   K. Stendahl, "Paul and the Introspective Conscience of the West," in *Paul
      Among Jews and Gentiles and Other Essays* (Philadelphia: Fortress, 1976),
      78–97 (93). 다음의 후속 연구도 참고하라. S. K. Stowers, *A Re-reading of
      Romans: Justice, Jews and Gentiles* (New Haven: Yale University Press,
      1994); E. Wasserman, *The Death of the Soul in Romans 7: Sin, Death and
      the Law in Light of Hellenistic Moral Philosophy* (Tübingen: Mohr [Siebeck],
      2008).

하는 상황에서 로마서 7장은 계속해서 이러한 의미를 가질 것이다. 또한 구약 성경과 그 안에 포함된 율법은 모든 사람을 위한 성경이기 때문에, 하나님의 구원 선물에 대한 이야기의 일부로서 우리가 율법과 어떻게 관계를 맺어야 하는지는 상황에 관계없이 그리스도를 믿는 모든 사람에게 매우 중요한 의미를 갖는다. 이후에 나올 내용 중 어떤 것도 바울이 로마서 7장에서 자신의 메시지와 율법의 거룩함의 양립 가능성에 대해 설명하는 올바른 해석의 중요성을 떨어뜨리는 것으로 받아들여서는 안 된다.

그럼에도 불구하고 스탕달의 판단과는 달리 로마서 7장을 해석할 때 죄와의 싸움에서 율법이 갖는 의미에 대해서도 관심을 가져야 한다. 놀라운 사실은 바울이 일관되게 1인칭 화법으로 사적인 언어를 사용한다는 점이다. 이는 바울의 메시지와 율법의 거룩함이 양립할 수 있다는 점을 일관되게 설명하기 위함인데, 이를 통해 죄와 관련하여 율법이 개인에게 미치는 영향을 보여주게 된다.

바울의 견해는, 그리스도의 죽음과 부활은 율법의 시대에서 은혜의 시대로, 기록된 율법 조문의 시대에서 성령 안에서의 생명의 시대로의 전환을 의미한다는 것이기에, 그는 역사적으로 각 시대에 관한 직접적인 논의를 통해 이것을 설명할 수도 있었을 것이다. 하지만 그가 그렇게 하지 않았다는 것은 그가 죄와 씨름하는 우리의 모습에 관해 중요한 내용을 말하려는 의도가 있음을 의미한다. 게다가 바울은 이미 시대의 변화를 신자들의 구원과 죄의 문제와 연결시켜 왔기 때문에 이것은 전혀 놀라운 일이 아니다. 그는 신자들이 세례를 통해 그리스도와 함께 죽고 부활함으로써 죄로부터의 자유가 그리스도의 죽음과 부활의 이야기에 포함된다는 점을 분명히 밝힌 바 있다(6:1-11). 따라서 죄와의 투쟁에 대한 바울의 논의가 거기서 끝나지 않는다는 점은 분명하다. 왜냐하면 이것은 바울의 메시지와 율법의 거룩함의 양립 가능성에 대한 보다 광범위한 주장을 뒷받침하는 것으로 드러나기 때문이다. 뒷받침하는 주장은 문맥에 적절히 배치되어야 하고 더 폭넓은 목적이 인지되어야 하겠지만, 그것은 여전히 그 자체로 중요한 내용과 함의를 가질 수 있다. 만일 우리가 로마서 7장의 해석에 적절하게 접근한다면, 우리의 관심은 죄와의 투쟁에 대해 어떤 통찰력을 제공하는지에서 벗어날 필요가 있다. 오히려 로마서 7장의 통찰과 함의가 회심, 그리스도인의 삶에서의 거룩함, 교회의 본질에 대한 우리의 이해와 같은 중요한 주제에 어떤 이해와 적용을 가져다 주는지에 관심을 가져야 한다.

로마서 7장에서 바울이 그리스도를 믿는 현재의 관점에서 자신의 바리새인으로서의 과거의 삶에 대해 이야기한다고 보는 견해는 여기서 중요한 긍정적 결과를 가져온다. 필자는 이 관점이 다른 관점이 수반하는 그리스도인의 회심 경험의 형태에 대한 경직된 기대에서 벗어나게 해줄 뿐 아니라, 현대적 맥락에서 많은 사람들의 경험에 더 부합하는 가능성을 제시한다고 주장하고자 한다. 나는 그것이 그리스도인의 삶에서 이룰 거룩함에 대한 긍정적인 견해를 견지하게 할 것이라고 주장할 것이다. 이것은 성령의 능력 가운데서 죄에 대한 승리를 기대하면서도 육체가 정반대로 끌어당기는 힘에 대해 현실적으로 인정하는 견해임을 의미한다. 필자는 이것이 엄격하고도 포용적인 하나의 교회를 의미한다고 제안하고자 한다. 많은 사람들을 포용하면서도 동시에 인간에게 죄를 도전하고 미미한 헌신을 엄격하게 다루는 교회 말이다. 그러나 이 모든 결과는 로마서

7장에 대한 회고적 견해에 입각한 주석이 얼마나 신빙성 있느냐에 달려있다. 이 결과들이 확정되고 더 자세히 설명되기 전에, 먼저 입증되어야 할 세 가지가 있다. (1) 바울이 로마서 7장에서 자신의 경험을 어떤 식으로든 전형적인 것으로 간주하더라도 어쨌든 이것은 자신에 대해 말하고 있는 것이라는 점, (2) 신자로서의 현재적 실존이 아니라 과거에 대해 말하고 있다는 점, (3) 율법과 죄의 관계에 대해 바울이 7:7-13과 7:14-25에서 제공하는 통찰이 이러한 토대 위에서 설득력 있게 해석될 수 있다는 점이다.

"나"는 꼭 다른 사람을 의미해야만 할까?
: 로마서 7장에서 바울의 1인칭 사용

언뜻 보기에 로마서 7장에서 바울이 자기 자신에 대해 말한다고 보는 경우는 이해하기가 아주 쉽다. 그는 단수 인칭대명사를 반복적으로 사용한다. 논픽션 장르에서 작가가 그렇게 한다는 것은 자연스럽게 자기 자신에 대해 말하고 있음을 암시한다. 로마서 7장의 해석사에서 많은 사람들이 그렇지 않다고 생각하게 된 계기는 한 가지 주요 요인에서 비롯된다. 즉, 로마서 7장에서 바울이 말하는 내용이 다른 곳에서 자신에 대해 말하는 내용과 조화될 수 없다는 이유에서다. 19세기와 20세기 초에 로마서 7장에 대한 지배적인 해석은 바울이 회심하기 전에 율법과의 투쟁에서 실패했다고 말한

 | 죄와의 투쟁에 관한 다양한 관점들

다는 것이었다.[26] 바리새인으로서의 열심에도 불구하고 그는 스스로 율법에 순종하지 못하는 자신에 대해 자각했고, 그로 인한 내적 갈등이 회심을 위한 중요한 심리적 준비였다는 것이다. 이 견해는 빌립보서 3:4-6에서 바울이 스스로를 일컬어 누구보다도 육체를 신뢰할 만한 이유가 많다고 주장한 것과 양립할 수 없음을 지적한 큄멜의 연구에 의해 영구적으로 설득력을 인정받지 못하게 된 것으로 보인다. 율법 아래 의에 관해 흠이 없다는 자의식은 그리스도를 아는 것이 지닌 탁월한 가치 때문에 그가 잃었다고 간주하는 유익 중 하나에 속하는 것이다(3:6b). 동일한 사람이 율법을 흠 없이 지켰다고 주장하는 것과 율법을 지킬 능력이 없어 어려움을 겪었다고 주장하는 것은 불가능하다. 빌립보서 3장에 나타난 논의의 틀은 바울이 그리스도를 모르던 시기의 관점과 현재 신자로서 자기에 대한 관점 사이의 변화를 분명히 암시하기 때문에(3:7-8), 여기서 말하는 흠이 없다는 주장은 바울이 바리새인이었을 때 자신의 율법 수행에 대해 어떻게 생각했는지를 나타내는 것이 분명하다. 게다가 바울은 교회를 핍박했던 과거 자신의 죄를 인정하지만(고전 15:9), 사도로서 자신이 이룬 성취에 대해서는 자신감을 가지고 있다. 그는 자신이 다른 어떤 사도보다도 복음을 위해 더 열심히 일했다는 자의식을 갖고 있다(고전 15:10). 스탕달은 "우리는 바울이 자신을 실제 죄인이라고 말하는 구절을 찾는 헛수고를 한다"라고 지적한 바 있다.[27] 로마서 7장에서 바울이 죄와의 투쟁에 대해 묘사한 것과

---

26   참고, H. Weinel, *St. Paul: The Man and His Work* (New York: G. P. Putnam's Sons, 1906), 74-75.

27   Stendahl, *Paul Among Jews and Gentiles*, 90.

바울 자신이 다른 곳에서 회심 이전이나 그리스도를 믿는 신자로
서 말한 내용을 조화시키는 것은 어렵다. 이런 이유에서 바울이 로
마서 7장에서 인칭대명사를 사용했음에도 불구하고 다른 사람 또
는 다른 사람에 대해 말하고 있다고 결론을 내리는 경우가 많다.

최근 학계에서 1세기에 작가가 다른 사람의 인격을 빌어 말하는
'스피치 인 캐릭터'(프로소포포에이아)라는 수사학적 기법이 있었다는
제안이 이러한 결론을 더욱 뒷받침하고 있다.[28] 그러나 이 수사적
기법이 존재했다는 것은 의심의 여지가 없지만, 살아있는 작가를
대표하는 존재에게 이것을 적용할 수 있는지에 대해서는 의문이 제
기된다. "프로소포포에이아는 일반적으로 무생물이나 추상적인 개
념의 의인화를 의미하고, 더 나아가 죽었거나 또는 살지 않았지만
살아있는 것처럼 표현된 사람들에게 사용되기도 했다."[29] 과연 바울
이 숙련된 연기자나 웅변가들이 주로 사용하던 그 기술을 습득했
을지에 대한 추가적인 질문을 차치하더라도, 바울이 자신의 편지가
다른 사람들에 의해 큰 소리로 로마 신자들에게 들려진다고 상상
하면서, 스스로 그런 수사법을 사용하고 있다는 신호를 전혀 주지
않음에도 청중이 그것을 알아챌 것이라고 기대했을 가능성은 매우
낮다. 마지막으로, 로마서 7장에 있었을 '프로소포포에이아'의 존재
가능성에 반대하는 의견과 대조적으로, '프로소포포에이아'란 존재
가 지니는 함의를 뒤집어서 생각해 본 쥬엣은 최근 바울이 여기서

---

28   Stowers, *A Re-reading of Romans*, 258–84.

29   L. Thurén, "Romans 7 Derhetorized," in *Rhetorical Criticism and the Bible* (ed.
      S. E. Porter and D. L. Stamps; Sheffield: Academic Press, 2002), 420–40
      (428–29).

이 수사법을 사용하는 것은 맞지만, 그 의문의 인물의 정체가 율법에 열심인 회심하기 이전의 바울이라고 주장했다. 쥬엣은 '프로소포포에이아'가 다른 사람이 아닌, 바울의 자전적, 회고적 해석이라고 해설한다.[30] 필자는 로마서 7장에서 '프로소포포에이아'가 사용되지 않았다는 견해를 선호한다. 하지만 사용되었다 하더라도 최근 학자들은 바울이 자신이 아닌 다른 사람에 대해 말하고 있음이 틀림없다는 것에 만장일치로 동의하지는 않을 것이다.

바울의 인칭대명사를 액면 그대로 받아들이는 것에 대한 또 다른 반대 의견은 7:9에서 그가 한때 "율법 없이 살았다"라고 말한 데 있다. 유대인으로 태어나 8일째 되는 날 할례를 받은(빌 3:5) 그의 삶에서 어떻게 율법과 동떨어진 삶을 살았던 때가 있을 수 있을까? 이것은 분명 그가 다른 사람에 대해 말하고 있음을 나타내지 않는가? 이 해석적 어려움에 대해 흔히 제기되면서도 개연성이 부족한 제안이 하나 있는데, 그것은 바울이 온전한 도덕적 책임을 느끼기 전과 성적 욕망을 자각하기 이전의 어린 시절을 언급한다는 설명이다. 아무리 어린 유대인과 하나님의 율법과의 관계가 성인과 다르게 분류될 수 있다 하더라도, 그러한 개인은 여전히 "율법과 동떨어져 있다"고 할 수 없을 정도로 율법에 대한 공동체적이고 언약적인 헌신이라는 틀 안에 서 있다고 봐야 한다. 그리고 성적 욕망

---

30 R. Jewett, *Romans* (Hermeneia; Minneapolis: Fortress, 2007), 443-45. 쥬엣은 스토아 철학자 에픽테투스의 예를 들어, 로마서 7장과 인상적으로 유사한 논증적 틀을 제시한다. 참고, Epictetus, *Diss.* 1.10.7-9. 바울과 에픽테투스는 모두 자신에 대해 이야기한다. 그러나 쥬엣은 또 다른 페르소나를 차용할 때 자신에 대해 1인칭으로 말하는 것이 '프로소포포에이아'로 간주된다는 핵심 증거를 제시하진 않는다.

이 바울이 말한 '에피튀미아'($\epsilon\pi\iota\theta\upsilon\mu\acute{\iota}\alpha$, 욕망, 탐심)가 의미하는 중요한 차원일 수 있지만, 7:7에서 "탐내지 말라"(출 20:17, 신 5:21)는 계명을 인용하고 7:8에서 "모든 종류의 탐심"을 낳는 죄에 대해 언급하는 것은 다른 유형의 욕망도 함께 고려하고 있음을 강력하게 시사한다.[31]

더 설득력 있는 답변은 바울이 여기서 주로 자신에 대해 말하긴 하지만, 자신의 삶을 일종의 전형으로 제시하는 방식을 취한다는 제안이다. "바울은 자신을 가리켜 말하고 있지만, 다른 사람들과 반대되는 의미에서가 아니라, 모든 그리스도인, 유대인 또는 일반적인 사람들을 포함하는 방식으로 말한다."[32] 실제로 7:7-11을 보면, 바울은 자신의 경험을 선악을 알게 하는 지식의 열매(창 3:6)에 대한 욕심으로 타락한 아담과 하와의 경험과 연결한다. 이 욕망은 먹어서는 안 된다는 하나님의 명령(창 2:7)이 내려진 후에야 생겨났으며, 따라서 아담과 하와에게 율법 없이 사는 삶에 대해 언급한 것은 적절하다. 바울은 자신의 경험을 그들의 경험으로 묘사하고 그 반대의 경우도 마찬가지이기 때문에, 이 구절들은 창세기 내러티브의 구조에 의해 직접적으로 형성된 것이다. 바울이 탐심에 대한 계명을 인용하면서 시내산과 모세를 통해 이스라엘에게 율법이 주어진 것에 주목한 것은 사실이지만, 에덴동산과 시내산이라고 하

---

31 '에피튀미아'($\epsilon\pi\iota\theta\upsilon\mu\acute{\iota}\alpha$)가 성적인 욕망만 의미한다는 견해는 건드리의 것이다. R. Gundry, "The Moral Frustration of Paul Before His Conversion: Sexual Lust in Romans 7:7-25," in *Pauline Studies: Essays Presented to F. F. Bruce* (ed. D. A. Hagner and M. J. Harris; Exeter: Paternoster, 1980), 228-45. 그의 입장은 오늘날 대부분의 로마서 7장 해석자들에 의해 거부되었다.

32 G. Theissen, *Psychological Aspects of Pauline Theology* (Edinburgh: T&T Clark, 1987), 191.

는 구약의 두 배경을 상호 배타적인 것으로 간주해서는 안 된다.[33] 유대교 주석은 타락을 탐심과 결부 지어 해석할 수 있었고, 탐심에 대한 계명은 종종 율법의 본질적인 요소로 이해되었다. 7:7-11에서 바울은 에덴동산에서 먹지 말라는 명령을 주신 것과 시내산에서 율법을 주신 것, 그리고 자신의 경험을 융합하여 설명하고 있다. 그는 자신의 경험을 이스라엘의 경험을 대표하는 것으로 제시하는데, 이는 곧 인류의 경험을 대표하는 것이기도 하다.[34] 이러한 결론은 본문의 주변 문맥을 살펴봐도 확인될 수 있다. 마크 사이프리드가 옳게 지적했던 것처럼,

7-25절은 7:5에서처럼 바울이 자신을 포함시켜 말한 주장을 매우 분명하게 보여준다. "**우리**가 육신에 있을 때에는 율법으로 말미암는 죄의 정욕이 **우리** 지체 중에 역사하여 우리로 사망을 위하여 열매를 맺게 하였더니"(7:5). 또한 이 부분은 "그런즉 **우리**가 무슨 말을 하리요"라는 수사학적 숙고로 시작된다(7:7). 여기서 바울은 자신을 독자와 동일시하고 있기 때문에, 다음과 같은 1인칭 단수 표현은 그가 전형적인 또는 대표적인 방식으로 자신에 대해 말하고 있음을 시사한다.[35]

33　이 구절의 배경을 에덴이 아닌 시내산으로 간주하는 입장으로는 특히 무의 것을 참고하라. D. J. Moo, "Israel and Paul in Romans 7:7-12," *NTS* 32 (1986): 122-35. 에덴적인 배경만을 주장하는 것은 케제만에 의해 억지스럽게 제기된 것일 뿐이다. E. Käsemann, *Commentary on Romans* (London: SCM, 1980), 191-98: "이 단락에서 아담과 어울리지 않는 것이 없다. 모든 것이 아담에게만 딱 어울린다"(196).

34　욕망/탐심과 연결하여 타락 사건을 해석한 유대교 주석에 관한 연구는 다음을 참고하라. Theissen, *Psychological Aspects*, 204-06; J. Ziesler, "The Role of the Tenth Commandment in Romans 7," *JSNT* 33 (1988): 41-56 (47).

35　M. A. Seifrid, "The Subject of Rom. 7:14-25," *NovT* 34.4 (1992): 313-33 (314). 여기서 공저자 사이프리드가 7:7-11의 구약 배경에 관하여 나와 같은 의견

따라서 바울의 인칭대명사 사용이 바울 개인을 가리킨다는 주
장에 대한 모든 부차적인 반대 주장들은 면밀히 검토해 본 결과 근
거 없는 것으로 판명되었다. 이제 남은 것은 로마서 7장에 나오는
바울의 진술이 다른 곳에서 바울이 자신에 대해 말한 것과 조화되
기 어렵다는 반대에 관한 것이다. 바울의 1인칭 대명사를 자신에
관한 것으로 해석하는 것은, 그가 설령 그것을 본인에게만 국한시
키지 않고 다른 이들까지를 포함하려 했다 할지라도 지극히 자연스
러워 보인다. 따라서 로마서 7장에서 바울의 대명사가 자신을 가리
킨다는 것을 근거로 한다면, 이 해석이 다른 곳, 특히 빌립보서 3장
에 나오는 바울의 자기 진술과도 설득력 있게 조화될 수 있다는 해
석 역시 강력한 타당성을 얻게 된다. 로마서 7장을 회고적 관점으
로 해석하는 입장도 바로 이에 해당한다. 이 해석은 로마서 7장의
바울의 진술과 빌립보서 3장의 진술 사이의 긴장을 해결해 준다.
만일 바울이 로마서 7장에서 과거 자신의 바리새인으로서의 삶에
대한 현재의 평가를 말하고, 이후 빌립보서 3장에서는 당시의 평가
를 말한 것이라면, 두 관점은 서로 다르지만 양립할 수 있기 때문
이다. 빌립보서 3장에서 바울은 자신이 바리새인이었을 때의 관점
으로 자신의 율법 수행을 모범적인 것으로 여긴다. 로마서 7장에서
그는 그리스도에 대한 앎의 유익을 누리는 상태에서 말한 것이고,
그래서 그가 현재 바리새인이었던 자신의 삶에 대해 가지고 있는
관점은 과거의 관점과 매우 다르다. 진심으로 잘못된 열심으로 교

을 말하고 있다고 주장하려는 의도는 없다. 하지만 우리가 확실히 공유하고 있는
생각은 바울이 자신에 대한 이 진술을 일종의 전형으로서 또는 대표자의 언어로
말하고 있다는 점이다.

회를 핍박하는 죄를 지은 사람이라면 당연한 일이지만, 바울은 이제 자신의 과거 인생이 깨닫지 못한 죄로 점철되어 있었음을 자각하고 있다.[36] 또한 이러한 과거 역사를 고려할 때 당연히 바울은 당시에는 인식하지 못했고 인식할 수도 없었던 율법과 죄 사이의 연관성을 이제 분별하고 있다. 돌이켜보니 율법은 그 자체로 거룩하지만 죄가 자신의 목적을 위해 율법을 이용했음을 분명히 알아챌 수 있다는 것이다. 빌립보서 3:6에서 흠이 없다는 것은 일반적인 인간의 기준으로 평가할 때 충분히 진실하지만, 다메섹 도상에서 바울의 삶의 방향을 바꾼 예수 그리스도의 철저한 계시에 비추어 보면 매우 다르게 보인다. 현재에 관해서는 바울은 스스로 뚜렷한 양심을 가졌지만, 이제는 그러한 자기 인식이 현실을 있는 그대로 반영하는 것은 아니라고 인정한다. "나도 나를 판단하지 아니하노니 내가 자책할 아무것도 깨닫지 못하나 이로 말미암아 의롭다 함을 얻지 못하노라"(고전 4:3b-4). 도덕적 주체로서 자신을 바라보는 바울의 관점은 회심의 경험에 의해 근본적으로 재구성되었고, 로마서 7장에서 바로 그것이 반영되어 있다.

자아에 대한 급진적인 관점의 재구성을 바울의 모습에서 발견한다는 것은 회심에 관한 현대 사회과학적 연구에 익숙한 사람들에게는 그리 놀라운 일이 아니다. 여기서 강조된 점은 회심자들의 특징이 과거의 삶을 현재에 비추어 재해석한다는 것이다. 회심은 사람들이 경험에 대한 이해를 구성하고 삶을 살아가는 데 사용하는

---

36 복음서는 젊은 부자 관원의 모습을 통해 바울의 경험에 필적할 만한 사례를 제공해 주는데(마 19:16-30; 막 10:17-31; 눅 18:18-30), 그는 모든 계명을 철저히 지켰지만 예수님에 의해 드러난 현실은 그가 죄에서 자유하지 못했다는 것이다.

광범위한 해석적 틀, 즉 담론의 세계가 변화하는 것을 포함한다. 회심 전에는 개인에게 하나의 의미를 갖는 것으로 보였던 일련의 경험이 이제는 전혀 다른 의미를 가질 수 있다. 이 과정을 설명하는 데 사용되는 용어가 바로 "전기적 재구성"(biographical reconstruction)이다. 사회학자 데이비드 스노우와 리처드 마찰렉은 이 개념을 다음과 같이 표현했다

> 과거는 산산이 부서질 뿐만 아니라 그로 인해 해체된 조각들이 새로운 담론의 세계와 그 문법에 따라 다시금 재조립된다. 과거의 어떤 측면은 버려지고, 어떤 측면은 재정의되며, **어떤 측면은 이전에는 상상할 수 없었던 방식으로 조합된다.** 한마디로 말하자면, 한 사람의 전기는 재구성되는 것이다.[37]

간단히 말해, "개인은 삶을 지배할 새로운 마스터 스토리를 얻게 된다."[38] 다른 본문과 마찬가지로 로마서 7장과 같은 본문이 보여주는 사실은 "바울이 자신의 이야기를 수정하고, 자신의 이야기를 토라 중심의 삶에서 그리스도, 은혜, 복음 중심의 삶으로 이동했음을 고백하는 법을 배웠다"는 것이다.[39] 바울은 로마서 7장을 쓸 때 여전히 율법과의 관계를 자신의 인생사에서 중요한 부분으로

---

37 D. A. Snow and R. Machalek, "The Convert as a Social Type," in *Sociological Theory 1983* (ed. Randall and Collins; San Francisco: Jossey-Bass, 1983), 266 (강조는 나의 것임). 참고, D. A. Snow and R. Machalek, "The Sociology of Conversion," *Annual Review of Sociology* 10 (1984): 167-90.

38 S. McKnight, "Was Paul a Convert?" *Ex Auditu* 25 (2009): 110-32 (120).

39 Ibid., 122.

생각했지만 이전에는 실제로 상상할 수 없었을 방식으로 그 관계를 해석했다. "나는 죽었도다. 생명에 이르게 할 그 계명이 내게 대하여 도리어 사망에 이르게 하는 것이 되었도다"(7:10). 바울은 이제 율법을 생명의 원천으로 이해하기를 중단하고, 그 대신 이것이 죄의 하수인 역할을 하고, 또한 그것이 본질적으로 거룩함에도 불구하고 죽음과 거래하는 것이 되었다고 분류한다. 이것은 분명한 전기적 재구성의 사례에 해당한다. 로마서 7장에서 그가 율법과 죄에 대해 말하는 것은 그가 현재 보고 있는 것에 기초해 바리새인으로서의 과거적 삶에 관한 진실을 말한 것이지만, 그 당시에는 그렇게 보지 않았을 것이다. 빌립보서 3장에서도 바울은 자신의 전기를 재구성하지만, 과거와 현재 사이의 간극을 강조하기 위해 당시 인식했을 법한 용어로 과거를 묘사하는 역설적인 방식을 취하고 있다. 여기서 전기적 재구성의 구체적인 요소는 그의 율법 준수와 이전 삶의 다른 측면을 재평가하는 것이다. 그는 한때 그것들을 유익한 것으로 여겼지만 이제는 그리스도를 아는 것의 가치와 비교해 쓸모 없는 것으로 간주한다(3:8). 사실 로마서 7장은 좀 더 직설적이다. 바울은 한때 모범적이라고 여겼던 삶을 이제 죄의 노예가 된 것으로 여긴다(7:14, 25b). 여기서 바울이 바리새인으로서나 그리스도의 사도로서 실제로 겪지 않은 고뇌의 경험을 표현하고 있다는 반론은 설득력이 없다. 바울이 회심 전 자신의 상태를 비참하다고 말하는 것은 당시에는 그렇게 느끼지 않았음에도 불구하고 회심자의 전형적인 행동을 반영하는 것이다. 로마서 7장에서 바울은 인칭대명사를 사용하여 자신과 자신의 경험에 대해 말하지만, 회고적인 진술 형식을 취하면서 과거에 자신에 대해 이해했던 관점에서가 아니라 지금 알고 있는 회심 이전의 실존을 묘사한다.

바울은 로마서 7:14-25에서 반드시 현재에 대해 말했다고 봐야 하는가?

필자는 지금까지 바울이 인칭대명사를 사용했음에도 불구하고, 로마서 7장에서 자신의 개인적인 경험을 논하고 있지 않다고 주장하는 사람들을 반대하는 의견으로 회고적 관점을 제시했다. 이 책의 다른 기고자들은 회고적 관점의 정확성에 의존하는 내 주장의 세부 사항에는 동의하지 않을 것이다. 그러나 바울이 자신에 대해 말하지만 자신의 경험을 전형적이고 대표적인 것으로 취급하는 방식으로 그렇게 한다는 데에는 동의할 것이다. 그러나 그들은 모두 7:14에서 바울이 현재 시제 동사로 전환한 것을 두고서, 7:14-25에서 바울이 자신의 과거를 논할 수 없고 현재를 언급한 것이 분명하다는 결론에 이른다. 물론 그들은 서로 각기 다른 방식으로 이 결론에 이른다. 이 구절에서 바울이 그리스도인의 삶을 논하고 있다는 그랜트 오스본의 결론은 전기 아우구스티누스의 주장과 일치하는데, 이것은 앞서 설명한 대로 종교개혁 이후 18세기에 다소 다른 입장의 웨슬리안 해석이 등장할 때까지 개신교 주석의 전형적인 주해였다. 그러나 필자 역시 현재 시제 동사로의 전환은 이해가 되지만, 이 발화자를 그리스도인으로 보는 관점에는 몇 가지 다른 치명적인 약점들이 있다. 이 견해를 지지하는 사람들은 종종 7:14-25에 묘사된 죄와의 갈등은 영적으로 중생한 사람에게만 가능하다고 주장한다. 크랜필드는 이렇게 주장한다.

> 7:14-25은 참 그리스도인에게서만 특징적으로 나타나는 내적인 갈등,
> 즉 성령이 활동하시고 복음의 다스림 아래서 마음이 새로워지는 사람
> 에게서만 가능한 갈등을 생생하게 묘사한다 … 하나님의 영으로 더 많
> 이 새로워질수록, 그는 자신의 삶을 지배하는 죄의 지속적인 힘과 아무
> 리 최선을 다한 실천이라 해도 여전히 내면에 자리 잡은 이기주의로 인
> 해 그것이 손상된다는 사실에 더 민감해진다.[40]

이 입장은 개인의 죄를 온전히 인식하게 되는 것이 회심이라는
점을 올바르게 강조하지만, 로마서 7장에서 설명하는 죄에 대한 인
식을 그리스도인의 삶 안에 잘못 배치하고 있다. 바울은 분명히 다
른 본문에서 그리스도인의 삶에서 죄와의 투쟁에 대해 말하지만 여
기서는 그렇게 하지 않는다. 다른 본문들, 특히 가장 분명하게는 갈
라디아서 5:16-24, 그리고 크랜필드의 설명에서는 그리스도인과
죄 사이의 갈등에서 성령이 차지하는 몫에 대해 첨예한 관심을 기
울인다. 하지만 놀랍게도 7:14-25에는 성령에 대한 언급이 없다.
갈라디아서 5:16-24에서는 그리스도인의 삶에서 성령과 육체 사이
의 투쟁이 있고, 육체의 행위와 대조되는 성령의 열매가 있지만 여
기에서는 오직 육체와 무서운 죄의 힘에 대한 패배만 나타난다. 바
울은 전혀 성령에 대해 언급하지 않고, 따라서 성령이 없다는 것
은 그가 여기서 그리스도인의 삶에 대해 말하고 있다는 견해를 크

---

40   C. E. B. Cranfield, *Romans* (ICC; 2 vols.; Edinburgh: T&T Clark, 1975), 1:341-2.

게 반대하는 근거가 된다. 로마서 8:10에서 "죄로 인해 죽은" 육체에 대해 분명히 말했듯이 바울은 그리스도인의 삶을 죄가 없는 것으로 간주하지 않지만, 7:14-25에서처럼 어디에서도 그리스도인의 존재를 암울하게 제시하진 않는다. 바울은 여기서 죄 아래 팔리고(7:14) 죄의 법에 포로가 된 현실(7:23)에 대해 이야기한다. 바울이 다른 본문에서 그리스도인의 삶과 관련하여 노예와 포로의 이미지를 활용했다면, 그것은 의에 대한 순종에 대해 말할 때를 가리킨다(6:18-19). 이와는 대조적으로, 회고적 견해는 해석의 무게중심을 바울이 말하는 죄 인식의 중요성에 두면서 동시에, 가장 자연스럽게 성령의 부재를 상상할 수 있는 방향으로 설명할 수 있다. 바울이 여기서 성령에 대해 말하지 않는 이유는 그가 회심하기 전과 성령을 받기 전의 삶에 대해 말하고 있기 때문이다.

7:14-25을 그리스도인의 경험으로 이해하는 관점에 해당하는 또 다른 일반적인 주장은 전기 아우구스티누스의 것으로 거슬러 올라가는데, 이 견해는 속사람은 하나님의 율법을 기뻐한다고 말하면서(7:21), 이것은 신자에게만 가능하다고 주장하는 것이다. 그러나 바울이 여기서 율법을 삶의 규범으로 받아들이려는 선한 의도와, 욕망을 죄로 인식하지 못하여 선을 행할 수 없는 무능력한 상태를 결합시켜 설명하고 있다면 말이 되지 않는다. 사실 그는 유대인으로서 율법을 기뻐하고 선을 행하려 했지만, 선과 악을 혼동하고 율법의 의로운 요구 사항을 오해했으며, 무엇보다도 교회를 진지하고 열렬하게 박해했다. 자신의 경험은 나중에 이스라엘 백성들에 대해 "하나님께 열심이 있으나 올바른 지식을 따른 것이 아니니라"(롬 10:2)라고 말한 것과 잘 부합한다. 또한 이는 이스라엘이 율

법을 지키지 않았다는 구약성서의 서술에 대한 설명과도 매우 잘 맞아떨어진다. "'율법을 즐거워하는 마음'은 '율법 아래 있는 사람'에게 상상할 수 없는 것이라는 아우구스티누스의 주장은, 항상 하나님의 법으로서의 율법에 대한 충성의 관점에서 이스라엘의 율법에 대한 적대적 태도를 지적하는 유대교 경전의 가르침과 모순된다."[41] 바울은 8:7-8에서 육신에 속한 마음으로는 "하나님의 법에 굴복하지 아니할 뿐 아니라 할 수도 없음이라"고 말하지만, 이것이 7:14-25이 그리스도 안에 있는 사람에 대해 말해야 한다는 결론을 보증하지 않는다. 바울은 즉시 신자들이 육신이 아니라 성령 안에 있다고 말하며(8:9), 이는 성령을 통해 복종할 수 있고 하나님을 기쁘시게 할 수 있음을 암시하기 때문이다. 7:14-25에서 하나님의 율법을 즐거워하는 사람의 문제는 바로 그러한 즐거움에도 불구하고 자기 자신은 선을 행하지 않고 악을 행하기 때문에(7:19) 하나님을 기쁘시게 할 수 없다는 것이다. 따라서 바울은 로마서 7장에서 죄에 직면한 율법의 내재적 선과 실제적 무능력과 관련하여 자신의 상황에 대해 이야기한다. 이것은 율법의 의로운 요구를 이루기 위해 성령으로 행하는 신자로서의 그의 현재 상황을 설명하지도 않고(롬 8:4), 율법의 내재적 선과 실제적 효력을 모두 믿었던 열심 있는 바리새인으로서의 그의 이전 관점을 나타내지도 않는다. 그 대신 바울은 예전의 삶에 대한 회고적 관점을 제시하는데, 여기서는 자신이 품었던 과거의 의도는 선했고 자신이 헌신했던 율법은 의로운 것이었지만 죄의 힘으로 인해 비참한 결과를 낳았다고 주장한다.

---

41 F. Watson, *Agape, Eros, and Gender: Towards a Pauline Sexual Ethic* (Edinburgh: T&T Clark, 2000), 176.

여기서 바울이 7:21의 율법을 즐거워하지만 이를 행하는 데 무력하다는 사실은, 그리스도인의 삶에 대해 말하는 것이 아닌 바리새인으로서의 이전 생애를 회고한 것이라는 입장에 완벽하게 어울린다.

따라서 7:14에서 바울이 시제 동사를 현재형으로 전환한 것은 이 본문을 그리스도인을 가리킨다고 보는 견해의 가장 핵심적인 논거가 된다. 또한 이것은 7:14-25에서 바울은 율법에 직면했을 때 신자와 불신자 모두의 경험을 대표하는 방식으로 말하고 있다는 마크 사이프리드의 견해를 뒷받침하는 데 사용될 수도 있다. 이 견해에 따르면, 바울은 자신의 현재 경험만을 말한 것이 아니다. 그가 자신의 현재적 경험을 포함하기 때문에 7:14에서 현재 시제로 전환될 수 있는 것이다. 따라서 회고적 관점을 옹호하는 사람들은 이러한 접근 방식에서도 적절한 설명이 제공될 수 있음을 보여줄 필요가 있다. 바울이 현재 시제로 전환한 목적에 대한 설명은 곧 회고적 관점에서 7:7-25에 대한 해석을 제시할 때 다루도록 하겠다. 이러한 전환의 목적에 대한 긍정적인 설명이 필요하지만, 분명한 것은 현재 시제로의 전환 자체가 회고적 관점에 반하는 것이 아니라는 것이다. 최근 수십 년 동안 그리스어 동사에 대한 논의의 특징은, 시제의 차이를 주로 시간적인(temporal) 것으로 보는 사람들과 상(aspect)과 관련이 있다고 믿는 사람들 사이의 논쟁이다. 후자의 입장에 따르면, 과거 시제와 현재 시제의 구분은 주로 시간성이 아니라 배경인가 전경인가, 서론적 서술인가 주된 강조인가와 같은 상의 차이에 관한 것이다.[42] 그러나 시간적 관점을 지지하는 사람들

---

42 S. Porter, *Idioms of the Greek New Testament* (Sheffield: Sheffield Academic Press, 1994), 20-49 (esp. 20-26).

  죄와의 투쟁에 관한 다양한 관점들

도 "직설법에서 변화하지 않는 시제의 의미는 상과 시간을 모두 포함한다고 말할 수 있다. 그러나 어휘적, 문맥적 또는 문법적 침입에 의해 이 중 어느 하나가 억제될 수 있다."[43] 신약에서 그리스어의 현재 시제 사용은 일반적으로 현재에 대한 논의를 나타내지만, 이것은 필연적인 것이 아니며, 그렇다고 쉽게 가정할 수도 없는 것이다. 문맥 내에서 다른 모든 가능성 있는 변수들을 함께 고려해야 한다.

로마서 7장에서 본문에 포함된 시간적 표시들은 회고적 관점과 일치한다. 7:5-6에서 바울은 1인칭 복수대명사("우리")를 사용하여 육신으로 살던 신자들의 과거와 율법에서 해방되어 성령의 새 생명으로 사는 현재를 명확하게 구분하고 있다. 대비의 구조는 "~할 때에는 … 그러나 지금은"('호테 가르 … 뉘니 데', ὅτε γὰρ … νυνὶ δὲ)이다. 그리고 나서 바울은 율법을 어떻게 고려해야 하는지에 관하여 이 대조에 의해 제기된 현재의 질문에 답한다(7:7a). 그의 대조가 율법이 죄라는 불쾌한 결론을 암시할까? 바울은 7:7b-11에서 율법에 대한 자신의 이전 경험을 과거형으로 이야기함으로써 이를 부인한다. 바울은 8:1에서 "그러므로 이제 그리스도 예수 안에 있는 자에게는 결코 정죄함이 없나니"라고 말함으로써 현재에 대한 논의로 되돌아가고 있음을 분명히 밝힌다. 그러나 7:14에는 이러한 명시적인 시간 표시가 없으며, 시간적 변화를 나타내는 유일한 증거는 동사의 시제 변화뿐이다. 바울은 자신의 과거 경험에 대한 질문, 즉 자신에게 죽음을 가져온 것이 선한 율법이었는지에 대한 질문에 7:13에서 대답했고, 7:14-25에서는 이에 대한 진정한 책임이 계명

---

43   D. B. Wallace, *Greek Grammar Beyond the Basics: An Exegetical Syntax of the New Testament* (Grand Rapids: Zondervan, 1996), 511 (강조는 저자의 것임).

을 통해 역사하는 죄에 있다는 대답으로 그의 성찰을 밝혔다. "우리가 율법은 신령한 줄 알거니와"(7:14a). 따라서 로마서 7:14-25은 위치상 이전 문맥에서는 신자들의 과거와 현재의 존재를 대조하는 맥락에서(7:5-6) 바울의 과거에 대한 직접적이고 분명한 논의(7:7-11)가 나타나고, 후속 문맥에서는 과거와 대조되는 현재 신자들의 상황에 대한 8:1의 강력한 진술이 이어진다. 실제로 8:1이 7:6에 바로 이어서 7:5-6에서 시작된 대조를 계속 설명한다면 본문은 완전히 매끄럽게 읽혔을 것이다. 그 자체로 결정적인 것은 아니지만, 바울이 해당 문맥의 다른 곳에서 시간 표시를 상당히 명확하게 사용한 것은 7:7-25 전체가 과거에 관한 것임을 암시한다. 만약 이것이 7:14에서 현재 시제 동사로 전환한 것에 대한 설득력 있는 설명이라면, 해당 문맥에서 나타나는 바울의 나머지 주장은 7:14-25을 회고적 관점으로 보는 것과 일치하며 실제로 이를 암시한다. 바울이 7:14-25에서 반드시 현재에 대해 말해야 하는 것은 아니다.

회고적 관점과 로마서 7:7-13

바울이 7:7-25에서 자신에 대해 말하지 않았다거나, 7:14-25에서 현재에 대해 말한 것이 분명하다는 것을 보여줄 수 있다면, 회고적 견해가 틀렸다고 할 수 있다. 그렇다면 바울은 신자의 현재적 관점에서 회심 이전의 자기 존재를 돌아볼 수 없다고 말할 수도 있다. 그러나 앞서 살펴본 바와 같이 이 두 가지 반론은 모두 면밀한 검토가 이뤄진 주장이 아니다. 바울이 회심자의 전형적인 방식을 따라 자기 과거를 전기적으로 재구성했다는 인식은 로마서 7장을 설명하는 데 있어서, 특히 빌립보서 3장과 같이 다른 본문에서 자신의 삶에 대해 말하는 것과 일관되게 설명할 수 있다. 이것은 바울의 1인칭 대명사 사용이 주로 자신을 가리키는 것으로 자연스럽게 해석할 수 있게 해준다. 7:14-25에서 바울이 죄와의 투쟁에 대해 말한 내용과 다른 곳에서 그리스도인의 삶에서 그러한 투쟁에 대해 말한 내용 사이의 불일치, 그리고 해당 문맥의 다른 곳에서 과거와 현재를 매우 신중하고 명확하게 구분하는 것 모두, 이 구절에서 그가 꼭 자신의 현재 삶을 이야기하고 있는 것은 아님을 암시한다. 이렇게 반론의 여지가 없음이 확인되었다면, 이제부터는 7:7-13과 7:14-25에서 바울의 주장을 자세히 설명할 때 회고적 견해가 매우 타당하다는 긍정적인 사례를 제시하고자 한다.

바울에게 하나님의 율법에 순종하는 것은 명백한 선에 해당한다. 그가 7:7-25에서 씨름하고 있는 문제는 그가 진정 율법에 순종할 수 없었다는 것이다. 루돌프 불트만이 제시한 로마서 7장에 대한 유명한 실존적 해석, 즉 율법에 대한 순종을 사용해 자신의 행위로 하나님 앞에 서기 위한 열망이 근본적으로 실패라는 해석은 잘못된 것이다.[44] 바울의 관심은 순종하고자 하는 소원이 어떤 점에서 잘못되었다는 것이 아니라 율법을 자신의 목적을 위해 사용하는 죄의 능력에 있다. 바울은 자신의 경험을 통해 이를 잘 알고 있다. 그는 빌립보서 3:4b-6에서 육체를 신뢰하는 이유를 이야

---

44 R. Bultmann, "Romans 7 and the Anthropology of Paul," in *Existence and Faith: The Shorter Writing of Rudolf Bultmann* (trans. S. M. Ogden; New York: Meridian, 1960), 147-57.

기하면서 자신이 "열심으로는 교회를 박해하고 율법의 의로는 흠이 없다"(6절)면서 두 가지 사실을 조합한다. 이 두 요소를 병치시킨 것이 매우 인상적인 이유는 자신이 교회를 핍박했던 일이 지금 돌이켜보면 자신을 흠이 없는 사람으로 생각할 수 없게 하기 때문이다(고전 15:9). 그는 죄를 지었지만 그리스도를 만나기 전까지는 자신의 박해 활동이 죄라는 점을 인식하지 못했다. 당시 그는 자신의 행동을 긍정적으로 평가하고 자신의 박해 활동을 율법에 대한 열렬한 순종의 표현으로까지 여겼다. 그는 진정으로 선을 행하기를 원했고, 그렇게 생각했지만 지금은 자신이 틀렸다는 것을 알고 있다. 바울은 그 악이 하나님의 율법에 순종하고자 하는 선한 열심에서 비롯되었음을 인식하고, 그에 따라 자신의 전기를 재구성한다. 바울은 이제 자신의 이전 생애가 깨닫지 못한 죄로 인해 얼룩지고 훼손되었음을 알고 있다. 로마서 7장에서도 비슷한 패턴을 발견할 수 있는데, 바울은 율법과 율법에 순종하려는 열망은 참으로 선하다고 주장하면서도, 그와 동시에 죄가 율법을 이용하여 율법을 그 능력으로 삼아 "선한 그것으로 말미암아"(7:13) 자기 안에서 죽음으로 역사할 수 있었다는 점을 스스로 반성한다. 그러므로 핵심적인 질문은 죄가 율법을 이용하는 방식이 여기에서도 비슷한지에 있다. 로마서 7장에 묘사된 바울의 회심 이전의 자아는 깨닫지 못한 죄의 희생자였던 것이 아닐까?

사실 이 본문에는 그가 그런 희생자였음을 강력하게 암시하는 내용이 포함되어 있다. 7:11에서 바울은 "죄가 기회를 타서 계명으로 말미암아 나를 속이고('엑세파테센 메', ἐξηπάτησέν με) 그것으로 나를 죽였다"라고 말한다. 죄는 곧 "거룩하고 의롭고 선한 것"(7:12)으로 정의될 계명 안에서 자아를 속일 기회를 얻는다. 본질적으로 선한 계명을 속임수로 사용하는 기만적인 힘으로 이해되는 죄의 이러한 조합은 여기서 묘사되고 있는 문제의 본질로서 깨닫지 못한 죄를 강력하게 지적한다. 회심 전의 바울도 현재의 사도 바울과 마찬가지로 계명이 선하다는 사실에 전적으로 동의했을 것이기 때문에, 여기서 그가 말하는 속임수는 개념적으로 어떤 행동을 계명을 위반한 것으로 인식하지 못함을 포함할 수밖에 없다. 그렇다면 바울이 스스로 잘못이라고 인정하는 행위를 범했다면, 여기에 어떤 속임수가 포함되는 것일까? 바울이 고의로 계명에 불순종했다면 어떤 의미에서 자신이 속았다고 주장할 수 있을까? 계명으로 말해진 것, 이 경우엔 탐심을 피하라는 그 계명은 선하지만(7:7), 죄는 자아를 속여서 자신의 행동을 탐심이라고 인식하지 못하게 만든다. 바울은 회심 이전에 속한 자기 인생의 참된 실상을 그리스도를 만나고 나서야 비로소 알아볼 수 있게 된 셈이다. 그가 경험한 속임수는 아담과 하와의 경험을 연상시키는데, 그들의 타락 이야기는 바울이 7:7-11에서 묘사하는 경험을 예로 보여준다. 하와는 몹시 슬픈 기색으로 "뱀이 나를 속이고('에파테센 메', ἠπάτησέν με) 그래서 내가 먹었습니다"(창 3:13)라고 이야기한다.[45] 뱀은 하와에게 선악과를 먹는 것이 좋은 결과를 낳을 것이라고 속임으로써(창 3:5-6), 선악을 알게 하는 나무의 열매에 대한 강한 욕망을 불러일으켰다(창

---

45 타이센(Theissen, *Psychological Aspects*, 206)은 "'아파탄'이 '엑사파탄'으로 변하는 것은 언어적으로나 내용적으로 큰 의미가 없다"고 말한다. 이는 바울이 고후 11:3에서 에덴 이야기를 명시적으로 언급할 때 '엑사파탄' 동사를 사용한 것에서도 알 수 있다. 그는 뱀이 하와를 속인('엑세파테센', ἐξηπάτησεν) 것처럼 독자들이 속임에 의해 잘못된 길로 가게 될까 두려워한다.

3:7). 선악과를 먹는 것이 죄가 아니라 선이며, 이 문제에서 하나님을 거역하는 것이 완전히 정당화된다는 것이다. 바울은 자기 삶을 돌이켜 봤을 때, 자신이 회심하기 이전의 자아가 자신의 죄악된 행동을 제대로 깨닫지 못해 고통을 겪었다는 것을 정말로 알아챈 것으로 보인다.

이 결론에 대한 명백한 반대는 바울이 이미 7:7에서 "율법으로 말미암지 않고는 내가 죄를 알지 못하였을 것"이며, "율법이 '탐내지 말라' 하지 아니하였더라면 내가 탐심을 알지 못하였으리라"라고 말한 것이다.[46] 여기서 죄가 자아를 기만함으로 어떤 행동을 탐욕으로 인식하지 못하게 만드는 것과 달리, 율법은 오히려 죄를 알게 해주는 것으로 보인다. 크랜필드는 인간이 "율법을 떠나서는 죄가 무엇인지 온전히 인식하지 못하며(3:20 참조) … 그 계명에 비춰 볼 때라야 하나님께서 금지하신 탐심, 즉 계시된 하나님의 뜻에 대한 고의적인 불순종을 인식하게 된다"고 말한 많은 사람들 중 대표적인 인물이다.[47] 이런 점에서 율법의 영향은 탐심이라는 죄를 완전히 의도적인 것으로 밝히는 데에 있다. 그러나 만일 그렇다면 7:7의 진술과 7:11의 속임수라는 동기는 심각한 긴장 관계에 놓이는 것이 아닌가?[48] 죄가 계명을 이용해 인간을 고의적인 범죄로 이끈다면,

---

46 그리스어에서는 이 두 문장에서 앎을 가리키는 동사가 서로 다르다. 하나는 '기노스코'(γινώσκω)이고 다른 하나는 '오이다'(οἶδα)이다. 그러나 일반적으로 두 동사는 각각 앎의 경험적 측면과 이성적 측면을 강조하지만 여기서는 큰 주석적 의미가 없다는 데 의견이 일치하는 것 같다.

47 Cranfield, *Romans*, 1:348-9.

48 이 문제는 크랜필드와 같이 7:14-25을 그리스도인의 실존에 관한 설명으로 여기는 해석자들에게 특히 심각하게 드러난다. 이 후자의 구절에서 크랜필드로 하여금 그리스도인의 경험으로 해석하도록 이끄는 것은 바로 죄에 대한 인식과 죄와의 갈등이다. 그러나 여기서 그는 7:7-11에서 죄에 대한 앎을 회심 이전의 지식으로 평가

속임수는 이 같은 과정에 어떤 역할을 할 수 있을까?

놀랍게도 이러한 긴장은 거의 인식조차 되지 않는다. 이에 반대하는 몇 안 되는 학자들 중 하나가 바로 타이센이다.

> 7:8-11에는 인지 동사(cognitive verbs)가 없다는 사실에 주목해야 한다. 죄가 율법을 통해 모든 종류의 탐심을 "초래했다"는 것, 그것이 다시 살아나 율법을 이용하고 사람을 속이고 죽였다는 것에는 이러한 사건들이 의식할 수 있는 상태에서 일어났다는 생각이 포함되지 않는다. 오히려 속임수의 모티프는 속임을 당한 내가 불완전한 죄의식만을 갖게 되었음을 전제로 한다. 속임수를 제거한 후에야 죄를 "안다"고 말할 수 있다. 따라서 우리는 죄에 대한 깨달음을 그 과정의 끝에서 찾아야 할 것이다. 아담이 타락 이후에야 "아는 자"(knower)가 된 것처럼, "나"를 죽여야만 죄에 대한 환상이 제거되고 죄에 대한 깨달음과 인식이 확립된다. 로마서 7:13은 이러한 견해를 증명한다. 본문에 따르면 죄는 선한 것을 통해 죽음을 가져왔는데, 이는 죄가 죄로 드러나도록 하기 위한 계시이며, 이는 죄의 "인식"과 동시적으로 발생한다.[49]

타이센의 해석이 지닌 의의는 그가 속임의 모티프를 율법이 가져온 죄에 대한 지식의 모티프와 조화시킨다는 데 있다. 7:7에서 죄에 대한 지식을 강조한 것은 하나님이 율법을 주신 목적에 대한 바울의 주요 설명과 일치한다. 즉 바울의 설명에 따르면, 율법은 범죄를 더하게 하여 그것을 하나님의 명령을 위반하는 새로운 차원의 심각

하고, 이로써 같은 장에 대한 그의 해석의 다른 부분들 사이에 긴장을 낳게 한다.

49 Theissen, *Psychological Aspects*, 231.

한 문제로 부각시킨다. 그래서 결국 "하나님은 율법을 주셨지만, 그
것은 모든 사람을 정죄하고 이후 믿음에 기초한 구원을 준비시키
는 부정적인 역할을 하도록 주신 것"이 된다.[50] 바울은 앞서 로마서
5:20("율법이 들어온 것은 범죄를 더하게 하려 함이라 그러나 죄가 더한 곳에
은혜가 더욱 넘쳤나니")에서와 같이 이 견해를 매우 명확하게 표현했
다. 그러나 이와 마찬가지로 7:8-11의 인지 동사의 부재와 7:11의
속임수 모티프도 중요하게 강조될 수 있다. 바울이 회고적인 형태
로만 죄에 대한 지식을 가지고 있었다면 이 둘은 서로 일치한다. 엔
베르그-페데르센도 비슷한 입장을 취하는데, 그는 7:7-13에서 바
울이 주장하는 율법의 역할과 목적을 "죄가 죄로 **드러나야** 한다는
것"[51]으로 요약하면서 "바울의 설명은 그리스도를 믿는 사람의 새
로워진 관점을 전제하고 있다"고 주장한다. 따라서 "그리스도를 믿
기 전의 바울 자신은 물론이고 어떤 유대인도 실제로 그가 묘사하
는 경험을 할 필요가 없었다."[52] 죄를 드러내는 율법의 기능에 대한
바울의 인식은 회고적인 성격을 지닌 것이므로 거기엔 이러한 발견
의 원인, 즉 바울의 회심이 있다는 점이 틀림없이 전제된다.

이러한 주장에는 이 발견의 내용을 명확히 하는 것이 중요하다.
바울은 죄의 존재 자체나 실제로 본인의 허물에 대한 모든 지식이
사람들이 그리스도를 믿을 때까지 그들 자신에게 숨겨져 있다고 말
하는 것이 아니다. 그는 사람들이 율법이 주어지기 전에도 죄를 지

---

50 E. P. Sanders, *Paul, the Law and the Jewish People* (Philadelphia: Fortress,
    1983), 68.

51 T. Engberg-Pedersen, *Paul and the Stoics* (Edinburgh: T&T Clark, 2000),
    242 (강조는 저자의 것임).

52 Ibid., 243.

었음을 알고 있지만, "율법이 없었을 때에는 죄를 죄로 여기지 아니하였다"(롬 5:13)고 주장하는 것이다. "율법이 출현하기 전에는 죄가 죽어서 **죄로서** 기능하지 못했기 때문에 그 사람은 죄를 짓지 않았다(나중에 죄로 간주되는 행위를 하는 것과는 반대되는 것이다). 이와 대조적으로 율법의 출현과 더불어 죄는 **죄로서** 살아났다."[53] 공공연히 명시된 계명을 어기는 것은 아담부터 모세까지의 것과는 다른 새로운 차원의 심각한 잘못이 있었음을 의미한다. 바울은 또한 율법이 주어진 이후 탐심을 금지하는 계명(7:7)과 같은 것을 어기는 일은 고의적이고 자의식적으로 죄를 지을 수 있음을 의미한다는 것도 알고 있다. 율법 자체는 특정 행동이 죄라는 것을 드러낸다. 그러나 바울이 회심 후에야 얻은 죄에 대한 지식은 죄가 율법을 악용한다는 것이다(7:8-11). 그는 이제 율법이 죄를 조장하고 사망에 이르게 하는 기능을 한다는 것을 이해하지만, 이전에는 그 반대의 사실을 믿어왔다. 그는 이제 율법 아래 사는 경험이 "인간의 '죄성'을 **인식**하는 것, 즉 (명백히) **피할 수 없는** 자기 안의 죄의 요소를 **인식**하는 것"이라고 본다.[54] 이것은 아마도 "율법으로는 죄를 깨달음이니라"는 로마서 3:20의 유명한 말씀이 특정 행위가 죄라고 하는 율법이 부여하는 깨달음과, 죄가 율법을 악용하여 죄를 촉진한다는 깨달음까지도 모두 포함한다는 것을 의미할 것이다. 로마서 7장은 특정 행위를 죄로 규정하는 율법의 명백한 기능을 넘어서서, 죄가 율법을 조종한다는 덜 명백한 문제까지도 다룸으로써 이를 명확히 하고자 한다. 바울은 회심 이전을 회고하면서 당시에는 알 수 없었

---

53   Ibid., 241 (강조는 저자의 것임).
54   Ibid., 242 (강조는 저자의 것임).

던 기만을 지금에서는 분명하게 분별할 수 있었을 것이다.

따라서 바울에게 있어서 자신이 율법을 위반했음을 인식하는 것과 죄가 율법을 도구로 이용한다는 점을 인식하는 것은 구별된다. 그러나 이 둘은 상호 배타적인 범주가 아니며 논리적으로도 그럴 수 없다. 회심 전의 바울이 그랬듯이 율법이 실제로는 죄의 도구임에도 율법을 동원하여 죄와 싸우려고 한다면, 개인의 죄는 필연적인 결과일 수밖에 없다. 따라서 죄를 피할 수 없다는 인식은 이전에는 알지 못했던 많은 실질적인 죄에 대한 인식으로 이어진다.[55] 죄가 가진 계략에 대한 새로운 깨달음으로 무장한 바울은 이제 죄가 계명을 통로로 삼아 "온갖 탐심"(7:8)을 일으킨다는 것을 알게 된다. 그는 이제 죄가 자기 인생에 만연하다는 것을 생각하지만, 이전에는 이를 인식조차 하지 못했다. 한때는 "외관상으로는 자신이 율법을 흠 없이 지켰다고 주장할 수 있었지만, 이제는 자기 자신에 대한 깨달음이 깊어짐에 따라 자신의 내적 욕망에 결코 흠이 없지 않다는 점을 인식하게 되었다."[56] 빌립보서 3:6은 과거에 자신이 느끼고 주장했던 바를 반영하고, 로마서 7장은 나중에 자기 상황에 대한 현실인식을 새롭게 갖게 된 상태를 나타낸다.

---

55 바울은 이미 로마서에서 지각이 흐려지는 것이 죄의 결과 중 하나라고 주장한 바 있다. 그는 인간이 하나님을 경배하지 않았기 때문에 "그 생각이 허망하여지며 미련한 마음이 어두워졌으니"(1:21)라고 주장했다.

56 J. Ziesler, *Paul's Letter to the Romans* (Philadelphia: Trinity, 1989), 183.

모두가 인정하듯이 7:14은 바울의 주장이 새로운 단계로 전환되는 지점이다. 이미 지적했던 것처럼, 현재 시제 동사로의 전환이 존재하고, 필자는 그것이 지금 바울이 현재를 논하고 있음을 반드시 나타내는 것은 아니라고 주장한 바 있다. 그렇다면 설득력 있는 대안이 필요한데, 바울이 자신의 회심 이전의 실존을 되돌아본다는 견해와 일치하는 설명이 가능한가를 평가해야 할 것이다. 그러한 설명을 분별하기 위한 중요한 과정은 7:14에서 바울의 주장에 동사의 시제보다 더 많은 변화가 있음을 확인하는 것이다. 죄와의 갈등에 대한 그의 논의에서도 관점의 변화가 나타난다. 타이센의 관찰에 따르면, "본문의 두 번째 부분은 … 어떤 앎에서부터 시작된다."[57] 7:7-11에는 인지 동사가 없는 반면에, 7:14-25에는 인지 동사가 대거 등장한다. 타이센은 7:7-13이 바울이 인식하지 못했던 무의식적 갈등을 묘사하는 반면, 7:14-25은 죄를 짓기 전 바울 내면의 의식적 갈등을 설명한다고 제안한다. 그리고 7:14에서 무의식적 갈등에 대한 논의에서 의식적 갈등에 대한 논의로 전환된다고 보는 것이다. "로마서 7장은 의식하지 못했던 갈등을 오랜 회고 끝에 끄집어낸 결과다."[58] 따라서 타이센은 7:14에서 바울의 주장이 전환된 것을, 회심 이전의 존재에서 그리스도 안에서의 존재로의 연대기적 전환이 아닌, 20세기 심리학적 범주를 사용한 자신의 대안적 설명의 틀로 이해한다. 이런 접근은 지나치게 사변적이며, 특히 그 제안

---

57   Theissen, *Psychological Aspects*, 231.

58   Ibid., 242.

이 역사적으로 논의되기 어렵다는 점에서 많은 해석적 난점을 안게 된다. 빌립보서 3장에서 확인된 사실을 포함해 바울이 회심하기 전에 율법을 즐거워했다는 모든 증거는 율법과의 갈등이 무의식적이었다는 주장에 의해 뒤집어질 수 있다. 이는 회심하기 이전의 바울이 율법에 대한 순종을 의식적으로 기뻐했지만 지금은 그러한 기쁨을 잘못된 것으로 간주한다는 회고적 견해의 제안과는 매우 다르다.

그러나 타이센의 설명이 만족스럽지는 못하더라도, 그의 주석적 관찰은 매우 중요하다. 실제로 7:14-25에는 7:8-11에는 없는 인지 동사의 반복을 통해 특정 지식을 말하고 있다. 이 차이는 필자가 이미 바울이 알고 있었다고 제안한 것인데, 이것은 죄가 율법을 도구로 이용한다는 지식과 개인이 율법을 위반했다는 것에 대한 지식 사이의 구별을 반영한다. 7:7-11에서 바울은 자신이 당한 속임수의 본질과 그 결과인 자아의 죽음에 대해 설명한다(7:10-11). 여기서 그는 죄가 율법을 이용한다는 사실과 그 치명적인 결과를 밝힌다. 7:14-25에서는 이러한 지식의 토대 위에서 이 속임수가 자신의 삶에서 어떤 방식으로 범죄를 낳았는지 이야기한다. 바울은 죄가 율법을 이용한다는 사실을 알기 전에는 이 속임수를 알지 못했기 때문에 탐욕을 금하는 계명과 관련된 많은 범법을 자신도 모르게 저질렀다. 나중에 돌이켜보니 그는 자신이 속았다는 사실과 그 결과를 깨닫게 되었을 뿐 아니라(7:7-13), 죄가 어떻게 자신의 삶에서 범죄를 조장하는 결과를 가져왔는지도 설명할 수 있게 되었다(7:14-25). 7:14의 '가르'(γάρ)에서 알 수 있듯이, 이 절에서 말하는 것은 율법과 같은 선한 것을 통해 어떻게 죽음이 역사할 수 있는지를 설명하는 것이다(7:13). 바울은 지금까지 죄가 선한 계명을 이용해 사망을 가져온다는 사실을 설명했지만, 왜 독자들이 직관에 반하는 이러한 명제를 설득력 있는 것으로 받아들여야 하는지에 대해서는 아직 설명하지 않았다. 7:14-25은 이 속임이 일상적으로 작동한다는 설명을 통해 이를 달성하고자 한다. 바울은 이제 죄가 율법을 이용해 범죄를 유발한다는 깨달음에 이르게 된 후에야 비로소 율법에 순종할 수 없는 인간의 무능력에 대한 설명을 시작한다. 7:14에서 바울이 현재 시제 동사로 전환하는 것은 이 지식을 온전히 소유해야 한다는 그의 주장이 구조적으로 정점에 도달한 것이다. 속임수가 드러난 이후 바울은 이제 자신이 속임을 당하며 애쓰는 동안 실제로 어떤 일이 일어났는지, 그리고 아직 그 속임수에서 벗어나지 못한 모든 사람들에게 어떤 일이 일어나는지를 적나라하게 묘사한다.

그러나 많은 해석자들이 보기에 이런 설명은 바울이 여기서 논의한 주된 문제가 깨닫지 못한 죄라는 결론과 어울리지 않는다. 이 구절들은 의식적으로 그리고 고통스럽게 죄와 씨름하면서 분열된 자아가 표출된 것으로 간주되며, 특히 21-23절에서는 하나님의 율법을 기뻐하는 속사람과 죄의 법이 머무는 몸의 지체의 차이를 강조한다. 7:14-25에서 분열된 자아에 대한 강조는 다양한 형태로 나타날 수 있다. 특히 타이센에게 이 구절은 중심적인 의미를 갖는데, 왜냐하면 7:7-11절에 묘사된 무의식적인 투쟁과는 달리 여기서는 죄와의 의식적인 갈등을 말하고 있기 때문이다. 더 주류적인 해석의 입장을 대변하는 제임스 던은 분열된 자아를 바울의 구속사 이해와 연관시킨다. "'나'는 아담 시대와 그리스도 시대, 육의 시대와 영의 시대가 중첩되는 이 시기에 동시에 속해 있기 때문에, '나'는 분열되고 율법은 보완적인 방식으로 분열된다."[59] 인간학적 위계의 관점에서 이 분열을 해석하는 오랜 전통도 있다. 이 관점에 따르면 이 갈등은 한 사람의 인격 안에 있는 다른 부분들 사이의 경쟁으로 이해될 수 있는데, 죄가 영혼과 육체, 이성/의지와 영혼의 다른 기능들 사이의 건강한 위계관계를 해치고, 그래서 하위범주에 속하는 부분들이 상위범주에 속하는 기능들에 순응하기를 거부하는 일이 발생하는 것이다.[60]

그러나 이러한 다양한 목소리에도 불구하고, 7:14-25의 내용은 바울이 근본적인 문제로 간주하고 있는 것이 자아의 분열이라는 주장을 뒷받침하지 않는다. 그것은 죄가 작동하는 주된 방식이 아니다. 자아 내부의 분열이라는 주제는 부차적인 것에 속한다. 7:14은 이어지는 내용의 제목 역할을 하고,[61] 죄 아래 팔려버린 자아의 포로 상태를 말한다. 7:21-23에서 자아 내부의 분열에 대한 후속 논의는 이 포로 상태의 증상 중 하나에 관한 것이지만, 패배하게 될 싸움의 근본적인 원인은 자아를 정복하는 세력에 의해 사로잡

---

59   J. D. G. Dunn, *Romans 1-8* (WBC; Dallas: Word, 1988), 388.

60   예를 들어, 스토워스(Stowers, *Re-reading Romans*, 279)는 "로마서 7장은 인간을 정신 또는 이성과 동일시되는 참 자아와 몸 또는 육체와 동일시되는 낮은 자아 또는 거짓 자아로 나눈다." 이와 대조적으로, 베츠의 논문도 참고하라. H. D. Betz, "The Concept of the 'Inner Human Being' in Paul's Anthropology," *NTS* 46.3 (2000): 315-41. 그는 바울의 이분법적 언어사용에 대해 다음과 같이 질문한다. "이것이 자아, 즉 '에고'(ἐγώ)에 관하여 의미하는 바가 무엇인가?" 그것은 어느 쪽에 속하는 것일까? 선한 쪽인가, 악한 쪽인가? 아니면 '에고'(ἐγώ)가 나뉘어 있는 것인가? 바울의 대답은 같은 '에고'(ἐγώ)지만, 그것에 두 가지 중요한 측면이 있다는 것이다(337).

61   이에 대해 다음을 참고하라. Käsemann, *Romans*, 206-10.

힌 상태에 있고, 그 현실이 곧 죄를 낳게 한다. 바울은 "나는 원한다"라는 동사를 반복적으로 사용함으로써(7:15,16,18,19,20,21), 회심하기 전부터 자신이 선한 일을 하고 싶었지만 그렇게 할 힘이 없었음을 거듭 강조한다. 승리한 것은 "내 안에 거하는 죄"(7:17,20)였다. 바울은 율법을 따르고 싶었지만, 죄의 지배를 받게 되면서 그렇게 할 수 없었음을 깨닫는다. 그는 선을 행하기 원했지만, 죄에게 속임을 당해 선하지 않은 것을 선한 행동으로 여기면서 결국 선을 행하지 못하게 되었다. 그는 예전 같았으면 달리 분류했을 그 행동을 이제 죄라고 부른다. 바울의 문제는 내적 갈등이 심해서 율법의 선한 요구에 따르고 싶은 마음과 탐욕에 굴복하고 싶은 마음이 동시에 존재하는 것이 아니었다.[62] 그의 자아가 욕망의 측면에서 분열을 겪고 있는 것이 아니다. 그는 선을 행하기를 진심으로 원했지만, 죄가 율법을 이용하여 악을 낳았다.

바울의 마음속에 탐심을 금하는 계명이 여전히 최우선 순위에 있는 것처럼 보이는 경우라면, 이 사실은 더욱 분명해진다. 7:14-25에는 직접 언급되어 있지 않지만, 바울의 독자들은 그가 이 문제에 대해 초점을 바꿨다는 암시를 느낄 수 없다. 지금까지 살펴본 바

---

62   J. Packer, "The Wretched Man Revisited," in *Romans and the People of God: Essays in Honor of Gordon Fee* (ed. S. Soderlund and N. T. Wright; Grand Rapids: Eerdmans, 1999), 70–81 (77). 패커의 지적은 옳다. "바울은 때때로 그렇게 생각되기도 하지만, 사실상 투쟁을 묘사하는 것이 아니라 분별을 묘사하고 있다. '내가 안다', '내가 발견한다', '내가 본다'(7:18,21,23)는 말은 문맥에서 분명히 드러나듯이, 바울이 행동 이후에 알게 된 것을 가리킨다. 바울의 본문은 이러한 발견에서 비롯된 좌절감을 묘사하고 있으며, 무익한 투쟁으로 기억된 것에 대한 내용이 아니다. 이 구절들을 해석할 때 우리는 바울이 11절에서 말한 것을 잊어서는 안 된다. 즉, 죄는 그 효력을 발생시키기 위해 사람들을 **속인다는** 것이다(강조는 저자의 것임).

와 같이, 탐심을 금지하는 계명은 7:7-13 전반에 걸쳐 고려되고 있는데, 특히 13절에서 죄가 선한 것을 통로로 삼아 죽음을 초래했다는 직접적인 언급은 7:14-25절에 대한 논의를 준비시킨다. 이것이 의미하는 바는, 만일 바울이 이 탐심에 관한 계명을 지속적으로 염두에 두고 있었다면, 7:14-25절에서 바울이 주장하는 논리가 인식하지 못한 죄에 대해 말하도록 요구하고 있는 것처럼 보인다는 것이다. 탐심에 빠진 개인에게는 부적절한 **욕망**이 본질이기에 스스로 선을 행하고 있다고 주장할 수 없다. 그 죄는 일정 부분 악을 의도했던 것이다. 따라서 이 구절들을, 바울이 어느 한 가지를 원했으나 결국 다른 일을 하게 되었다는 취지로 보는 일반적인 해석들은 바울이 사용한 언어에 잘 어울리지 않아 보인다. 바울은 여기서 "내가 왜 유혹에 굴복했는가?"라는 질문에 대한 답을 구하는 것이 아니다. 그는 죄의 힘이 그의 의지를 압도해서 원래의 선한 의도가 이후의 덜 선한 의도에 의해 휩쓸렸다고("나는 원래 악을 원하지 않았지만 결국 그렇게 하고 말았다") 말하지 않는다. 대신 그는 **죄를 짓는 행위에서도** 자신과 죄 사이의 거리를 유지한다. 바울이 말하듯이, "내가 원하지 아니하는 그것을 하면, 이를 행하는 자는 내가 아니요 내 속에 거하는 죄니라"(7:20). 여기서 의지의 온전성은 그대로 유지되지만, 의지는 선한 소원을 행동으로 옮길 수 없다. 이 온전한 상태의 의지와 악을 행하는 현실의 조합을 설명할 수 있는 유일한 방법은 바울이 자신의 욕망을 악으로 인식하지 못했다고 가정하는 것이다. 바울은 자신의 행동이 선하다고 믿으며 행동했다. 그렇기 때문에 자신이 진정으로 선을 행하기를 원했다고 주장할 수 있었다. 그러나 나중에 그는 자신 안에 있는 죄가 욕망의 진정한 본질을 잘

못 인식하게 만들었다는 사실을 깨닫게 되었고, 따라서 원하지 않았음에도 불구하고 악행을 저질렀던 것이다. 그는 이제 "내가 무엇을 행하는지 모르겠다는 진리를 깨닫게 되었다"(롬 7:15).[63] 그는 자신이 그렇게 하고 있다는 것을 깨닫지 못한 채 율법을 범했다.

이것이 바로 바울이 자신이 선을 원했지만 행하지 못했다고(7:18), 그리고 자신이 원했던 선을 행하지 못하고 원치 않는 악만 행할 뿐이라고(7:19) 고백할 수 있는 이유다. 그가 자신의 행동을 묘사하는 데 사용한 동사인 '프라쏘'(πράσσω)와 '포이에오'(ποιέω)는 모두 "행동하다" 또는 "하다"라는 의미를 가지고 있으며, 특정 행동을 수행하는 것을 나타낸다. 이것은 바울이 여기서 욕망과의 내적 투쟁을 말하고 있다는 주장과 잘 어울리지 않는다.[64] 따라서 사도 바울의 논리는 해석자들이 텍스트를 해석하는 데 도움을 얻기 위해 종종 잘못 사용하는, 그리스어와 라틴어 문헌의 병행구절들에 나타난 논리와는 상당히 다르다. 에우리피데스의 희곡 『메디아』(BC 431년)에서 이 작품명과 동일한 이름을 지닌 여주인공은 그녀의 아이들의 아버지가 또 다른 여자와 혼인함으로써 배신을 겪은 여성이다. 그녀는 그에게 맺힌 원한을 풀기 위해 그들의 아이들을 죽인다. 메디아는 자신이 끔찍한 범죄를 저지르려고 한다는 것을 알고 있지만, 그녀의 이성적인 능력은 그녀의 격정에 압도당한다.[65] 라틴 시인 오비디우스는 나중에(AD 7년) 메디아의 대사를 이렇게 적는다. "욕

---

63 이것은 7:15을 필자가 번역한 것이다. 반면 NRSV의 "나는 내 행동을 이해하지 못한다(I do not understand my own actions)"는 의역은 큰 도움이 되지 않는다. 회고적 관점에서 읽는다면 문자적 번역이 더 잘 어울린다.

64 Jewett, *Romans*, 463.

65 Euripides, *Medea*, 1077b–1080.

망은 한 가지 방식으로 나를 설득하고, 이성은 또 다른 방식으로 설득한다. 나는 더 나은 것을 보고 그것을 찬성하지만, 더 나쁜 것을 따른다."[66] 그녀의 문제는 그녀가 좋은 것을 알고 있지만(아이들을 살리는 편을 택하는 것), 더 이상 그 좋은 것을 소원할 마음의 능력이 없다는 것이었다. 왜냐하면 그녀의 보통의 모성 본능이 강력한 다른 악한 소원에 의해 압도되었기 때문이다. 바리새인이든 사도든, 모든 상황에서 하나님의 뜻을 따르겠다는 바울의 근본적인 헌신은 메디아의 딜레마가 지닌 비극과는 거리가 멀다. 그녀는 바울처럼 자신의 행동에도 불구하고 선을 행하려는 소원이 그대로 남아 있다고 말할 수 없다. 그녀의 문제는 더 이상 선을 행하고자 하는 소원이 없다는 것이다. 바울의 문제는 선을 행하고자 하는 소원이 있었지만, 그가 한 행동이 실제로는 그 반대라는 것을 깨닫게 되었다는 것이다.[67]

이 병행본문의 적용 가능성에 대해 논쟁하는 과정에서, 불트만(Bultmann)은 다음과 같이 옳게 지적한다. 그는 7:15에서 "바울이 자신이 원하는 것이 아니라 미워하는 그것을 왜 행하고 있는지 이해할 수 없다는 식으로 말했을 가능성은 별로 없다. 왜냐하면 그는 곧이어 이에 대한 이유로 자신이 죄 아래 팔렸다고 말하기 때문이다."[68] 이 경우, 그리스어 동사 '기노스코'(γινώσκω), 즉 "알다"는 '나

---

66   Ovid, *Metamorphoses* 7, 20-21 (Miller, LCL).

67   이런 이유로 필자는 스토워스나 바서만의 로마서 7장 해석이 설득력이 없다고 여긴다. Stowers, *A Re-reading of Romans*, and Wasserman, *The Death of the Soul*. 이들은 바울이 언급한 근본적인 문제가 자제력 부족/의지의 취약성('아크라시아', ἀκρασία)이라고 주장한다.

68   R. Bultmann, "Romans 7 and the Anthropology of Paul," in Ogden, *Existence and Faith*, 155.

는 승인하지 않는다'는 의미를 가지게 되는데, 이는 다른 그리스 문학 작품에서는 찾아볼 수 없는 용례다.[69] 또한 7:20에서도 불트만은 바울의 취지에 대해 다음과 같이 옳게 지적한다.

바울은 "좋은 결심이 항상 깨지는 이유를 모르겠다"고 말하는 것이 아니다. 그는 실제로 좋은 결심이 좋은 행동으로 이어지지 않는다는 사실에 대해 아무것도 언급하지 않는다. 계명을 접했을 때 마음속에서 일어나는 것은 선한 의지가 아니라 "욕망"이다! 오히려 이 구절의 요점은 사람이 초래하는 것은 "악"이지만, 그의 의도(욕망이 이끄는 바)에 따르면 그것은 "선"이 되어야 했었다는 것이다.[70]

이어지는 불트만의 설명에서 7:15,20 두 절 모두에서 동사 "나는 일한다"('카테르가조마이', κατεργάζομαι)가 죄악된 행위 자체가 아니라 죄의 결과로 인한 죽음에 대해 언급하고 있다는 것은 잘못된 해석이다. 우리가 이미 살펴봤듯이, 이것은 율법을 따르고자 하는 소원을 쓸데없이 의심스러운 것으로 보게 만들기 때문이다. 한편 바울이 보기에 문제의 핵심은 그가 진정으로 순종할 수 없다는 것이었다. 그러나 초기 불트만의 관찰은 정확하며 회고적 견해와 일치한다. 바울의 의도는 좋았지만 그의 행동이 그렇지 못했다는 것이다. 왜냐하면 그는 자신의 욕망이 죄라고 인식하지 못했기 때문이다. "바울은 회심할 때까지 자신의 행동과 그 결과 사이의 모순

---

69   참고. Jewett, *Romans*, 462.

70   R. Bultmann, *Theology of the New Testament* (2 vols.; New York: Charles Scribner's Sons, 1951), 1:248.

을 전혀 인식하지 못했다."[71] 그의 주된 문제는 죄에 사로잡혀 죄를 인식하지 못하는 데 있었지, 인간 내면의 더 우월한 기능이 고통스러운 내적 갈등의 국면에서 열등한 것에 의해 압도당하는 자아분열 현상에 대한 것이 아니다.

7:14-25의 해석에서는 내면적 자아의 분열보다 자아의 포로 상태에 더 큰 해석적 무게를 두는 것이 정당하다. 바울의 논증이 그러하기 때문이다. 그러나 바울이 21-23절에서 속사람('에소 안트로포스', ἔσω ἄνθρωπος)이 하나님의 율법을 즐거워한다는 것과 몸의 지체('타 멜레', τὰ μέλη) 내에서 죄의 법이 역사하는 현실을 구분하고 있다는 점은 부인할 수 없다. 바울의 논증에서 주된 역할을 차지하지는 않더라도, 이 구분은 대체 어떤 역할을 하는 것일까? 이 대비는 로마서 7장을 회고적 관점에서 해석하는 것에 어떻게 부합하는가? 여기서 다시 한번 바울이 말한 것과 말하지 않은 것을 정확히, 그리고 주의 깊게 들여다보는 것이 중요할 것이다. 바울은 자신의 속사람과 몸의 지체들이 서로 대립하고 있다고 말하지 않는다. 오히려 몸의 지체 속에 거하는 다른 법이 대립을 일으킨다고 말한다(23절). 최근 여러 주석가들은 21-25절에 나오는 율법에 대한 언급은 모두 모세 율법을 가리킨다고 주장해 왔다.[72] 그러나 "다른 법"('헤테로스 노모스', ἕτερος νόμος)에 대한 언급은 그렇지 않다는 것을 나타낸다. 이 구절들에서 바울은 때때로 "법"이라는 용어를 은유적으

---

71   Jewett, *Romans*, 463.

72   참고. Dunn, *Romans 1-8*, 392-5; B. Martin, *Christ and the Law in Paul* (Leiden: E. J. Brill, 1989), 27-28; T. Schreiner, *Romans* (BECNT; Grand Rapids: Baker, 1998), 376-77.

로 사용한다. 이러한 용법은 모세 율법이 이전에 논의되었기 때문에 문맥상 의미가 있지만, 그것과는 별개의 의미를 지닌다. 이러한 은유적 용법은 죄와 죽음에 관하여 모세 율법이 지닌 본질적인 취약성을 강조하는 데 더 도움이 된다. 윙어(Winger)가 말한 것처럼, "하나님의 '노모스'(νόμος, 율법)조차도 이러한 다른 '노모이'(νόμοι, 법들)의 덫에 걸려 실질적으로 사람을 구원할 수 없다."[73] 바울은 이제 자신이 몸의 지체 속에 거하는 죄의 법에 포로로 잡혀 있음('아이크말로티조', αἰχμαλωτίζω)을 깨달았다(7:23).

결국 여기서도 인간의 전인이 죄의 법에 포로가 된다는 사실은 바울이 마음의 법으로 인식되는 내면적 자아(7:23)와 죄의 법이 거하는 몸의 지체들을 구분하는 것이 매우 중요하다는 사실을 일깨워준다. 바울은 마음속 깊은 곳에서 하나님의 법을 즐거워하는 마음이 몸의 지체에서 생겨난 욕망의 공격에 의해 압도당하고 사라졌다고 말하는 것이 아니다. 오히려 그는 항상 선을 행하기를 원했지만, 적대적인 죄의 지배하는 힘에 의해 그의 의도가 전복되었다고 주장하는 것이다. 이러한 인식은 단순히 바울이 자기 성찰을 통해 죄가 자신의 삶에서 특유의 활동 영역을 가지고 있었음을 인식할 수 있었기 때문에 생겨난 것이다. 그는 죄의 법에 사로잡혀 있었다. 왜냐하면 죄가 그의 몸의 지체들에서 일어나는 욕망의 진정한 본성에 대해 그를 기만했기 때문이다. 그는 자신의 욕망을 탐욕스러운 것으로 인식하지 못했기 때문에 하나님의 법을 진심으로 따르고자 할 때에도 죄를 지었다. 물론 바울이 다른 곳에서 인간의 죄에 대

---

73   M. Winger, *By What Law? The Meaning of νόμος in the Letters of Paul* (Atlanta: Scholar's Press, 1992), 189.

해 이야기할 때 죄의 고의성에 대해 상당히 강조하기도 하지만, 여기서 그의 관심사는 그것이 아니다. 욕망의 경험은 의지의 동의가 완전히 이루어지지 않는 한 진정한 의미에서 죄가 아니라고 주장하는 것은 바울의 초점을 놓치는 것이다. 그의 요점은 인간이 죄의 법에 심각한 종노릇 상태에 빠져 있기에, 선의를 갖고 있다거나 죄에 순응하기를 거부하는 것 자체가 무의미하다는 것이다. 죄는 원하든 원하지 않든 발생하기 때문에, 바울이 "내가 원하는 바 선은 행하지 아니하고, 도리어 원하지 아니하는 바 악을 행하는도다"라고 말한 것처럼(7:19) 모든 사람에게 해당되는 현실이다. 바울은 회심하기 전에는 부인했을 중요한 진실을 이제 인정하게 된다. 그것은 죄의 포로에서 해방시켜 줄 구세주가 절실히 필요하다는 사실이다.

이 현실을 인식한 바울은 "나는 비참한 사람이오!"(7:24a)라고 외친다. 이제 그는 죄의 지배가 얼마나 광범위한지 알게 되었고, 죄로부터 완전히 해방되기 위해서는 "이 사망의 몸에서" 자유로워져야 한다는 것을 인식한다(7:24b). 죄의 흔적은 "죽은 자의 부활로 인간 육체의 갱신이 이루어질 때라야 비로소 완전히 사라질 것이다."[74] 이러한 전망을 생각할 때 우리는 마땅히 예수 그리스도를 통해 하나님께 감사해야 하며(7:25a), 하나님과 멀어진 인류의 상황은 다음과 같이 요약된다. 마음은 하나님의 법을 섬기지만, 포로 상태에 있는 육체는 죄의 법을 섬긴다(7:25b). 많은 주석가들에게 이러한 바울의 논증의 순서는 큰 어려움을 안겨준다. 즉 25a절에서 바울은

---

74 Watson, *Agape, Eros, and Gender*, 182. 7:24b의 질문이 실제로 그리스도인의 몸이 갱생된 몸을 가질 지속적인 필요가 있음을 가리킨다는 것이 일반적인 인식인 것 같다. 이와 관련하여 로마서 8:10과 고린도전서 15:56-57을 참고하라. 바울은 죽은 자의 부활에 대한 논의를 마무리하면서 죽음, 죄, 율법을 연결한다.

자신의 구원에 대해 하나님께 감사를 표현하는데, 이것이 순서상 인류의 죄에 대한 포로 상태를 재진술하는 것 앞에 놓인다는 것이다. 7:14-25이 그리스도인의 실존에 대해 설명하고 있다고 이해하는 일부 사람들에게 이 순서는 그들의 입장이 정확하다는 것을 확인시켜 준다.[75] 신자로서 바울은 사망의 몸 안에 머물러 있고, 지속적인 도움이 필요하고, 그래서 25b절에 이어지는 요약은 자신의 현재 상황을 표현한다. 이러한 부정확한 결론들은 사본 전통에 이를 뒷받침할 증거가 전혀 없는 상태에서 7:25b은 바울이 아닌 다른 사람에 의해 나중에 삽입된 것이라고 주장하는 반대자들 때문에 더욱 강화되었다.[76] 원문 그대로의 본문을 설명하는 것이 어렵다는 지적은 사실 지나치게 과장된 것이다. 바울이 25b절에서 불신자의 곤경을 요약한 후에 감사의 말을 쏟아내기를 억제하지 못함으로써 혼란을 야기했을 수도 있지만, 그가 왜 이 구절을 자신의 논증의 끝으로 원했는지는 이해하기 어렵지 않다. 그것은 율법은 신령하지만 자아는 육신에 속하여 죄 아래 팔렸다는(7:14) 서두의 진술과 깔끔한 대조를 이룬다. 바울은 율법과 자신과의 관계에 대한 전반적인 특성을 언급한 반면, 여기에서는 회심하기 이전의 삶에서 그 노예 상태가 어떻게 구체적으로 작동했는지를 요약하고 있다. 전반적으로 그는 죄 아래 팔렸지만, 그의 마음은 여전히 하나님의 법에 헌신되어 있었다. 그의 포로됨은 그의 육체 안에서 죄의 법이 작동한 결과였다.

---

75 예, Dunn, *Romans 1-8*, 398-99; T. Laato, *Paul and Judaism: An Anthropological Approach* (Atlanta: Scholar's Press, 1995), 127-29.

76 예, Käsemann, *Romans*, 211-12.

또한 25절의 "내 자신"('아우토스 에고', αὐτὸς ἐγώ)과 8:1에서 "그리스도 예수 안에서" 이제 "더 이상 정죄가 없는" 자들의 상황 사이에는 매우 강한 대조가 존재한다.[77] 7:25b의 고립된 개인과 8:1의 그리스도 안에 통합된 개인 사이의 전환은 바울이 전자에 대해 말할 때 자신의 회심 이전의 자아에 대해 설명하고 있다는 또 다른 증거가 된다. 바울은 8:1에서부터 자신의 회심 이후 그리스도를 믿게 된 시점부터 부활한 육체에 대한 약속이 성취되기까지의 기간 동안 그리스도인의 상황이 어떻게 변화되었는지에 대해 말하기 시작한다. 육체적 죽음은 남아 있지만, 그리스도 안에 있는 사람들은 "죄와 사망의 법에서" 해방되었다(8:2). 그들의 운명이 부활이라는 것은 죄와 사망의 법이 **법으로서** 행해진다는 것을 보여준다. 이 법의 위력은 더 이상 신자의 삶에 적용되지 않으며, 이에 대항하는 "그리스도 예수 안에 있는 생명의 성령의 법"으로 인해 그 집행력이 무너졌다(8:2). 하나님의 율법의 공의로운 요구가 지금 성취되고 있는 것은 성령의 인도하심을 따르는 사람들의 삶에 있다(8:2). "그리스도인 공동체는 이미 타락하고 속이는 인간의 마음을 정죄하고 새 창조를 실현하신 신적인 행위에 기초해 살고 있다."[78] 그리스도 안에 있는 자들은 "육체에 속한 자가 아니다"(8:9). 그리고 더 이상 깨닫지 못한 죄의 노예가 아니다. 바울과 함께라면 그들은 뒤를 돌아보면서 그들의 죄가 무엇인지 돌아볼 수 있다. "언제든지 주님께 돌아가면 그 수건이 벗겨지게" 된다(고후 3:16). 그래서 부패한 인간의 마

---

77 대부분의 번역은 25b절에서 "내 자신"이라고 바울이 강조한 것을 반영하지 않는다. 하지만 그리스어에서는 이 강조가 나타난다.

78 Watson, *Agape, Eros, and Gender*, 182.

음이 율법을 어떻게 만들어 냈는지 처음으로 알게 된다.[79]

요약

이제 로마서 7:7-25까지의 문맥을 회고적으로 해석할 수 있는 근거를 정리할 수 있게 되었다. 이 단락에서 바울은 자신의 경험을 이야기하면서, 그리스도인이 되기 전 자신의 존재를 그리스도인의 새로워진 관점에서 돌아본다. 빌립보서 3:4-12의 접근 방식과 달리, 바울은 여기서 자신이 과거에 회심하기 전의 모습을 당시의 관점이 아니라 현재의 관점에서 묘사한다. 이러한 과거의 재구성은 흔히 사회학자들이 회심에 관해 말하는 "전기적 재구성"의 전형적인 예에 속한다. 로마서 7:7-25 본문이 전기적 재구성의 일부라는 사실이 밝혀지면, 7:7-13이 죄에 속박되어 자신의 욕망의 죄성을 인식하지 못한 한 개인의 경험을 반영하고 있다는 사실이 분명해진다. 죄는 인간을 기만하기 위해 율법을 도구로 활용하는데, 그래서 사실 율법의 의도가 그 반대임에도 불구하고, 결과적으로 탐심을 부추긴다. 율법에 대한 이러한 무력감은 7:14-25에 나오는 자기 자신의 모습과도 닮아 있다. 그는 스스로 하나님의 법을 즐거워하고 선을 행하기 원하지만, 그 대신 악이 뒤따른다. 여기서 묘사된 자아의 내적 분열은 죄에 사로잡힌 상태의 결과이며, 원인이 아니다. 그리고 이것은 매일매일 속임이 이뤄지는 과정을 표현한다. 본질적으

---

79   Ibid., 180.

로 깨닫지 못한 죄로 인해 자아의 포로 상태가 유지되며 그리스도
는 바울과 그의 동료 신자들을 이러한 상황에서 구출하셨다. 육체
의 죽음은 여전히 우리 몸을 기다리고 있고, 그리스도 안에 있는
사람들도 여전히 죄를 지으며 살지만, 사람들에게 역사하는 죄의
힘은 깨어졌고, 더 이상 그들의 삶에 법으로서의 성질을 갖지 않는
다. 그들은 바울이 회심을 통해 구원을 받은 것처럼, 자신들의 행
위에 대한 죄의 속임수에서 구원을 받았다. 로마서 7:14-25까지는
선을 행하기 위해 노력하고 한때 자신이 선을 행했다고 믿었지만,
이제는 자신의 회심 이전의 실상이 무척 다르다는 것을 깨닫게 된
한 개인의 성찰을 담고 있다.

결론과 함의

로마서 7장을 회고적으로 해석하는 것이 옳다면, 그 결과는 무엇일
까? 우리는 앞서 아우구스티누스와 존 웨슬리의 해석을 대조하면
서, 그들의 성경에 대한 폭넓은 해석과 함께, 로마서 7장에 대한 해
석에는 그 해석에 영향을 미쳤던 역사적 맥락과 거기서 발생하는
목회적 결과가 있었음을 살펴보았다. 오늘날 21세기 초반의 회고
적 해석은 어떨까? 이 해석은 오늘날의 현실과 어떤 형태로 관련되
는가? 아마도 가장 중요한 결과는 이 해석이 **경험으로서의** 회심에
대한 덜 규범적인 접근 방식과 일치한다는 것이다. 웨슬리의 7:7-
25 해석은 회심을 위해 고군분투하는 사람에 관한 것으로, 개인적
인 죄에 대한 깊은 자각과 함께 내적 투쟁이 은혜와 용서로의 돌파

구를 위한 규범적 전제 조건으로 확립된다. 진정한 회심 경험에 이어질 것으로 예상되는 패턴이 있다. 구원의 확신은 이에 앞서는 죄의 확신과 관련 있다. 18세기 복음주의 부흥 이전까지의 로마서 7장에 대한 프로테스탄트의 오랜 해석은 일반적으로 7:14-25을 그리스도인의 삶에 관한 것으로, 7:7-13을 바울이 회심의 시점에 경험한 죄에 대한 깨달음에 관한 것으로 해석했다.[80] 비록 다른 본문에 기초해 내적 투쟁이 진정한 회심의 주요 결과라는 주장이 종종 제기되긴 했지만, 이 본문에서 나타나는 기대는 회심에 앞서는 내적 투쟁의 기간에 대한 기대가 아니었다. 어느 관점에서든지, 내적인 갈등은 회심과 관련하여 다양한 방식의 규범으로 제시되는 것이 사실이다.

로마서 7장을 회고적 관점에서 생각하면 전혀 다르게 이해된다. 죄의 중요성과 회심에서 죄를 중요하게 다루어야 할 필요가 있다는 점은 여전히 핵심적인 의미를 차지하지만, 그렇다고 이 과정이 주로 개인적인 죄책감과 절망에 대한 주관적 경험을 통해 이루어져야 한다는 것을 의미하지는 않는다. 바울은 이제 회심하기 이전의 자신의 실제 상황이 그러한 죄책감과 절망을 정당하게 수반했으리란 점을 알고 있지만, 그것은 그가 그리스도 안에서 정죄가 없는 자유한 상태에 있기 때문에 비로소 인식할 수 있는 것이다. 또한 신자로서의 바울의 삶의 특징을 죄책감과의 내적 씨름으로 규정할 수도 없다. 바울이 회심하기 전 자신이 율법의 의에 관해 흠이 없었다고 주

---

80 역사비평이 부상한 이후 이런 해석은 불리하다. 바울이 율법 없이 살았던 삶에 대해 언급한 그것(7:9)을 그가 과거 바리새인으로서 율법에 대한 열정으로 불탔지만 자신의 죄를 깨닫지 못했던 시기를 언급한 것으로 간주하는 해석은 개연성이 떨어진다.

장했던 것(빌 3:5), 그리고 이제 회심 이후 스스로 자책할 어떤 것도 깨닫지 못한다 해도 이로써 의롭다 하심을 얻지는 못한다고 주장하는 것(고전 4:4) 모두 진지하게 고려될 수 있다. 바울은 이에 신속하게 덧붙이면서 자신이 아무것도 모른다고 주장한다. 그러나 죄가 이처럼 기만하는 원수이기 때문에 내적 투쟁이란 것은 그 사람의 회심이 진실한지 아닌지를 신뢰할 수 있는 척도가 될 수 없다. 중요한 것은 신자를 위해 베풀어지는 그리스도의 객관적인 구원 사역이며, 이는 믿는 자의 동기와 행동의 실제적 변화다. 이것은 개인이 진정한 회심을 경험하는 과정에서 죄와 싸우는 내적 투쟁을 배제하는 것이 아니라, 로마서 7장이 내적 투쟁을 규범적인 성격으로 간주하는 성경적 근거를 제공한다는 것을 강력하게 부정하는 것이다.

회고적 관점에서 볼 때, 로마서 7장에서 말하는 회심은 더 일반적으로, 이전에 개인이 정당하다고 여겼던 행동에 대한 급진적인 재평가가 이뤄지는 것이다. 이것은 바울 자신이 과거에 교회를 박해했던 시기에 발생한 일이며, 이는 또한 그가 이방인 회심자들에게 기대하는 바를 암시적으로 보여주는 것이기도 하다. 바울이 이방인의 전형적인 죄를 묘사하거나 열거할 때, 그는 일반적으로 우상 숭배와 성적 부도덕으로 시작한다(예, 롬 1:18-32; 고전 6:9-11). 도대체 어떤 이교도들이 그리스-로마의 신을 숭배하는 것을 죄악으로 여겼을까? 그들 중 누가 바울의 철저하게 성경적이고 유대적인 성도덕 규범을 표준으로 삼았을까? 기독교로 회심한 사람들에게는 이전의 행동 양식이 처음으로 죄악으로 인식되는 재평가가 반드시 뒤따랐다. 죄의 확신은 그들의 회심에서 핵심적인 요소이지만, 그것은 주로 죄책감과 싸우는 내적 투쟁의 형태로 나타나는 것이 아니다. 죄의 확신은 오직 그리스도를 믿는 신앙과 용서를 받아들인다는 관점에서만 가능하기 때문에, 죄의 확신이 불러일으키는 위기는 그것이 발생하는 순간에 해결된다. 마찬가지로, 현대 서구 사회에서 행동에 대한 윤리적 평가는 더 이상 전통적인 기독교 행동 규범에 지배받지 않는다. 기독교로 개종하는 것은 종종 이전에 도덕적으로 허용되는 것으로 간주되었던 행동을 죄악으로 재분류하는 것을 수반한다. 이러한 맥락에서, 회심과 관련된 죄의 깨달음은 이전 세기보다 오히려 드물게 발생한다. 이전 세기의 회심은 개인이 스스로 잘못했다는 것을 알면서도 이미 저지른 잘못된 행동의 무게를 진정으로 느끼고 그에 따른 죄책감을 해결하는 것과 관련이 있었다. 대신에 회고적 관점에서의 회심은 깨닫지 못한 죄를 드러내고 특정 행동에 대한 평가에 급격한 변화를 가져오는 윤리적 경계를 다시 그리는 것과 더 많이 관련될 수 있다.

회고적 관점은 7:14-25이 회심의 초기 과정 이후의 삶을 다루며, 이 과정에서 그리스도인의 삶에 나타나는 죄와의 투쟁에 대한 관점을 제공한다는 해석을 거부한다. 그리스도인이라면 "내가 원하는 바 선은 행하지 아니하고 도리어 원하지 아니하는 바 악을 행하는도다"(7:19)라고 말할 필요가 없다. 왜냐하면 그리스도인은 그리스도 예수 안에 있는 생명의 영으로 말미암아 죄와 사망의 법에서 해방되었기 때문이다(8:2). 그러나 이것은 그리스도인의 삶에서 죄와 씨름하는 것이 실제로 존재한다는 것을 부정하는 것이 아니라, 그 씨름의 특징적인 면에 대해 다른 관점을 취하는 것이다. 이 투쟁은 영과 육의 투쟁이다(갈 5:16-17). 신자의 의무는 성령으로 사는 것이다(롬 8:12-13). 이 투쟁은 7:14-25에 묘사된 것과는 근본적으로 다른 조건에서 발생한다. 왜냐하면 그곳에 묘사된 자아와는 달리, 신자의 내면 속에 성령이 거하기 때문이다(8:9). 신자의 삶에는 다른 주권자가 있다. 또한, 죄가 어떻게 작용하고 있으며, 죄가 율법을 어떻게 악용하는지 알게 되었고, 회심하기 전에는 정당하다고 여겼지만 그리스도 안에서 전혀 그렇지 않다는 점을 알게 된 바, 자신의 행위에 대한 진실한 평가가 이뤄진다. 그리스도인의 삶에서는 로마서 7장에서 묘사되는 방식과는 다른 방식으로 성령의 도우심을 통해 승리가 가능하다. 그럼에도 불구하고 바울은 로마의 그리스도인들을 향해 육체대로 사는 사람은 죽을 것이라고(8:13), 그리고 그들은 두려움에 빠지게 하는 노예의 영을 받지 않았음을(8:15) 다시 한번 주지시킨다. 바울은 그렇게 직접적으로 말하지는 않지만, 그는 암시적으로 죄와의 투쟁에서 신자에게 힘을 주는 것이 성령이라면, 성령을 소멸시키는 것은 로마서 7장에 묘사된 위험에 처하게 될 것이라고 주장한다. 바로 판단력이 손상되고 자신의 죄를 진정으로 인식하는 능력이 다시 감소하는 상황으로 되돌아가는 것이다.

만일 그렇다면 로마서 7장을 회고적 관점에서 해석하는 것은 다음과 같은 회심 이해를 수반하는 것이라고 볼 수 있다. 즉, 회심은 보다 적극적이고 부드러운 양심을 낳게 하고, 회심한 사람은 항상 자신의 내적인 소원이 정당한 것인지 자문할 마음의 준비를 하고 있다는 것이다. 자신의 삶에 깨닫지 못한 죄가 있을 수 있다는 가능성을 닫아 버리는 것은 바로 그 위험한 상태를 가중시키는 셈이다. 영적 건강은 성령께서 우리가 아직 인식하지 못한 더 많은 죄를 우리 삶에 보여줄 수 있다는 것을 겸손하게 받아들일 것을 요구한다. 그 능력을 잃는 것은 독선적 태도라는 절벽 앞에 서 있는 것과 같다. 칼 바르트(Karl Barth, 1886-1968)가 제시한 로마서 7장의 실존주의적 해석은 정확한 해석이라 할 수 없어도, 적어도 그는 이 문맥에서 "죄 없는 그리스도인은 없다. 그런 사람을 만나게 된다면, 그는 그리스도인이 아니라 적그리스도이다"라고 말했다는 점에서 옳다.[81] 자신이 죄에 대해 취약하다는 이해를 상실한 사람들만큼 죄에 취약한 사람은 없다. 그러나 회고적 관점이 신자의 부드럽고 활동력 있는 양심을 암시한다면, 죄와의 투쟁에 대한 양심의 개입은 다른 관점에서 암시된 것과는 다른 틀 안에서 일어난다. 예를 들어, 전기 아우구스티누스는 자신의 신도들에게 양심을 권투경기장으로 생각하라고 촉구했다. "링 안에서 두 명의 선수 즉 정신과 육체가 맞붙습니다. 정신은 법을 지지하고, 육체는 법에 반대합니다."[82] 아우구스티누스는 이 싸움에서 승리하려면 그리스도의 도움이 필요하다는 것을 분명히 밝히고 있지만, 승리는 필연적으로 존재하는 악한 욕망에 동의하지 않는 것으로 정의된다. 그의 주장은 양심에 사로잡힌 자아에 대한 지식의 신뢰성을 단순히 전제하고 있는데, 여기서 그는 인간의 윤리적 판단이 연약하고 오류에 취약하다는 바울의 독특한 이해를 놓치고 있다. 바울의 견해에 따르면, 성령과 함께하는 신자라면 성령의 도움 가운데서 양심을 가지고 자신을 부단히 성찰해야 한다. 하지만 이런 상태가 항상 지속되리란 확신을 가질 수 없는 이유는 죄가 본질적으로 속이고 죄악된 욕망

---

81   K. Barth, *The Epistle to the Romans* (trans. E. C. Hoskyns; Oxford: Oxford University Press, 1933), 263.

82   Augustine, Sermon 154A.3-4 (in Hill, *The Works of St. Augustine*, 80-81).

을 합법적인 것으로 둔갑시키기 때문이다. 따라서 확신할 순 없다. 이것은 자신에 대해 아무것도 모르는 바울에게 있을 수 있는 일이다. 어거스틴에게 가능한 것이 바울에게는 불가능하다. 양심이 자신의 욕망을 승인할 수는 있겠지만 최종 심판자인 주님이 보시기에 양심은 늘 잠정적이고 부분적일 따름이다. 바르트는 여기서 다시 "은혜는 인간의 신적인 가능성이고, 따라서 모든 인간의 가능성을 초월한다"고 옳게 강조한다.[83] 양심의 중요성은 아무리 강조해도 지나치지 않지만, 우리가 구원받는 것은 양심이 아니라 그리스도의 공로에 의한 것이다. 양심의 성찰은 그리스도인의 삶에서 일정한 역할을 하지만, 그 역할은 제한적이다.

마지막으로, 로마서 7장은 죄와의 개인적인 투쟁에 관한 것이지만 그 해석은 교회의 본질에 대해 우리가 생각하는 방식에 영향을 미친다. 앞서 살펴본 다른 함의와 마찬가지로, 이는 단순히 이 구절만의 해석 문제가 아니다. 이 본문은 다른 많은 성경 본문 및 기타 외부 요인과의 상호 작용을 통해 해석되어야 한다. 앞서 우리는 회심을 향한 과정으로서의 웨슬리의 로마서 7장 해석이 명목상의 기독교에 던진 도전과, 그리스도인의 삶에 관한 전기 아우구스티누스의 로마서 7:14-23 해석이 확립해 놓은 포괄적인 교회에 관한 비전을 살펴봤다. 로마서 7장을 회고적 관점에서 이해하면 변화에 대한 엄격한 도전과 포용하고자 하는 열망으로 인해 상황이 다소 복잡해진다. 엄격함의 측면에서 볼 때, 하나님의 백성에 속한다는 것은 분명히 도덕적, 사회적 정체성의 재구성을 수반한다. 깨닫지 못

---

83   Barth, *Epistle to the Romans*, 242.

한 죄와 죄가 율법을 이용하는 문제는 바울이 율법에 대한 순종에 더욱 열심을 낸다고 해서 죄와의 싸움에서 승리할 수 없다는 것을 의미한다. 또한 이방인 회심자들 역시 그리스–로마 사회의 지배적인 가치를 더 완벽하게 충족시킨다고 해서 죄와의 투쟁에서 승리하는 것도 아니다. 이것은 내적인 양심의 문제일 뿐만 아니라 하나님께서 그리스도 안에서 행하신 일을 근거로 윤리적 실천의 경계를 다시 설정하고, 근본적인 윤리적 지침을 재평가하는 것이다. 바울의 맥락에서 그리스도를 믿는다는 것은 그러한 신적인 행위에 근거하여 살고 행동하는 것이며, 그렇게 하려면 이전에는 용인되는 것으로 여겨졌던 과거의 행동을 죄악으로 간주하게 되는 것을 포함한다. 이것은 현대 서구의 상황에서도 마찬가지이고, 교회가 진정으로 교회답게 되려면 교회에 들어오는 모든 사람들이 그러한 도덕적, 사회적 정체성을 재구성할 수 있도록 초대받아야 한다.

그러나 회고적 관점은 또한 이러한 초대가 순수한 교회와 죄악된 세상 사이의 단순한 이분법으로 작동하는 세계관으로 굳어져서는 안 된다는 점을 분명히 한다. 자신이 죄에 대해 취약한 존재라는 이해를 상실한 사람만큼 죄에 취약한 사람은 없다는 것은 개인적 차원에서만 아니라 집단적 차원에서도 마찬가지다. 교회가 스스로 깨닫지 못하는 죄의 가능성에 대해 폐쇄적인 태도를 취하는 것은 그 취약성에 떨어질 가능성을 더욱 가중시키는 것이다. 따라서 교회가 그리스도를 대신하여 외부인들에게 도덕적, 사회적 정체성을 재구성하도록 초대하는 것은 여전히 그 과정에 참여하고 있는 사람들 스스로가 제공하는 초대이기도 하다. 이런 의미에서 로마서 7장이 죄의 문제를 다루는 방식은 포괄적이라고 할 수 있는데, 그 과정이 어느 정도 성공했는지를 인간의 판단으로 완전히 파악할 수 없기 때문이다. 오직 하나님만이 자기 자신에게도 감춰진 내면의 비밀을 진정으로 알고 계신다. 교회는 공동체적 삶을 통해 복음의 진리를 구현하도록 부름 받았으며, 따라서 때때로 이러한 부름을 공개적으로 위반하는 행동에 대해 적절한 권징을 행사해야 하기도 하지만, 교회는 죄와의 투쟁에서 최종적인 패배나 승리를 결정적으로 선언할 수 있는 위치에 있지 않다. 교회는 죄 많은 인간들 사이에서, 그리고 그들과 연대하는 위치에서 하나님이 그리스도 안에서 행하신 일을 증언하는 것이지, 인간보다 우월한 위치에 있지 않다. 바울은 죄로부터의 완전한 해방이 "이 사망의 몸에서의 자유"(7:24b)를 포함한다는 것을 알고 있으며, 교회는 이러한 종말론적 부활 희망의 밑바탕 위에서 엄격하면서도 포용적인 자세로 예수 그리스도의 복음을 선포해야 한다. 교회는 복음의 능력이 가져다주는 죄로부터의 자유를 향한 길을 가리키며, 로마서 7장은 우리의 해방에 대한 성경의 가장 완전한 설명 중 하나를 제공한다.

그랜트 오스본의 논평

이 책에 기고한 두 명의 공저자는 나에게 많은 것을 가르쳐 주었다. 체스터의 논지는 이 단락에서 바울이 "신자로서의 현재적 경험을 말하는 것이나, 바리새인으로서의 과거적 삶에 대해 과거적 시선에서 말하는 것이 아니라, 그리스도 안에 속한 자신의 관점에서 바라본 바리새인으로서의 과거적 삶을 회고하고 있다"는 것이다. 다시 말해, 바울이 그리스도인이 된 현재 자신의 관점에서 알게 된 모든 인류의 딜레마에 대한 성찰이라는 것이다. 바울은 그가 헌신적인 바리새인이었을 당시에는 이해하지 못했지만, 죄와 패배 아래 갇혀 있었던 과거의 진실을 이제 깨닫게 된다. 체스터는 로마서 7:7-25 을 "회고록"이라고 부르는데, 이것은 바울이 자신의 과거 인생을 재 평가하고 재구성하는 글임을 뜻한다. 1장의 글에서와 마찬가지로 필자는 7:7-13에 대해서는 동의하지만, 7:14-25에 대해서는 동의 하지 않는다. 15-21절에 자주 등장하는 선과 율법에 대한 "소원"은 바리새인으로서 바울의 예전의 삶에 해당하는 것일 수 있지만, 죄 와의 **의식적인** 투쟁(회심 이후 의식하게 된 죄와의 투쟁), 특히 25절의 승리의 외침 이후 다시금 그 투쟁으로 돌아간 것은 율법 및 죄와 투쟁하는 유대 그리스도인(바울)이라는 관점에 더 부합한다.

특히 스티븐 체스터가 "영적 선조"인 아우구스티누스와 웨슬리 의 로마서 7장 관점에 관해 소개한 부분이 훌륭했다. 그는 수세 기 동안 교회의 성경해석에 영향을 미친 두 주요 인물을 보여주었 다. 초기 아우구스티누스는 이 구절 전체가 중생하지 않은 사람 을 가리킨다고 생각했지만, 견해를 바꾸어 7:7-13만 이에 해당하 고, 7:14-25에서는 중생한 사람을 가리키고, 둘 다 그리스도를 향 한 인류의 구원사적 진보와 (아우구스티누스에게는 욕망에 굴복하기로 동의할 때 발생한다고 보이는) 죄와의 싸움을 묘사하고 있다고 가르쳤 다. 율법 아래 있는 자들은 자신을 의지하다가 절망하고, 그리스도 인들은 육체적 부활을 이루고자 하는 소원으로 인해 절망감을 느 낀다(24절). 후기 아우구스티누스의 견해(7:7-13은 바리새인으로서의 바울을 가리키고 7:14-23은 그리스도인으로서의 바울을 가리킨다고 본다)는 나의 해석과 비슷하다는 점에서 무척 흥미로웠다. 다만 나는 7:25a 의 외침의 동기를 제공하는 "지체"와 "육체"에 대해 달리 이해하는 데, 나는 이 외침은 육체의 부활을 향한 외침이라기보다는 현재의 영적 승리에 대한 외침이라고 해석한다(여기서 "지체"는 육체적인 몸이 아니라 전인을 가리킨다).

체스터에 따르면, 웨슬리는 중세 경건주의자인 요한 벵겔의 견해 를 따라 인간이 그리스도인이 되는 과정에서 율법 및 죄와 씨름하 는 과정이 7:7-25 전체에 걸쳐서 묘사된다고 본다(그런 의미에서 그 들은 "바리새인"과 같다). 로마서 8장에서 완전주의가 작용할 수 있도 록 허용한 웨슬리의 경우, 육체와 욕망을 극복할 수 없는 것은 회 심으로 나아가는 중생하지 않은 사람들에게만 국한된다. 체스터가 다른 많은 사람들(오리게네스, 루터, 칼빈) 가운데 이 두 사람을 선택 한 것은 아마도 이 책의 다른 챕터를 고려했기 때문인 것으로 보인 다. 사이프리드는 웨슬리와 유사하고 나(그랜트 오스본)는 후기 아우 구스티누스와 유사하다. 그래서 웨슬리와 그의 해석을 따라 로마서 7장을 비중생자라는 관점에서 해석하는 견해에 대한 나의 비판은 이 책에 수록된 다른 두 편의 글에서 다루고 있다. 체스터의 경우, 아우구스티누스와 웨슬리에게서 흘러나온 이슈들은 "회심, 그리스 도인의 삶에서의 거룩, 그리고 교회의 사명에 대한 우리의 이해에 미치는 영향"에 관한 도전으로 연결된다.

체스터의 입장은 바울이 로마서에서 단순히 로마의 유대인과 이 방인 신자들을 위해 율법과 복음을 비교한 한 편의 글을 제공하는 것이 아니라(스탕달의 견해와는 달리) 죄와의 개인적인 투쟁도 다룬다 는 것이다. 또한 바울은 기록된 율법에서 성령의 삶으로 옮겨가는 역사적 시대를 묘사하는 것이 아닌, 이 투쟁을 세 가지 영역에 영향을 미치는 방식으로 묘사한다는 것이다. 이 본문은 (1) "그리스도인의 회심 경험의 형태에 관한 경직된 기대에서 우리를 구해준다 … 그리고 동시대적 맥락에서 많은 사람들의 경험에 더 부합하는 가능성을 제시한다." (2) "그리스도인의 삶에서 거룩함에 대한 긍정적인 관점으로 우리를 인도하는데, 이는 성령의 능력 안에서 죄에게 승리할 것을 기대하면서도 뒤에서 끌어당기는 육체의 힘에 대해 현실적인 관점을 수반하는 것이다." (3) "그것은 포괄적인 동시에 포용적이지만, 죄와 명목상의 헌신에 도전하는 엄격함을 지닌 교회의 모습을 나타내는 것이기도 하다."

그러고 나서 체스터는 "나"가 지시하는 것이 무엇인가에 대한 질문으로 넘어가서, 빌립보서 3:4-6과 고린도전서 15:9-10에서 바울이 바리새인이자 신자로서 품었던 자신감에 대한 성찰을 바탕으로 회심 전 율법과의 투쟁에서 실패를 묘사했다는 전통적인 이해를 거부한 큄멜 이후의 많은 사람들의 견해를 소개한다. 현재는 바울이 "스피치 인 캐릭터" 기법을 사용했고, 여기서 1인칭 "나"는 다른 사람을 묘사하는 일종의 상징이라는 견해가 널리 받아들여지고 있다. 게다가 7:9에서 바울이 자신이 "한때 율법을 떠나서 살았다"고 말할 때, 이는 순전히 개인적인 의미(예를 들어, 자신의 어린 시절에 대한 언급)로 해석하기에는 어울리지 않고, 바울이 자신을 다른 사람들을 위한 범례로 거론한 것으로 보는 것이 가장 바람직하다. 그렇게 함으로써 바울은 첫 단락(7:7-11)에서 동산에서 금단의 열매를 먹지 말라는 하나님의 명령과 시내산에서 율법을 받은 사건을 자신의 경험으로 엮어낸다. 이로써 그는 "자신의 경험을 이스라엘의 경험을 대표하는 것으로 제시하는데, 이는 곧 인류의 경험을 대표하는 것이다".

따라서 바울이 율법과 죄에 대한 자신의 경험을 사용해 모든 인류의 딜레마를 묘사한다고 해석하는 회고적 관점은, 바울이 다른 곳에서 자신의 유대인으로서의 과거에 대해 긍정적인 용어로 말한다고 하는 해석에 가장 적절한 반론을 제시한다. 빌립보서 3장의 긍정적인 표현은 바울이 바리새인이었을 때의 느낌을 묘사한 것이고, 로마서 7장의 부정적인 묘사는 동일한 현상을 그리스도인이 된 이후 시각에서 바라본 것이다. 또한 이것은 죄인으로서 그리스도 안에서 하나님의 실재를 대면하는 모든 사람의 공통된 경험이 되기도 한다. "회심은 사람들이 자신들의 삶을 지배할 새로운 마스터 스토리를 획득하는 담론 세계의 변화를 수반하는 것이며,[84] 이에 비추어 볼 때 개인은 죄인으로서의 자신의 삶이 참으로 "비참한 것"임을 깨닫게 된다. 나는 체스터의 이러한 주장들에 전적으로 동의한다.

그런 다음 체스터는 7:14-25에 나타난 현재 시제의 문제로 넘어간다. 여기서 그의 요지는 현재 시제가 그리스도인으로서 바울의 "현재" 경험, 즉 신자의 삶에서 발견되는 죄와의 싸움을 가리키는 것이 아니라는 것이다. 그래서 그리스도인은 성령의 임재를 필요로 하는데, 성령의 임재는 사실 7:14-25이 아니라 8:1-17에서 발견된다는 것이다. (체스터의 견해가 사실이라면) 바울서신 어디에서도 이 본문처럼 그리스도인의 삶에 대한 암울한 그림이 발견되지 않는다. 이

---

84   McKnight, "Was Paul a Convert?" 120.

러한 관점에서 그는 14-25절에서 (7-13절에서와 마찬가지로) 바울이 선한 의도를 가지고 있었지만 자신의 원함을 실행할 수 없었던 자신의 삶을 되돌아본다는 회고적 관점이 훨씬 더 적합한 해석이라고 주장한다. 따라서 이것은 "내재적 선"을 가지고 있지만 (죄의 힘으로 인해) 율법의 요구를 충족시키지 못하는 철저히 무기력한 사람을 묘사한다고 봐야 하는 것이다. 그는 이런 관점에서 "7:14에서 바울이 현재 시제 동사로 전환한 것이 잘 이해되기 때문에" 자신의 견해가 더 유력하다고 믿는다. 하지만 내가 제기하고자 하는 문제는 바로 그와 같은 설명이 시제 변화에 대해 더 나은 설명을 제공했다고 보기 어렵다는 것이다. 이 접근 방식에서는 7-13절과 14-25절 사이에 아무런 차이가 없는 것이고, 시제가 부정과거에서 현재 시제로 변경될 실질적인 이유도 없게 되는 것이다. 동사에는 시간적 특성뿐만 아니라 형태적인 특성(즉, 강조점의 이동 또는 배경에서 전경으로의 이동)이 있다는 것은 확실히 맞는 말이다. 그러나 이 사실은 그의 견해에서만 아니라 내 견해에도 동일하게 부합할 수 있다. 나는 이 부분에서 어느 해석이 다른 해석보다 더 낫다는 단서를 발견할 수 없다고 생각한다.

이제 그의 본문 해석으로 넘어가 보겠다. 체스터의 글은 로마서 7장 전체가 회심한 바울 자신의 관점에서 바울의 삶을 "전기적으로 재구성"한 것으로 이해한다. 바울은 율법을 따르고자 하는 열심 때문에 악행(예를 들어, 교회를 박해함)을 범했지만, 당시에는 자신이 율법에 순종하고 있다고 믿었기 때문에 그것을 악으로 인식하지 못했다. 그러다가 그리스도를 만난 후 그는 "자신의 과거 인생이 깨닫지 못한 죄로 인해 얼룩지고 훼손되었다"는 사실을 깨달았다. 11절에서 그는 죄가 율법에 의해 주어진 기회를 타서 자신을 "기만했다"고 말한다. 바울은 자신의 행동이 진정 욕심에서 비롯된 것임을 깨닫지 못했고, 그렇게 함으로써 창세기 3:13에서 나타난 하와의 실패("뱀이 나를 속였다")를 재연했다. 체스터는 타이센과 마찬가지로 속임수의 동기가 중요하다는 데 동의한다. 7:8-11에 속임이라는 주제와 더불어 인지 동사가 없다는 것은 바울이 그리스도인의 깨어난 인식의 관점에서 자신이 한 일을 돌이켜보니 죄라는 것을 뒤늦게 "알게 되었음"을 보여준다. 이러한 구체적 사실은 비그리스도인이 죄에 대해 완전히 알지 못한다는 의미가 아니라 그리스도를 발견한 후에야 그 의미를 진정으로 이해한다는 것을 의미한다. 바울이 이해하게 된 가장 중요한 것은 죄가 율법을 악용해 사람을 타락으로 이끄는 방식이었다. 또한 바울은 이후에 자신의 삶에서 죄가 얼마나 분명하게 드러났는지도 깨닫게 되었다.

체스터는 7:14-25은 단순히 동사의 시제만 바꾼 것이 아니라, 관점도 바꿔서 7-13절의 죄와의 잠재의식 속 갈등(인지 동사가 없음)을 14-25절의 죄와의 의식적 갈등(인지 동사가 많이 나타남)으로 바꾼 것이라고 주장한다. 따라서 후반부에는 죄가 율법을 사용해 속인다는 깨달음도 존재하며, 여기서 바울은 죄가 어떻게 이것을 성취하는지에 대한 과정과 결과에 대해 논의한다. 여기서 사람들이 율법을 지키지 못하게 되는 방식과 이유를 탐구한다. 바울의 논의에서 자아의 분열은 일부 사람들에겐 핵심적인 문제이지만 사실 부차적인 것이며, 가장 중요한 것은 죄에 의한 자아의 "포로 상태"다. 그것은 내면의 갈등이 아니라 내재하는 죄에 의한 노예화를 의미한다. 바울이 선을 행하고 싶었지만 악만 행했을 뿐이라는 말은 갈등하는 마음을 묘사한 것이 아니라, 자신의 행동이 악함을 깨닫지 못했다는 의미일 뿐이다. 선을 행하려는 그의 의도는 "적대적인 성격을 지닌 죄의 지배력에 의해 전복"되었다.

여기서 바울은 그리스도인의 현재의 입장(회고적 관점)에서 자신의 죄 많은 과거에 대해 이야기한다. 당시로서는 이해하지 못했지만 그는 이제 그리스도인이 되어 자신이 죄의 법에 사로잡혀 있었다는 사실을 깨닫는다. 따라서 "비참함"은 구원의 필요성에 대한 새로운 인식과 "이 사망의 몸"이 마침내 극복될 마지막 부활 때에라야 비로소 완전히 새로워질 것이라는 인식에서 나타난다. 25b절에서 동일한 문제를 다시 언급한 것은 14-25절에서 바울("내 자신", 25절)이 회심하기 전 자신의 과거에 대해 말하고, 8:1부터는 그리스도인("그리스도 예수 안에 있는 자")의 상태로 논의의 초점을 옮겼음을 보여준다.

필자는 일정 부분 회고적 관점에 끌리는 부분이 있음을 인정한다. 바울이 그리스도인으로서의 현재적 시각에서 자신의 상황을 말하고 있다는 점에서 그렇다는 것이다. 하지만 그렇다고 해서 내가 확고하게 주장하는 바, 즉 이 회고가 중생하지 않은 과거에만 국한될 필요는 없다는 해석이 힘을 잃는 것이 아니다. 오히려 바울은 그리스도를 따르는 헌신적인 사람의 입장에서 자신의 죄 많은 과거(7-13절)뿐만 아니라 그가 영이 아닌 육신을 통해 그리스도인의 삶을 살고자 노력했던 것을 여러 차례(14-25절) 언급하고 있다. 필자는 또한 7:25a에 대한 체스터의 해석에 동의하지 않는다. "몸"은 23절의 "지체들"과 마찬가지로 육체만을 가리키는 것이 아니라 전인격적인 부분(롬 12:1의 "너희 몸을 드리라"처럼)을 가리킨다. 따라서 25a절에 나타난 바울의 소망이 마지막 때 있을 육체의 부활을 의미한다는 견해는 타당성이 부족하며, 오히려 그가 전인격을 지배하는 죄와 사망의 권세로부터 현재적으로 건지심을 받기 원한다는 해석이 더 타당하다(이 책에서 그랜트 오스본의 챕터를 참고하라).

마크 사이프리드의 논평

먼저 스티븐 체스터의 글을 통해 많은 것을 배울 수 있었던 것에 대해 감사의 말을 전한다. 특히 로마서 7장을 바울의 기독교적 회심 체험에 대한 서술로 읽는 것에 반대하는 그의 주장에 여러 가지 점에서 동의한다. 물론 나와 의견이 다른 부분도 있긴 하지만 말이다.

근본적으로 따지자면 나는 여기서 바울의 주장을 1인칭 형식의 가상 논증의 예로 보는 것, 따라서 자신의 경험을 활용해 대표성을 가미시킨 회고록으로 읽는 것은 설득력이 없다고 생각한다. 바울이 아담의 모습을 빌어 말했다는 해석은 내가 볼 때 바울 논증의 근본적인 차원을 잘 드러낸 것으로 보인다. 분명히 바울은 아담과 그리스도 안에서 자신을 발견한다. 하지만 그의 회심은 자신에 대한 이야기를 새롭게 재구성한 방식이 아닌, 자신이 자신의 이야기를 할 수 없다는 것을 인식하고, 오히려 다른 이야기에 취합시킨 것으로 봐야 한다. 이 문제에 대한 우리의 논쟁은 추상적인 수준에서 해결되기는 어려울 것이다. 이 논의는 대체로 구체적인 구절들에 대한 주석을 어떻게 하느냐에 달려 있다고 생각한다.

내가 기본적으로 동의하기 어려운 또 다른 논점은 6절에서 바울의 "그러나 지금은"('뉘니 데', νυνὶ δέ)의 시간적 변화를 어떻게 이해해야 하는가에 있다. 체스터는 이것을 "시대"의 변화, 즉 "율법의 시대"에서 그리스도와 성령의 시대로의 이동이라는 관점에서 해석한다. 이러한 구원사적 독법은 체스터가 (다른 많은 해석자들과 함께) 바울의 회심 이전과 이후의 삶을 대조하는 데서 필연적이다. 그러나 6절에서 바울의 언어는 절대적 형식을 취한다. 즉, 한쪽은 "영의 새로운 것"을 섬기고 다른 한쪽은 "문자의 묵은 것"을 섬긴다는 것이다. 풀어 말하자면, 사람은 그리스도와 결혼하거나 율법과 결혼한다. 개념적으로 동시에 둘 모두와 관계를 맺을 수 있는 것이 아니다. 바울의 "그러나 지금"은 시대의 변화를 의미하는 것이 아니라 현재의 타락한 세상으로 종말의 실재가 들어오는 것을 의미한다. 이 독법은 예를 들어 로마서 6:4에서와 같이 항상 종말의 도래를 가리키는 바울의 "새로움"이라는 언어에 의해 강화된다. 그리스도인은 두 시대 사이를 살아간다. 예수 그리스도 안에서 새롭고 최종적인 정체성이 주어졌음에도 불구하고, 아담 안에서 결정된 정체성은 여전히 남아 있게 된다. 25a절의 감사의 외침 외에도 바울은 아담 안에 있는 과거적 실존이 이 생이 끝날 때까지 우리의 것으로 남아 있다고 설명한다.

빌립보서 3장과 로마서 7장을 서로 대치시켜서 각각 회심 전과 회심 후 바울의 인생 이야기를 대표하는 것으로 해석하는 것도 다소 문제가 있어 보인다. 빌립보서 3장은 로마서 7장만큼이나 바울의 이전 생애에 대한 회고에 해당한다. 더 엄밀히 말하자면, 빌립보서 3장의 자전적 성격이 더 강하다고 볼 수 있다. 사실 그의 삶에 대한 이러한 두 가지 관점은 서로 맞물려 있다고 봐야 한다. 빌립보서 3:6에서 바울이 주장하는 "흠이 없다"는 것은 분명히 **외부적**

인 성격을 띤다. 물론, 그는 자신의 열심을 교회를 박해한다는 측면에서 묘사함으로써 흠 없는 자신의 과거 이야기에 아이러니적 요소를 덧붙인다. 그러나 이런 언급은 자신의 흠 없음에 중대한 제한사항을 추가하는 것에 불과하다. 즉, 바울은 자신의 흠 없음이 "율법 안에 있는 의를 따랐다"는 점에 한해서라고 말하는 것이다. 따라서 그것은 그의 외적인 행동에 국한될 뿐 그의 마음에 변화를 일으키지는 못했음을 의미한다. 이러한 이유에서 바울은 이제 "그리스도를 믿는 믿음, 즉 그리스도에게서 오는 믿음을 통한" 의를 추구한다. 따라서 로마서 7장이 묘사하는 비참한 사람의 이야기는 탐심을 금지하는 율법의 강한 어조에 맞서는 자신의 모습과 관련 있다. 그것은 단순히 외적인 행동이 아니라 마음에 관한 것이다. 스탕달이 지적했듯이 로마서 7장 이야기를 제한적인 관점에서 해석하는 입장은 바울 자신에 대한 유사한 진술이 다른 바울서신에는 발견되지 않는다는 점을 설명해 준다(딤전 1:15 참조).

더 문제가 되는 체스터의 해석은 죄의 기만행위가 깨닫지 못한 죄의 문제라고 특징화하는 데 있다. 바울은 자신이 "탐내지 말라"는 계명과 어떻게 부딪혔는지를 이야기한다. 따라서 여기서 금지되는 것은 탐내는 행위 **그 자체**이지, 우리의 특정한 외적 행동이 탐심을 수반하는지에 대한 질문이 아니다. 바울은 죄를 낳는 정욕에 대해 말하는 것이 아니다. 그는 오히려 죄의 실재가 우리의 정욕에 앞서 작용하고, 그 죄의 실재가 죄를 낳는다고 말하는 것이다. 실제로 우리 마음에서 지울 수 없는 탐심은 우리의 **모든** 행동에 존재한다. 의심할 여지없이 바울은 그리스도를 믿기 전에는 탐심이 자신의 행동을 어떻게 오염시키는지 알지 못했다. 그러나 그는 사도로서 오직 하나님만이 마음의 뜻을 아시는 분임을 알았기 때문에 스스로 판단할 준비가 되어 있지 않았다(고전 4:5). 이런 점에서 그가 이전의 열심을 거짓되고 죄악된 것으로 여기게 되었다 해도 그리스도 안에서의 삶과 예전의 삶 사이에는 아무런 차이가 없다. 죄의 속이는 능력은 지적인 측면에서 죄를 인식하지 못하는 효과로만 국한된다고 여기기도 어렵다. 실제로 죄를 인식하지 못하는 만큼 그에 대한 책임의 무게도 줄어든다. 가톨릭 신학은 죄책감이 없는 "무적의 무지상태"에 대해 이야기한다. 그런데 체스터는 "진정한 책임은 계명을 통해 작용하는 죄에 있다"라고 말할 때 정확히 가톨릭이 개념화하는 방향으로 나아가는 것처럼 보인다. 이와 달리 바울은 근본적인 죄책감에 대해 말한다. 죄의 속이는 힘은 바울이 이야기하는 동산에서의 이야기와 암묵적으로 일치한다. 우리는 아담과 하와의 자녀로서, 비록 스스로 하나님을 피하고, 책임을 전가하더라도, 마침내 하나님과 마주하면 자신들이 하는 일이 잘못되었다는 것을 잘 알고 있다. 죄의 속이는 권능은 "너는 죽지 않을 것이다!"라는 하나님의 말씀이 사실이 아니라는 헛된 생각을 낳는다(창 3:5). 그것은 계명을 주신 하나님에 대한 반역행위다. 그것은 사람이 자신의 의지로 하나님의 하나님 되심을 거부하는 것을 의미한다. 이런 의미에서 죄는 비이성적이고 설명할 수 없는 것이다. 모든 인간은 남의 것을 탐하는 것이 잘못임을 알지만 그럼에도 불구하고 탐한다. 의심할 여지없이 우리는 우리 자신의 탐심에 눈이 멀어있거나, 최소한 제대로 볼 수 없는 상태에 있다. 그러나 우리는 이웃의 탐심을 분명히 볼 수 있고 그래서 그것을 정죄할 수 있다. 또한 바울이 편지의 앞부분에서 강조했듯이 이교도들도 때때로 놀라운 선행을 행한다(롬 2:14, 비교. 1:32). 이로써 그들은 창조주께서 옳고 그름에 대한 지식, 즉 율법의 작용을 그들의 마음속에 기록해 놓으셨음을 보여준다. 계명을 듣는 사람은 아무도 그 계명이 비뚤어진 것이라고 생각하지 않는다. 누구나 그것이 선하다는 것을 알고 있다. 우리는 단지 다르게 행동할 뿐이다. 우리의 죄책감 이면에는 인간 내면의 이 비극적인 분열이 놓여 있다. 그렇지 않으면 죄책감은 죄책감이 아닐 것이다.

따라서 필자가 보기엔 체스터가 말하는 다른 그리스도인의 삶이 다소 모호하게 느껴진다. 어떻게 다른 방식으로 승리가 가능한 것일까? 성령의 능력 아래에서 우리의 노력으로일까? 분명 교회의 초대는 단순히 '아직 진행 중인 사람들'의 초대가 아니다. 우리는 여전히 길 위를 걷고 있지만, 길(과 진리와 생명)이 선물로 주어졌다는 사실을 잊어서는 안 된다. 우리의 초대는 아무런 공로나 가치가 없는 구걸하는 자들의 위치에서 생명의 빵을 발견한 자들의 초대다.

제 3 장

로마서 7장
율법의 목소리, 슬픈 부르짖음, 감사의 외침

Perspectives on Our Struggle with Sin

마크 A. 사이프리드

서론 : 1인칭 내러티브와 탄식

바울은 로마서 7장에서 누구에 대해 말하는가? 1인칭으로 표현된, 이 비극적이면서도 놀라우리만치 승리에 찬 스토리를 간직한 "나" 는 과연 누구인가?[1] 대체로 전통적 해석은 두 개의 가능성으로 모 아졌다.[2] 바울이 유대교에 속한 자신의 과거에 대해 이야기했거나, 그리스도인으로서 자신의 현재에 대해 이야기했다는 것이다. 무력 한 "나"의 모습은 전자를 가리키는 것으로 보인다. 율법을 즐거워하

1 　별도의 언급이 없는 한, 모든 성경 인용문은 저자가 직접 번역함(반면 번역서는 모두 개역개정으로 대체함).

2 　다음의 방대하고 유용한 연구사를 참고하라. H. Lichtenberger, *Das Ich Adams und das Ich der Menschheit: Studien zum Menschenbild in Römer 7* (WUNT 164; Tübingen: Mohr Siebeck, 2004), 15–104; K. H. Schelkle, *Paulus, Lehrer der Väter: Die altkirchliche Auslegung von Römer 1–11* (Düsseldorf: Patmos-Verlag, 1956), 232–58; U. Wilckens, *Der Brief an die Römer* (EKK VI/1-3; 2nd ed.; Zürich/Neukirchen-Vlyun: Benziger/Neukirchener, 1987), 2:101–17.

는 "나"의 모습은 후자에 속한다. 둘 중 어느 쪽도 율법을 즐거워하는 마음과 이에 반역하는 마음이 이 이야기에서 한 사람의 인격을 통해 이야기되고 있다는 사실을 명쾌하게 밝혀내지 못하고 있다.

물론 이 해석적 패턴에 여러 변형들이 존재해 온 것이 사실이다. 개신교 경건주의는 이 단락을 그리스도인의 삶의 초기 또는 전환기적 단계의 자기반성으로 읽는 경향을 보였다. 이들의 해석에 따르면 이 자기반성은 거듭남의 체험이나 우리를 구원하시는 그리스도의 위대한 능력을 발견함으로써 종식될 것이었다. 로마서 7장에서 사도 바울이 묘사하는 이 인물의 극단적인 연약함은 어떤 형태로든 성숙한 그리스도인의 특징으로 볼 수 없는 것이다. 그래서 경건주의는 후기 아우구스티누스에 의해 채택되고 훗날 개신교도들에게 일반적인 해석으로 자리 잡았던, 7장 전체가 그리스도인에 대한 묘사라는 이해를 변형시킨다. 하지만 바울은 독자들에게 어떻게든 로마서 7장에서 빠져나와 8장으로 들어서야 한다고 제안한 적이 없음을 알아야 한다. 늘 그렇듯이, 이러한 독법은 사도 바울의 생각을 반영하기보다는 해석자들의 관심과 우려를 더 반영하는 경향이 있다.

이러한 전통적 해석에 또 다른 중요한 대안은 20세기 초 당시에 일반적으로 받아들여졌던 바울의 심리학적 초상에 대한 대응의 성격으로 등장했다. 구체적으로 말하자면, 자유주의 개신교는 칸트의 지속적인 영향 아래 로마서 7장을 바울이 율법주의 유대교(암묵적으로는 당시 보수적인 교회의 권위들)에게 기인한 외적인 도덕적 요구로부터 해방된 이야기라고 상상했다. 이러한 독법에 반대하면서 1929년 큄멜은 광범위하고 지속적인 영향력을 지녔던 자신의 학위

논문에서 로마서 7장에서 묘사된 인물이 순전히 수사학적인 성격을 가진다고 주장했다. 그러니까 바울은 자신의 회심 이전이나 이후에 대해 말하는 것이 아니라는 것이다. 그는 7장이 자기에 대해 이야기하는 것이 전혀 아니고, 다만 율법과 대면하는 인간 현실을 다루고 있다고 본 것이다. 당연하게도 많은 해석자들이 퀌멜의 논의를 설득력이 부족하다고 여겼지만, 그의 접근은 해석자들이 대체적으로 간과해 왔던 본문의 어떤 차원에 새로운 시각을 열어주었다. 로마서 7장이 다루는 인물의 정체를 두고 벌어진 논쟁이 명확히 보여주듯이, 바울은 분명 자신의 자전적인 이야기를 하는 것이 아니다. 그러니까 로마서 7장의 인물 묘사는 적어도 자기 경험과 반성을 담은 통상적인 형태의 자전적 기록에 해당하지 않는다. 달리 표현하자면, 로마서 7장은 질적인 측면에서 아우구스티누스의 『고백록』과 동일하지 않다. 로마서 7장은 바울이 자신이 살아온 여정을 기록한 갈라디아서 1:15-2:14 또는 빌립보서 3:4-11의 자전적인 이야기보다는[3] 오히려 자신이 그리스도와 함께 죽고 부활했음을 이야기하는 갈라디아서 2:19-21과 장르 면에서 더 가깝다. 로마서 7장에서 바울은 "아담의 그늘 아래" 살아가는 인간을 묘사한다.[4] 하나님의 계명을 대하는 1인칭 "나"는 아담이 첫 타락 때 그랬던 것처럼 자신의 무흠한 상태를 상실했고, 탐심에 빠져버린 것에 고통스러워한다(8-9절). 생명을 향해 주어진 계명이 역설적으로 죄를 낳

---

3 하지만 이 본문들에서도 바울은 자신의 복음 이야기를 설명하는 것만큼 자신의 사적인 경험을 밝히는 데 큰 관심을 보이지 않는다.

4 O. Hofius, "Der Mensch im Schatten Adams. Römer 7,7-25a," *Paulusstudien II* (WUNT 143; Tübingen: Mohr Siebeck, 2002), 62-103.

았다. 이것은 "죄"를 살아나게 하고, 죄의 속이는 힘을 해방시켰다 (9-11절).[5] 물론 인간현실은 아담 이후로 바뀐 것이 사실이다. 죄는 단순히 외부로부터 인간에게로 오는 것이 아니라 인간의 마음 곁에 있고 또 그 안에 있다(8,13,14-15절). 율법의 소리를 듣는 각 사람에게 아담과 하와의 경험은 단순히 반복되는 것이 아니라 재현된다.[6]

따라서 큄멜의 독법의 문제점은 분명하다. 사도 바울은 타락한 인류의 범주에서 자기 자신을 결코 **배제**할 수 없기 때문이다. 아담의 경험은 또한 바울의 경험이기도 하다. 로마서 7장에서 그는 단순히 수사학을 동원하는 것이 아니며, 1인칭의 언어를 사용해 다른 역할을 연기하는 것도 아니다. 로마서 7장의 자전적 읽기(그리고 여기서 파생된 심리학적이거나 영적인 분석의 여러 시도들)[7]뿐만 아니라, 수사학적 읽기(바울이 설득을 목적으로 어떤 역할을 연기한다고 상상하는 것) 역시 "나"로 말하는 존재의 온전성과 독립성을 가정하고 있다. 전자는 "나"를 바울의 개인사(회심 이전이든 이후이든)에서 찾음으로써 본문의 발화자이자 저자로서의 역할을 간과하거나 잊어버린다. 후자는 "나"를 말하고 글을 쓰는 사도에게서 찾지만 바울을 그가 서술하는 삶과 경험에서 분리시켜 버린다. 두 접근법 모두 내러티브

---

5   참고. 창 2:15-17; 3:1-24, 특히 1-13.

6   따라서 바울은 집회서에서 말하는 것과 같은 유의 긍정적인 인간론을 극렬히 반대한다. 예를 들어, 집회서 15:11-20, 특히 15:15 "네가 원하기만 하면 계명을 지킬 수 있으니 충실하게 사는 것은 네 뜻에 달려 있다"('에안 텔레스 쉰테레세이스 엔톨라스 카이 피스틴 포이에사이 유도키아스', *ἐὰν θέλῃς συντηρήσεις ἐντολὰς καὶ πίστιν ποιῆσαι εὐδοκίας*). 집회서는 순종을 단순히 인간 행위의 차원에 속한 것으로 상상하지 않는다. 예를 들어, 앞구절들에서 분명히 지혜를 찬양하는 대목에서 보여주듯이, 순종을 위해서는 하나님의 도우심이 필요하다(집회서 15:1-10).

7   특히 타이센을 참고하라. G. Theissen, *Psychological Aspects of Pauline Theology* (Philadelphia: Fortress Press, 1987), 177-265.

의 신학적 깊이를 놓친다. 물론 바울이 율법 아래 있는 자의 경험을 서술할 때 "나"와 거리를 두는 것은 사실이다. 그러나 그 거리는 전적으로 신앙의 관점에서만 발생한다. 바울이 이 장 전체에서 묘사하는 "나"의 경험과 정체성은 특히 25b절에서 분명히 알 수 있듯이 여전히 바울 자신에게 속한다. 따라서 "나"의 정체는 바울 외부에서 주어진 것이 아니다. 그것은 정적이고 고정된 것이 아니며, 내면의 성찰이나 철저한 자기 응시, 또는 데카르트의 자기 사색(cogito) 또는 심리적 분석에 의해 확립될 수 있는 것이 아니다. "1인칭 '나'가 서술하는 율법 경험은 인식이나 자기 성찰로 환원될 수 없다. '나'는 스스로 보고 해석할 수 있는 단순한 눈이 아니다." 본문 자체가 말해주듯이, "나"는 율법이라는 거울을 필요로 한다. 더 괜찮은 표현으로 다시 말해본다면, 율법의 **목소리**가 필요하다. 타락한 인간의 모습은 너무나 추악하고 불행해서(우리는 오스카 와일드의 『도리안 그레이의 초상』을 떠올리게 된다), 우리 자신이 풀어내는 자기 이야기와 상반되기 때문에, 우리 자신에 대해 인식하기 위해서는 외부의 하나님으로부터 제공되는 해석이 필요하다. 일부 그리스도인(종교개혁 이전의 루터와 함께)이 그릇되이 시도해 온 내관(introspection, 자기를 들여다보는 영성수련)은 숙명적으로 그 시작에서부터 실패가 예정되어 있는 것이다. 율법은 우리가 말할 수도 없고 듣고 싶지도 않은 우리 자신에 대한 이야기를 들려준다. 그것은 우리를 "자기에 대한 앎이라고 하는 지옥 여정"으로 인도한다. 그러고 나서 그곳에서부터 그리스도를 아는 지식 안에서 천국으로 인도한다.[8] 들을 귀가

---

8 J. G. Hamann, "Chimärische Einfälle," in *Sämtliche Werke: Band 2. Schriften über Philosophie, Philologie, Kritik* (ed. J. Nadler; Herder: Wien, 1950; repr.

있는 사람, 사도의 감사의 외침을 아는 사람만이 그 이야기를 듣고 율법의 거울에 비친 우리 자신의 모습을 볼 수 있다.

바울이 성경 내러티브를 사용한 것에서 분명히 알 수 있듯이, 그는 로마서 7장의 1인칭 "나"를 통해 스스로 자기 자신과 자기 경험을 해석하는 자로서 말하는 것이 아니라, **하나님에 의해 해석된**[9] 한 사람의 시각으로 말을 하고 있다. 그가 아담의 형상에 속한 자기 자신을 가리켜 "나"로 표현하는 것은 단순히 설득이나 교훈을 목적으로 다른 사람의 역할을 연기하는 프로소포포에이아도 아니고, 형태적 유사성을 빌어 허구적 인물을 활용한 것도 아니다.[10] 바울은 로마서 7장에서 1인칭 "나"라는 표현으로 아담의 형상을 계속해서 말하며, 이를 하나의 신학적 고백으로 전하고 또 그렇게 함으로써 독자들을 이 고백으로 **초대한다.** 그는 성경에서 아담의 이야기 안에서 자신을 발견하고 해석했으며, 놀랍게도 십자가에 못 박히시고 부활하신 예수 그리스도의 이야기에서도 자신을 발견했다고 고백한다(25a절). 로마서 7장에서 "나"의 정체성이 고정적이거나 독립적이지 않고 외부의 힘에 의해 결정되고 고정되는 것처럼, 바울은 여기서 자신의 경험이나 다른 인간의 경험을 해석하는 자가 아니라 하나님의 말씀과 일하심에 의해 해석된 자로서, 그리고 그의 독자들에게 그렇게 해석되도록 초대하는 자의 위치에서 말한다. 루터의

Brockhaus/Antiquariat Willi: Wuppertal/Tübingen, 1999), 164.

9   비교. O. Bayer, *Martin Luther's Theology: A Contemporary Interpretation* (trans. T. H. Trapp; Grand Rapids: Eerdmans, 2008), 19.

10   특히 다음을 참고하라. S. K. Stowers, "Romans 7.7–25 as a Speech-in-Character," in *Paul in His Hellenistic Context* (ed. T. Engberg-Pedersen; Minneapolis: Fortress Press, 1995), 180–202.

유명하고도 (일부 사람들에겐) 악명 높은 인간에 대한 묘사가 여기에 적용된다. "우리는 각기 하나님이나 사탄이 올라탄 짐승일 따름입니다."[11] 사도 바울은 프로이트보다 훨씬 더 급진적인 방식으로, 정신분석의 결과물보다 훨씬 더 깊은 분석이 요구되는 방식으로 "자아는 집에서 주인노릇하는 존재가 아니다"[12]라는 취지의 이야기를 하고 있다. 죄라는 실재는 윤리적 또는 심리학적 분석 이상의 노력, 즉 신학적 설명을 필요로 한다. 이야기의 내용뿐만 아니라 그 형식에서도 사도 바울은 자신의 정체성이 자신이나 자신의 능력에 있는 것이 아니라 이미 결정되어 있음을 고백한다. 그것은 먼저 아담과 죄 아래 종노릇하는 노예상태로 결정되었고, 결국에는 유일하고도 참된 자유를 주시는 그리스도 안에서 결정되었다.

결과적으로 로마서 7장의 "나"라는 존재 안에서 특수한 것과 보편적인 것이 만난다. 이 이야기는 개인적이고 사적인 것이지만 결코 개인주의적이지 않다. 바울이 전하는 이야기는 단순히 자신의 이야기나 이스라엘의 이야기, 또는 아담의 이야기만이 아니라 하나님의 율법과 부딪힌 모든 사람에게서 재현된 아담의 역사다. 로마서 7장은 "전기문"이지만 **자전적** 기록(auto-biography)이 아니라 하나님의 말씀과 역사하심에 의해 형성되고, 기록되고, 전해지는 **하나님에 의한** 기록(theo-biography)이라 할 수 있다. 이 내러티브는 여기서 바

---

11   M. Luther, *de servo arbitrio*, WA 18, 126, 23–28 = *The Bondage of the Will*, LW 33:65.

12   참고. Sigmund Freud, "A Difficulty in the Path of Psychoanalysis," in *The Standard Edition of the Complete Psychological Works of Sigmund Freud* (trans. and ed. J. Strachey; London: Hogarth, 1955), 17:143. 내가 참고문헌으로 인용한 프로이트와 루터의 인간학에 대해서는 다음을 참고하라. Bayer, *Martin Luther's Theology*, 185.

울이 **자신의** 고백을 우리에게 제공한다는 점에서 특수하다. 그러나 이 본문에서 그의 삶의 구체적인 것들까지 읽어낼 수 있을 정도로 특수한 것은 아니다. 그는 여기서 청소년기에 처음 정욕을 경험했던 일이나 율법에 대한 내면의 적대감을 드러내지 않고, 여러 해석자들이 제안했듯이 자신 영적 발달의 어떤 전환기적 단계를 중심으로 전개되지도 않는다. 바울의 회심조차도 뚜렷하게 나타나지 않는다. 바울은 회심 이전의 삶이나 25a절의 기쁨에 찬 감사의 외침을 제외하고는 자신의 그리스도인으로서의 체험에 대해 말하지 않고, 보다 근본적이고 단순하게 율법과 대면하는 한 인간에 대해 말한다. 이것이 바로 필자가 이 글에서 탐구하고 발전시켜 나갈 주제다. 따라서 로마서 7장에 등장하는 "나"는 보편적이지만 추상화된 인물이 아니다. "나"는 철저히 특수한 존재다. "나"는 바울 그 자신이다. 그럼에도 불구하고 우리의 외형적인 삶의 과정이 사도 바울의 그것과 아무리 다르다 해도, 우리가 죄책감에 시달리든 죄책감으로부터 완전히 자유롭든 상관없이(바울과 루터 사이의 심리적 거리와는 무관하게)[13] 바울은 로마서의 독자들을 자신과 동일한 고백 안으로 초대하고 있다. 확실히 이 고백은 경험적인 차원을 내포한다. 그

---

13 따라서 그리스도인들이 행하는 그릇된 자기 성찰이 남용되는 현실에 대한 스탕달의 우려가 전적으로 정당하긴 하지만 그의 도발적인 글은 처음부터 방향이 잘못되어 있다고 볼 수 있다. 참조. "The Apostle Paul and the Introspective Conscience of the West," *HTR* 56 (1963): 199–215. 예를 들어, 해커가 다양한 그리스-로마 저자들(특히 세네카)을 인용하여 제시한 바, 율법이 죄를 유발하고 인간의 양심이 종종 자신의 도덕적 실패를 자각한다는 인식은 그들의 상황과 결코 무관하지 않다(*The Theology of Paul's Letter to the Romans* [New Testament Theology; Cambridge: Cambridge University Press, 2003], 127–31). 하지만 그리스-로마 저자들의 것은 신학적으로, 심리학적으로, 사회학적인 측면에서 인간 상태에 대한 바울의 설명과 유사하지 않다.

러나 로마서 7장은 심리적 묘사 그 이상의 의미를 담고 있기도 하다. 사도 바울은 하나님의 율법에 의해 반영되고 복음에 비춰볼 때라야 바르게 볼 수 있는 우리 자신의 모습을 우리 앞에 제시한다.

로마서 7:7-25의 내러티브가 그리는 초상은 죄와 타락한 인간에 대한 바울의 이해에 상응하는 방식으로 이중적인 형태를 취한다. 7-13절에 이르는 앞부분에서 율법과 "죄"는 행위자로 부각되고 "나"는 수동적으로 묘사된다. 율법이 말한다. 그러자 "죄"가 기회를 잡고 살아나 기만하고 죽인다. 여기서 "나"는 기만당하고 탐심을 품었음을 자각하고 죽는다. 두 번째 단락인 14-25절에 이르러서는 "나"란 존재가 죄와 더불어 행위자의 역할을 취한다. 우리는 곧이어 이 역설에 담긴 함의에 대해 숙고해 볼 것이다. 앞서 지적했듯이 바울의 "고백"이 처음부터 이스라엘의 위대한 "고백들"이나 아우구스티누스의 "고백록"과 같은 형태를 따르지 않는다는 것에 주목할 필요가 있다. 그는 하나님에 대해 말하지도, 주님의 선하심에 대해 이야기하지도, 자기 죄에 대한 장황한 기도문을 늘어놓지도 않는다. 그는 엄격한 의미에서 자신의 죄책을 고백하지도, 하나님께 자비와 용서를 구하지도 않는다.[14] 대신에 바울의 내러티브는 시편에 있는 탄식시의 형태 및 내용과 유사하다(특히 7:21-25의 요약문에서 그렇다).[15] 이러한 탄식시들에서 발견되는 패턴에 따라 바울이 표

---

14 비교. 스 9:5-15; 느 1:4-11; 9:1-38; 단 9:3-27.

15 이 주제에 관한 풍성한 논의를 제공한 채닝 크라이슬러(Channing Crisler)에게 감사를 전하고 싶다. 필자가 이 글을 쓸 때 그는 로마서에서 크게 간과해 왔던 탄식의 의미에 관한 학위논문을 쓰고 있었다. 또한 다음의 저자들도 참고하라. P. Stuhlmacher, "Klage und Dank: Exegetische und liturgische Überlegungen zu Römer 7," *JBTh* 16 (2001): 55-72; E. Käsemann, *Commentary on Romans* (trans. G. W. Bromiley; Grand Rapids: Eerdmans, 1980), 193.

현하는 고통의 묘사에는 급작스럽고 예상치 못한 구원의 알림이 이어진다.[16] 탄식을 포함하는 참회시에서처럼, 바울은 죄와 죄책에서 건짐 받기 위해 부르짖는다(시편 6, 38, 51, 130편). 시편 저자들처럼 바울의 고백은 청중과 독자들을 동일한 경험으로 초대한다. 하지만 여기까지만 해도 상당한 차이가 나타난다. 시편의 저자들은 **여호와께** 부르짖고 그의 자비에 호소한다.[17] 그들은 하나님의 심판에서 벗어나 그의 자비로 나아간다. 시인들은 그들이 부르는 자의 이름을 안다. 로마서는 이와 극명한 대조를 이루는데, 여기서 "나"는 하나님의 "거룩하고 의롭고 선한" 율법과 대면하는데(12,22절), 누구에게로 돌이켜야 할지 알지 못한다. "이 사망의 몸에서 누가 나를 건져내랴?"(24절)[18] 그런데 이 비참한 사람은 모든 소망의 끝자락에 이른다. 이를 뒤잇는 감사의 외침은 일종의 전환, 절대적인 역전, 그리고 극적이며 기쁨에 찬 구원의 도래를 알린다. 바울이 25a절에서 찬미하는 구원은 그것을 경험한 사람의 삶에서 아무런 준비나 기초를 마련할 수 없었던 일종의 놀라움이다. 하나님은 직선적인 상승의 형태로가 아니라, 깊은 탄식 가운데서 고도의 기쁨을 창조해 내신다.

---

16 예, 시 12:1-8; 22:1-31; 56:1-13.

17 예, 시 6:1-5; 38:1-2,21-22; 51:1-12; 130:1-8.

18 비교. R. Jewett, *Romans: A Commentary* (Hermeneia; Minneapolis: Fortress, 2007), 472. 쥬엣은 자전적인 관점에서 바울의 회심 이전을 말한다고 주장하는 입장에서 고데를 인용한다. "그리스도인은 고통 가운데 있을지라도 적어도 그의 구원자의 이름을 안다." 유대인 바울에게도 해당하는 말이었을까? 유일하게 시편 60:9/시편 108:10(MT 60:11/108:11)의 탄식에서 원수 앞에서의 비참한 패배와 하나님의 거절하심을 경험하며 내뱉는 말들이 나오는데, 이것이 바로 바울의 탄식에 매우 근접해 있다. "누가 나를 이끌어 견고한 성에 들이며, 누가 나를 에돔에 인도할까?" 하지만 여기서도 시인은 시편의 다른 곳에서 의지했던 바로 그 하나님에 대한 소망과 확신을 표현한다. "우리가 하나님을 의지하고 용감하게 행하리니!"(시 60:12/108:13 [MT 60:14/108:14]).

따라서 로마서 7장의 탄식은 에스라4서에 등장하는 선견자의 사례보다 훨씬 더 급진적이다. 에스라4서에 등장하는 계시를 해설하는 천사 우리엘은 율법을 가리키면서 에스라의 탄식을 거듭 바로잡는다. 여기서 율법은 하나님의 백성이 장차 도래할 시대에 기업을 얻게 하는 통로로 이해된다.[19] 흔히 로마서 7장과 유사한 것으로 여겨지는 쿰란의 찬송시도 마찬가지다.[20] 이 작품들은 모두 1인칭 단수 화법을 활용해 바울 내러티브처럼 인간에 대한 급진적 비관론을 내비치지만 탄식시의 형태를 취하진 않는다.[21] 쿰란의 호다요트에 속하는 시들은 다음의 예처럼 이미 받아 소유한 구원을 기뻐하는 감사와 찬양의 시로 귀결된다. "당신의 종의 마음을 열어 지식으로 향하게 하신 내 하나님을 찬양합니다!"(1QS 11:15-16). 인간이 처한 곤경에 대한 해답은 이미 공동체 안에서 주어지고 알려졌으며 실제로 실천되었다.[22] 에스라4서의 저자 및 쿰란 공동체의 시선에서는 율법이 올바로 해석되고 적용되기만 한다면 거기에 구원이 있다고 말한다. 바울은 자기 동시대 사람들과 다른 입장을 취하는데, 그는 율법이 인류로 하여금 스스로 심판에 이르게 한다고 이해한다. 그럼에도 불구하고 여기서 그리스도 안에서의 하나님의 놀랍고 헤아릴 수 없는 역사하심으로 인해 고통과 수치에 빠진 인류의 마지막이 오히려 율법의 목적으로 귀결된다(롬 10:4).

그러므로 바울에게 인간의 곤경에 대한 해결책은 현재의 타락한

---

19 참고, 에스라4서 7:65-74; 7:116-131; 9,26-37.

20 예, 1 QS 11:9-15; 1QH 9:21-32; 12:19-36.

21 따라서 쿰란 찬송가는 현대 학계에서 흔히 간과되는 헬레니즘 시대의 유대인들이 가진 개인주의에 대한 증거를 제공한다.

22 예, 1 QS 3:6-12; 1QH 9:21,31-32; 12:19-23.

세상에서 찾을 수 있는 것이 아니다. 그것은 내세로부터 온다. 로마서 7장은 25a절에서처럼 장차 도래할 시대가 바울의 탄식 속으로 (따라서 이 타락한 세계 안으로) 놀랍게 침투해 들어오고 있음을 말한다는 점에서 다른 모든 1인칭 내러티브와 차별화된다. 이 감사의 외침을 제외하면 7-25절에는 하나님의 용서하시는 은혜가 전혀 나타나지 않는다. 여기서 바울의 관심은 전적으로 하나님의 율법을 만난 아담의 자녀에게 집중되어 있다. 그것은 바울이 이 장의 서두에서 제시하는 신학적 명제, 즉 "한 사람이 두 주인을 섬길 수 없다"는 사실을 표현한 것이다. 우리는 율법 아래 있거나, 그렇지 않으면 십자가에 못 박히시고 부활하신 그리스도에게 속해 있다(롬 7:1-4).

로마서에 나타난 율법

로마서 7장을 읽을 때, 바울이 로마서에서 펼치는 보다 큰 틀의 율법에 관한 신학을 참고하는 것이 중요하다. 로마서 7장에서 율법과 대면하는 바울의 극적인 이야기는 그가 인간을 향한 복음의 역사를 장황하게 설명하는 본문(롬 3:27-8:39) 안에 위치한다. 따라서 이 구절은 바울의 첫 번째 복음 제시(롬 1:16-3:26)와 이스라엘 및 열방과 관련지어 두 번째로 복음을 설명한 부분(롬 9:1-11:36) 사이에 위치한다. 늘 그렇듯이 바울은 긴 권면과 호소로 서신을 마무리한다(롬 12:1-16:27). 사도는 이러한 논증의 각 부분마다 모세의 율법과 자신이 선포하는 복음과의 관계를 명확히 밝힌다. 율법에 관한 그의 진술들은 각 구절마다 로마서 7장을 이해하는 데 매우 중요하다.

   죄와의 투쟁에 관한 다양한 관점들

편지의 서두에 나타난 바울의 복음 제시는 바울의 유명한 서론적 선언과 요약적 반복(롬 1:16-17; 3:21-26)에서도 알 수 있듯이 신학의 중심주제인 하나님, 특히 십자가에 달리시고 부활하신 그리스도 안에서 이루어진 하나님의 사역에 집중되어 있다(롬 1:16-3:26). 이러한 구원의 선포들 사이에 놓인 긴 담론에서도 역시 바울은 신학의 핵심으로서, 그리스도 안에서 구원받았던 바, 타락한 인류를 향한 하나님의 진노에 집중한다(롬 1:18-3:20). 이 긴 선언에서 바울은 유대인이나 헬라인이나 모두 죄의 권세 아래 있다고 주장한다(롬 3:9). 그는 이 주장을 전개한 로마서 2:1-3:20에서 율법을 신학적 관점으로 소개한 내용을 로마서 7장에선 인간론적 관점으로 다듬어 나간다. 널리 알려진 바와 같이, 율법과 유대인의 정체성에 대한 이 마지막 설명이 1:18-3:20의 중심을 이루고 있다.

우리가 율법에 관해 살펴보고자 하는 1:8-3:20의 첫 번째 관심 구절은 우상 숭배자를 향한 하나님의 진노를 언급하는 바울의 선언의 결론부에 등장한다. 바울은 우상 숭배자들의 악덕을 묘사하는 긴 목록을 다음과 같이 요약하며 마무리한다. "그들이 이 같은 일을 행하는 자는 사형에 해당한다고 하나님께서 정하심을 알고도 자기들만 행할 뿐 아니라 또한 그런 일을 행하는 자들을 옳다 하느니라"(롬 1:32).

이 고발의 내용은 우상 숭배자들을 하나님이 심판하실 것에 대한 바울의 앞선 설명과 유사하다. 여기서 하나님은 '동해복수법'(ius talionis)에 따라 그들을 자신들의 욕망에 내버려두신다(롬 1:24,26,28). 그들의 이러한 반역행위들은 그들이 깨닫지 못할지라도 하나님의 보응에 해당한다. 이미 여기서 우리는 바울이 로마서 7장에서 이야기하는 타락한 인간 내면의 근본적이고 비극적인 균열을 발견한다. 즉, 우리의 죄는 우상 숭배와 불신앙에 대해 하나님께서 우리에게 내리신 형벌이면서 동시에 우리에게 책임이 돌려지는 반역 행위라는 것이다. 물론 로마서 1장과 7장에는 차이가 있다. 바울은 1장에서 **율법**을 아는 우상 숭배자들에 대해 말하지 않는다. 그는 분명히 이방인을 염두에 두고 있으며, 다음 장에서는 율법에 대한 지식이 부족하여 유대인보다 불리하게 보이는 그들의 상황에 대해 자세히 설명한다.[23] 그렇다면 그는 "하나님의 의로운 심판을 그들이 알고 있다"고 말할 때 그들이 율법의 가르침을 받았다는 식으로 상상하지는 않았을 것이다. 대신에 바울은 이방인들이 하나님의 다스림 가운데 속한 인간 피조물이며, 그 다스림 아래에서 하나님의 의로운 심판이 있으리라는 사실을 알면서도 그것을 거부하는 것이라 여긴다.[24] 그들의 불순종은 **알면서** 행하는 불순종이며 따라서 진정한 죄책을 낳는다. 하나님의 뜻을 암묵적으로 인정하면서도 동시에 이에 반역하는 것은 로마서 7장에서 말하는 1인칭 "나"의 특징이기도 하다. 물론 바울이 7장에서는 율법의 계명을 대면한 사람에 대해 말하고 있다는 점에서 상황은 다르다. 물론 바울이 로마서 7장에서 그리스도인의 경험을 직접적으로 가리키고 있다고 가정할 필요는 없다. 로마서 3:19-20에서도 살펴보겠지만, 율법에 관련한 유대인의 경험은 모든 인류의 패러다임이기 때문에 그가 **순전히** 유대

---

23   참고, 롬 2:12-16,17-24,25-29.

24   여기서 바울이 사용하는 동사 '에피기노스코'($\epsilon\pi\iota\gamma\iota\nu\acute{\omega}\sigma\kappa\omega$)는 이 의미를 갖고 있음이 분명하다. 이는 다른 대부분의 용례에서와 마찬가지다(참고, 고전 13:12; 14:37; 16:18; 고후 1:13,14; 6:9; 13:5).

인에 대해서만 말하고 있다고 생각해서도 안 된다.

바울은 우상숭배자들을 고발하면서 그들이 이러한 죄책을 인식하고 있음을 전혀 암시하지 않는다. 정반대로, 그는 그들이 맹목적인 불신앙 가운데 살고 있다고 묘사한다. 그들은 자신들의 행위에 대한 하나님의 공의로운 심판을 알면서도 계속 같은 일을 행하며, 또한 그같이 행하는 사람들을 기뻐한다. 그들의 반역은 창조세계를 통해 지속적으로 주어진 하나님에 대한 지식을 억누르는 우상숭배에 해당한다(롬 1:19-23). 사도 바울은 이와 별개의 방식으로 인간의 불신앙을 설명하려는 심리적 분석의 여지를 남기지 않는다. 선한 창조주에 대한 타락한 피조물의 반역에는 우리가 헤아릴 수 있는 것보다 더 깊은 원인이 있다. 그리고 이와 비슷한 동인이 로마서 7장에서 완전한 형태로 재등장한다.

바울은 자신이 로마서 1:32에서 이방인에 대해 암시적으로 언급한 내용을 2:12-16에서 공개적으로 거론한다. 유대인의 형편이 이방인보다 낫다는 어떤 가정에 대해, 그는 다가올 하나님의 공의로운 심판을 주장하면서, 이방인들도 유대인과 동일한 기준에 따라 심판을 받게 될 것을 말한다. 그들은 율법이 없지만, 율법이 요구하는 것을 "본성에 따라"('퓌세이', φύσει) 행할 때 그 행위들은 자체적으로 "율법"으로 작동하고(롬 2:14), "그 마음에 새긴 율법의 행위를 나타낸다"(롬 2:15). 바울은 인간의 모든 행위에 율법 전체가 결부되어 있다고 이해한다. 자발적인 순종 행위는 율법 전체가 작동하고 있다는 증거가 된다. 바울의 해당 표현은 로마서 3:20에 나오게 될 "율법의 행위"라는 유대인의 표현을 활용했을 가능성이 높다. 인간은 "율법의 행위"를 수행하는 것과 별개로, 율법에는 반역적인 인간에게 창조주의 선하고 의로운 요구를 상기시키고 가르치는 고유한 기능이 있다. 로마서 7장에서 분명히 알 수 있듯이, 율법의 내적인 측면이 외적인 것을 배제하는 것이 아니다. 그것은 침투하는 힘을 제공한다. 그러니까 율법의 목소리는 결국 새로운 정보를 전달하는 것이 아니라 이미 인간의 마음속에 기록된 것을 상기시킨다는 의미다. 우리의 정죄는 단지 외부에서 오는 것이 아니라 내부에서 비롯된 것이기도 하다. 바울은 로마서 1:32에서 이방인을 묘사한 것과 같은 방식으로, 여기서도 이방인에 대해 이야기한다. 그들이 아무리 자각을 억누르려고 노력해도 여전히 하나님의 다스림 아래 속한 피조된 인간이다. 그들의 행위에 관한 하나님의 뜻과 하나님의 심판에 대한 지식은 그들의 마음에 기록되어 있다. 그들이 율법의 지시를 받지 않으면서도 율법의 요구를 행한다는 점이 이를 보여준다. 이 맥락에서도 바울은 이방인들이 자신의 행동이 지닌 함의를 인식하고 있음을 암시하지 않는다. 그는 오히려 하나님께서 사람들의 은밀한 것을 심판하시는 날에 그들의 양심과 그들의 생각이 그들을 비난하거나 변명할 것이라고 말한다(롬 2:16). 여기서 바울이 정죄와 무죄라는 두 가지 가능한 결과를 상상하고 있는 것은 그가 (많은 해석자들이 주장하는 것처럼) 이방인 신자들만을 염두에 두고 있는 것이 아니라, 믿음 여부와 상관없이 단순히 이방인 자체를 염두에 두고 있음을 보여준다.[25] 또한 하나님께서 심판하실 "사람들

---

25 따라서 바울이 이방인을 "그 마음에 새긴 율법의 행위를 나타내는 존재"라고 묘사한 것은 렘 31:31-34에 약속된 새 언약을 간접적으로 암시하는 것일 뿐이다. 새 언약의 약속은 이스라엘 자체가 주변 민족들과 마찬가지로 마음에 할례를 받지 않았기 때문에 무할례의 상태에 있다고 가정한다(렘 9:24-25). 여호와께서 이스라엘과 유다의 마음에 할례를 베푸신다면 열방의 구원을 위한 길이 열릴 것이다. 바울

의 은밀한 것"은 "사람들의 비밀"(ESV)을 뜻하지 않는다. 그것은 이방인들이 마음속에 감추어 두었던 비밀이 아니라, 오히려 인간이 자신에 대해 인식할 수 없는 마음의 숨겨진 것들을 가리킨다. 우리가 마침내 하나님의 심판을 받게 되는 그날에 우리의 양심과 생각이 마침내 우리를 정죄하거나 무죄를 선고할 것이다.[26] 율법의 외적인 음성은 그 심판의 순간을 현재로 가져온다.

17-29절에서 바울이 디아트리베 방식으로 주고받는 가상의 대화 상대는 교훈('파이데이아', παιδεία)을 통한 도덕적 개선의 이상을 받아들인 헬레니즘 유대교의 대표적 인물이다. 이 인물은 율법을 "신뢰"(17절)하고 "자랑"(23절)하면서, 이것이 하나님의 뜻을 아는 지식을 제공하기 때문에 "맹인의 길을 인도하는 자", "어둠에 있는 자의 빛", "어리석은 자의 교사('파이데우테스', παιδευτής)", "(도덕적으로) 어린아이의 선생"(19-20절)이라고 상상한다. 그 대화 상대자의 생각에 따르면, 이방인은 유대인만이 제공할 수 있는 하나님의 뜻에 관한 가르침을 필요로 하는 어리석고 도덕적인 유아로 보인다. 바울은 그런 생각을 논파한다. 하나님의 뜻을 안다고 해서 하나님의 뜻을 행하는 것은 **아니다**. 바울에게 이방인의 덕행을 지적하는 것이 어렵지 않았던 것처럼, 유대인의 악행을 지적하는 것 역시 어렵지 않다(21-24절). 그래서 그는 이렇게 주장한다. "율법을 자랑하는 네

은 여기서 다른 방식으로 율법의 요구 사항을 인식하는 유대인과 이방인의 동등한 지위를 강조하고 있으며, 그래서 본문을 가볍게 다룰 수 있다. 그러나 그의 표현은 "내 율법을 그들 안에 두고 그들의 마음에 기록하리라"는 주님의 약속을 간접적으로 반영할 뿐이다. 그는 주로 "율법의 행위"라는 표현을 사용한다.

26 바울은 다른 곳에서 이 사실이 자기에게도 해당한다는 점을 분명히 밝힌다. "내가 자책할 아무것도 깨닫지 못하나 이로 말미암아 의롭다 함을 얻지 못하노라 다만 나를 심판하실 이는 주시니라"(고전 4:4-5).

가 율법을 범함으로 하나님을 욕되게 한다"(23절). 이렇게 비난하면서 그는 모든 유대인이 그런 위선을 갖고 살았다고 주장하지 않는다. 그는 단지 유대인의 범죄에 대한 공공연한 예를 지적하면서, 독자들에게 위선에 관한 **질문을 제기**할 뿐이다. 죄책감의 인식은 그들만의 자기 판단으로 남아 있다. 따라서 그는 율법을 "성취"(또는 "지키기")하는 것(롬 2:26-27)과 "율법의 행위"(롬 3:20) 사이의 구별을 암시적으로 도입하는데, 이것은 이후 논증에서 분명해진다. 단순히 계명을 외적으로 지키는 것은 본질상 항상 관찰 가능한 특정 행위로 제한되는데, 전인격과 마음을 요구하는 율법의 성취라고 볼 수는 없다. 참된 순종은 하나님만이 분별하실 수 있다(롬 2:28-29). 또한 "율법의 행위"는 율법의 범법을 덮거나 제거하지도 않는다. 따라서 바울은 단순히 지식과 영적 훈련이 하나님의 뜻을 행하게 한다는 잘못된 가정을 쉽게 폭로한다. 그가 로마서 7:7-25에서 전개하는 것은 율법에 대한 지식과 율법을 행하는 것 사이의 이러한 급진적인 구분이다.

바울은 이미 로마서 2:24-29에서 7:6에 나타난 "문자"(개역개정 "율법 조문")와 영을 구분하는 그의 중요한 신학적 진술을 미리 내다본다. 할례를 받지 않았지만 율법을 지키는 이방인들은 "율법 조문과 할례를 가지고 율법을 범하는 자들"(롬 2:27)을 정죄할 것이다. 참된 유대인은 내면에 숨겨진 것이고, 진정한 할례는 "율법 조문에 있지 않고, 영으로써"(롬 2:29) 마음에 행해진다. 그의 주장에서 알 수 있듯이 "문자"는 외적인 가르침과 요구로서의 율법을 의미한다.[27]

---

27 참고, 고후 3:3,7.

외부로부터의 가르침은 유대인의 경계표지인 할례의 요구와 마찬가지로 율법에 대한 외적인 순응만을 가져오기 때문에 그것만으로는 불충분하다. "문자"는 **인간의 행위**를 촉구한다. "문자"만을 소유한 사람들은 분명히 율법을 소유하고 있지만 그것을 지키지 않기 때문에 율법을 범하는 자로 정죄받을 것이다(27절). 반면에 성령은 하나님의 역사를 발효시켜 마음에 할례를 베풀고, **하나님만이 보실 수 있는** 심령에 믿음의 참된 순종을 창조한다(29절).[28] 바울은 인간이 행할 수 있는 "율법의 행위"(롬 3:20)와 하나님만이 인간의 마음에서 역사하실 수 있는 율법의 성취를 구분한다.[29]

바울은 "죄의 힘 아래 놓인"(롬 3:9) 인류에 관한 장황한 선언을 율법에 대한 명시적이고도 극적인 진술로 마무리한다. 여기에 대화 상대로 등장하는 유대인은 율법을 하나님의 뜻에 관한 지식을 알리는 선물로 이해하는데, 그 기저에는 인간이 (하나님의 도움을 받아) 그 지식을 실천할 수 있다는 가정이 깔려있다(롬 2:17-24). 바울이 율법을 읽는 방식은 매우 급진적으로 다르다.

> 우리가 알거니와 무릇 율법이 말하는 바는 율법 아래에 있는 자들에게 말하는 것이니 이는 모든 입을 막고 온 세상으로 하나님의 심판 아래에 있게 하려 함이라 그러므로 율법의 행위로 그의 앞에 의롭다 하심을 얻을 육체가 없나니 율법으로는 죄를 깨달음이니라(롬 3:19-20)

---

[28] 참고, 롬 1:5; 6:16-18; 15:18; 16:19,26.

[29] "율법을 행함"과 "율법을 성취함"의 구분 개념에 상응하는 루터의 언어에 대해서 다음을 참고하라. T. Reinhuber, *Kämpfender Glaube: Studien zu Luthers Bekenntnis am Ende von De servo arbitrio* (Theologische Bibliothek Töpelmann 104; Berlin/New York: De Gruyter, 2000), 65-74.

율법을 듣는 자는 "율법 안에" 있다(비교, 롬 2:12). 물론 기록되어 있는 글이지만, 율법은 율법 아래에 있는 자들에게 인간이 죄에 대해 비극적으로 종속된 상태에 있다고 **말하고 있다.** 따라서 바울은 자신이 연달아 인용해 왔던 시편과 선지자의 말을 율법에 관한 설명으로 이해하고, 반대로 율법을 예언적 신탁으로 이해한다. 율법은 그 권위 아래 속한 자들에게 말하면서 "모든 입을 막고"[30] 온 세상이 하나님 앞에서 죄인('휘포디코스', ὑπόδικος)이 되도록 모든 인간을 **다룬다.** 바울은 인간이 선을 행할 능력이 전혀 없고, 율법이 요구하는 것을 성취할 능력이 없다고 상상하지 않는다. 때로는 이방인들도 율법을 한마디도 듣지 않고도 자발적으로 율법이 요구하는 것을 실천한다(롬 2:14). 유대인들은 "율법의 행위"를 행한다(롬 3:27-31).[31] 그럼에도 불구하고 바울은 하나님 앞에서 "육체로는" 유대인들이 율법에 순종하여 행한 이러한 행위로 의롭다 함을 얻을 수 없다고 주장한다.[32] 우리가 로마서 2:17-29에서 보았듯이, 바울은 율법을 주신 하나님이 우리에게 "행위", 즉 우리가 행할 수도 있는 행동 그 이상의 것을 원하신다는 것을 이미 분명히 밝혔다. 하나님은 우리의 전인격, 우리의 중심을 원하시고, 그것이 율법의 요구이기도 하다. 그러나 인간의 마음은 율법에 의해 움직일 수 없다. 그 일은 오직 하나님께서 보시고 인정하시는 순종을 창조해 내시는

---

30 이 문구는 시편 63:11(MT 63:12)을 상기시키는데, 이 본문은 "거짓말 하는 자들"의 입을 다물게 한다고 선언한다. (비교, LXX 시편 62:12은 'injustice'[불공평, 부당한 조치]로 번역했다)

31 "율법의 행위"에 대해 말하는 쿰란의 서신을 참고하라. 4Q398 frags 14-17, II,3 = 4QMMT 113.

32 바울은 이 표현('파사 사르크스', πᾶσα σάρξ)을 사용해 창세기 6:12을 상기시키면서 **"모든 육체가 부패했다"**는 메시지를 전한다.

성령에 의해 이루어진다(롬 2:26,29).[33]

이 편지의 마지막에 위치한 결정적인 진술에서, 바울은 율법이 하나님의 구원계획 안에서 다른 역할을 한다고 분명히 밝힌다. 이는 "율법으로는 죄를 깨달음"(3:20)이라는 낯설고 예상치 못한 역할이다. 그의 언어는 로마서 7:7-13의 이야기를 분명히 예견하고 있는데, 여기서 그는 계명을 통해 오는 죄에 대한 "지식"에 대해 설명한다(롬 7:7). 이 맥락에서 "죄에 대한 지식"은 순전히 지성적인 측면만 있다고 보기 어렵다. 바울은 여러 차례 이방인들이 옳고 그름의 차이를 안다고 언급한 바 있다(롬 1:32; 2:14). 그들은 죄가 무엇**인지** 알고 있다. 율법이 가져오는 것은 죄와 죄책이라는 비극적인 경험이다.[34] 우리가 살펴본 바와 같이, 바울은 죄를 타락한 인간이 **고통스럽게 겪고 있는** 현실이라는 측면에서 이야기한다. 타락한 인간이 억누르는 것을 율법이 밝혀낸다. 적어도 율법에 대한 하나님의 목적은 마음 안에 있는 죄의 실재를 밝혀내는 것이다. 사도 바울에 따르면, "하나님의 신탁"(10-18절), 즉 "율법과 선지자들"(21절)에게서 듣고 믿는 사람들, 즉 율법의 목표이자 마침이신 예수 그리스도를 붙드는 사람들이 그들의 마음속에 있는 죄의 실체를 깨닫게 된다(롬 10:4).

---

[33] 롬 2:28-29에서 바울은 예레미야 선지자가 선언한 "새 언약"이란 주제를 가져온다(렘 31:31-34; 비교, 겔 11:19; 36:26-27). 비록 이스라엘의 마음이 할례받지 못한 상태라 할지라도(렘 4:4; 참고, 신 10:16), 예레미야에게 주어진 이 말씀은 여호와께서 자기 백성의 마음에 할례를 행하시겠다는 약속(신 30:6)의 성취를 가리킨다.

[34] 아마도 바울이 사용하는 이 용어('에피그노시스', ἐπίγνωσις) 역시 그가 경험적인 지식에 대해 이야기하고 있는 것이지, 단순히 지성적인 것만을 이야기하는 것이 아님을 암시할 것이다(비교, 롬 1:28; 10:2; LXX 잠 2:5; LXX 호 4:1,6; 6:6; 유딧서 9:14; 마카베오2서 9:11).

우리는 인간의 죄책에 대한 바울의 선언이 복음에 대한 그의 결론적이며 결정적인 선포로 기능한다는 점을 잊어서는 안 된다. 율법의 정죄하는 일은 예수 그리스도 안에서 하나님의 의롭다 하시는 사역에 봉사한다. "이제는 **율법 외에** 하나님의 한 의가 나타났으니 율법과 선지자들에게 증거를 받은 것이라"(롬 3:21). 따라서 로마서 7장에서 바울이 말하는 모든 것은 율법과 복음의 이 급진적인 차이에 따른 것이다.

마찬가지로 율법의 목적에 관한 질문은 우리가 두 번째 큰 단락으로 설정한 본문(롬 3:27-8:39)에서도 매우 핵심적인 위치를 차지한다. 그것은 로마서 3:29의 질문과 대답에서부터 분명히 드러난다. "그런즉 우리가 믿음으로 말미암아 율법을 파기하느냐? 그럴 수 없느니라! 도리어 율법을 굳게 세우느니라!"[35]

율법의 유효성에 관한 질문은 바울의 논증 전체에 걸쳐 계속해서 영향을 미치는데, 로마서 8장의 결론 부분에 이르러서는 예수 그리스도 안에서의 하나님의 일하심으로 율법의 의가 성취되었고(롬 8:1-11) 그것이 삶에 나타난 결과(롬 8:12-39)를 묘사한다.[36] 로마

---

[35] 사실 이어지는 논증은 롬 3:27-31에 나타나는 세 가지 연쇄적인 질문(27a, 29a, 31a절)에 의해 방향성을 얻게 된다. "자랑"은 바울이 이미 2:17-23에서 다뤘던 것인데, 3:27에서 곧바로 다시 나타난다. 바울은 이후 4:1-8에서, 또 다시 5:1-11에서, 그리고 마지막으로 8:12-39에서 동일한 주제를 다룬다. 이방인을 의롭다하신다는 주제(3:29)는 곧 4:9-12의 주제로 나타나면서 이후 챕터들에도 변형된 형태로 계속 흘러간다. 예를 들어, 믿음의 배타성(예, 롬 5:1-11)과 복음의 보편성(예, 롬 5:12-21)의 주제로 나타난다.

[36] 이 편지의 두 번째 큰 토막에 해당하는 본문의 논증의 흐름을 살펴보면, 자랑, 이방인, 율법에 관해 바울이 서두에 제기했던 세 가지 연쇄적인 질문들(롬 3:27-31)은 영광의 소망, 택함받은 자들의 고난, 그리스도 안에 있는 하나님의 사랑에 관한 세 가지 확증적 선언에 의해 대답되고 대체된다(롬 8:12-39). 정죄하는 하나님의 율법이 구속하시는 그리스도 안에 있는 하나님의 사랑과 놀라울 정도로 상응한다.

서 3:19-20의 요약적 진술에서처럼, 바울은 인간의 내면에서 역사하는 복음에 관한 장황한 설명에서 율법에 대한 몇 가지 간결하고 암시적인 진술을 집어넣는다. 이것은 이후 로마서 7장의 논증을 예비한다.

율법에 관한 이러한 진술의 첫 번째 내용이 로마서 4:14-15에 등장한다. "만일 율법에 속한 자들이 상속자이면 믿음은 헛것이 되고 약속은 파기되었느니라. 율법은 진노를 이루게 하나니 율법이 없는 곳에는 범법도 없느니라"

여기서 바울은 율법과 그리스도 안에서의 하나님의 사역의 차이에 관해 설명했던 것을 되풀이하면서 이를 아브라함에게 주신 하나님의 약속의 문맥에 위치시킨다. 율법과 약속은 서로 대척점에 서 있다. 그렇지 않다면 믿음은 그 내용을 잃어버리고 약속은 사라져 버릴 것이다. 그러고 나서 바울은 이렇게 판단하게 된 근거를 제시한다. "율법은 진노를 일으킨다"(15절). 이렇게 짝지어진 두 주장과 설명은 로마서 3:20에 나오는 내용과 일치한다. 바울은 3:20에서도 "율법의 행위"로는 아무도 하나님 앞에서 의롭다 할 수 없다고 선언하고는 다음과 같은 설명을 덧붙인다. "율법을 통해 죄에 대한 깨달음이 온다"(롬 3:20b). 로마서 4:15b과 3:20b은 같은 문제를 다루는 병행 구절이다. 여기서 바울이 말하는 "진노"는 다름 아닌 우상숭배자들을 그 욕망에 굴복하게 내버려두었던 "하늘로부터 나타난 진노"다. 이것은 율법이 역사하는 것과 동일한 분노다. 바울의 두 번째 진술이 분명히 말해주듯이, "그러나 율법이 없는 곳에는 범법도 없다"(롬 4:15b). 따라서 율법은 바울이 로마서 5:20에서 분명히 말한 것처럼, 반역을 **유발**함으로써 하나님의 진노를 강화하고 가중시킨다. 율법이 없는 "장소"에서만 아브라함에게 주어진 축복의 약속이 성취된다. 바울이 이 장의 끝부분에서 증거하듯이, 하나님은 우리를 위해 십자가에 못 박히시고 부활하신 주 예수 안에 그 "장소"를 창조하셨다(롬 4:24-25).

그 다음으로 바울이 했던 율법에 관한 중요한 진술은 로마서 5:13이다. "죄가 율법 있기 전에도 세상에 있었으나 율법이 없었을 때에는 죄를 죄로 여기지 아니하였느니라." 여기서 바울은 아담의 한 가지 죄가 모든 인류에게 미친 정죄의 영향력을 묘사하고 있는데, 이에 상응하여 예수 그리스도의 한 가지 의로운 행위가 그 해답으로 제시된다(롬 5:15-19). 아담으로부터 모세 시대에 이르기까지, 아담과 같은 방식으로 죄를 지은 사람은 없었지만, 죄와 죽음이 인류를 지배했다. 하나님의 계명을 위반한 사람은 아무도 없었다고 간주된다(롬 5:14). 그런 상황에서는 "죄가 인정되지 않는다." 물론 확실히 해둘 필요가 있는 것은 죄와 죽음이 이 기간 동안 인류를 지배했다는 것이다. 이것이 바로 바울이 말하고자 하는 바다. 여기에 하나님의 진노가 작동하고 있다. 그러나 인간의 마음에 있는 비밀이 드러나고, 심판을 받게 되는 순간은 아직 오지 않았다. 그 상황은 율법이 등장함과 동시에 바뀌게 되었다. 율법은 예수 그리스도의 십자가와 부활을 준비한 것으로, 그 자체가 최후의 심판을 예표한다.

로마서 5장의 결론부에서 바울은 요약적 진술을 통해 복음을 연이어 설명하기 위한 구조를 제시한다. 여기서 그는 율법에 대한 가장 거슬리는 말을 자신의 주장에 끼워넣는다. "율법이 들어온 것은 범죄를 더하게 하려 함이라 그러나 죄가 더한 곳에 은혜가 더욱 넘쳤나니"(롬 5:20).

이제 바울은 이 율법의 직접적인 목적이 이 세상에 죄악을 발효시키는(effect) 것이라고 명시적으로 밝힌다(비교, 갈 3:19). 그가 여기서 "죄악"이라 말한 것은 14절에서 언급한 아담의 죄악을 가리킨다. 율법의 존재와 더불어 아담의 죄악은 아담의 그 후손들에게서 크게 번성한다. 그들 안에 있는 죄의 통치가 확장되어 더욱 증가한다. 로마서 5:20에 나오는 바울의 요약적 진술은 로마서 7:7-13의 내러티브에 대한 신학적인 근거를 제공한다.

로마서 5장에서 바울은 그리스도의 행위와 대조하기 위한 목적으로 아담의 행위가 역사하는 방식에 대해 묘사한다. 그래서 그는 복음을 다음과 같이 재진술한다. "은혜가 더욱 넘쳤나니 이는 죄가 사망 안에서 왕 노릇 한 것 같이 은혜도 또한 의로 말미암아 왕 노릇하여 우리 주 예수 그리스도로 말미암아 영생에 이르게 하려 함이라"(롬 5:20d-21).

로마서 5:12-21에서 알 수 있듯이, 하나님의 은혜와 사랑은 모든 인류를 포용한다. 그러나 하나님의 은혜와 사랑은 아무 데나 퍼져 나가는 것이 아니라, 특정한 장소에 위치한다. 은혜와 사랑은 십자가에 못 박히시고 부활하신 주 예수 그리스도를 통해, 그리고 오직 그분을 고백함으로써 역사한다(비교, 롬 10:9-10). 바울은 이후 논증의 단계마다 생명의 선물이라는 주제로 돌아간다. 그리고 이 선물은 "우리 주 예수 그리스도를 통하여" 그리고 "우리 주 예수 그리스도 안에서" 주어진다(6:23; 7:25; 8:39; 참조, 4:24-25). 로마서 6장에서 그는 죄에 대한 우리의 죽음과 하나님께 대해 살아난 생명을 이야기하고, 7장에서는 율법에 대한 우리의 죽음과 그리스도,

우리 주님께 대해 살아난 생명을 이야기한다. 로마서 8장에서 그는 율법과 죄의 주제를 다루는데, 그는 여기서 메시지의 초점을 하나님께서 그리스도 안에서 이루셨고, 성령을 통해 발효(effect)된 죽음으로부터의 구원에 맞춘다. 그는 죄(롬 6장)와 죽음(롬 8장) 가운데 율법을 위치시키면서, 자신의 신학에서 율법이 차지하는 위치를 설명한다.[37] 바울이 각 장의 결론마다 "우리 주 예수 그리스도"를 강조하는 것을 보면 알 수 있듯이, 바울이 간단히 제시한 틀은 로마서 5:20-21에 나와 있으며, 그의 논증 전체를 알려준다. 로마서 6-8장에서 바울은 로마서 5:20-21에 나오는 죄와 죽음, 율법을 이기신 그리스도의 승리에 관한 세 가지 주제를 확장한다. 또한 율법에 대한 그의 논의를 중심 주제로 이동시킨다.

로마서 7장에서 율법이란 주제를 다루기 전에 그는 6:14-15에서 짝을 이루는 핵심 진술을 통해 이후에 전개될 자신의 주장을 예견한다. "죄가 너희를 주장하지 못하리니 이는 너희가 법 아래에 있지 아니하고 은혜 아래에 있음이라 그런즉 어찌하리요 우리가 법 아래에 있지 아니하고 은혜 아래에 있으니 죄를 지으리요 그럴 수 없느니라"(롬 6:14-15).

여기서 죄, 죽음, 율법의 상호적 연결이 바울의 더 큰 논증을 이끄는 핵심 개념이 된다는 점이 다시 한번 분명해진다. 6:14-15은 로마서 6장에서 복음에 대한 바울의 기독론적 설명과 인간론적 설명 사이의 전환점을 형성한다.[38] 14절은 그리스도인이 경험하는 죄

---

37   세 장은 각각 죄, 율법, 죽음의 주제를 다루는 동시에 아버지, 그리스도, 성령을 이 야기하면서 암묵적으로 삼위일체적 구조를 취한다.

38   이와 동일한 구조가 로마서 7장(7:1-6,7-25)과 8장(8:1-11,12-39) 모두에서 반

로부터의 자유에 대한 바울의 설명을 요약하고, 로마서 5:20-21에 나타난 죄와 은혜의 관계를 상기시키면서, 로마서 7장의 논증을 준비한다. 이 구절은 로마서 6장에서 율법에 관한 주제를 잠깐 끼워 넣었을 뿐이지만, 그것은 단순히 쉽게 지나가면서 언급한 것이 아니다. 거기에 신학적인 무게가 놓여 있다.

로마서 6:1-13에 나타난 바울의 급진적인 가르침은 잘 알려져 있다. 그리스도께 속한 사람들은 믿음과 세례를 통해 그리스도와 함께 장사되고 그분과 함께 새로운 생명으로 부활할 것이다. 부활의 생명이 그리스도인의 희망으로 남아 있지만, 그것은 전적으로 미래의 것으로만 남겨지는 것이 아니다. 이미 지금 여기에 그리스도에게 속한 사람들은 "(부활) 생명의 새로움 가운데 행하며"(4절) 살아간다. 죽은 자 가운데서 부활할 것을 미리 예견하는 자에게 새로운 순종은 필연적이다.[39] 우리가 죄의 권세와 과거로부터 해방되는 것은 절대적인 사건이다. 옛 인간인 아담이 그리스도와 함께 십자가에 못 박혀서 우리가 더 이상 죄를 섬기지 않게 되었기 때문이다(6절). 죽음이 더 이상 그리스도에게 대항해 주인이 되어 다스릴 수 없게 된 것처럼, 우리는 우리 자신에 대해 "죄에 대하여 죽고 그리스도 예수 안에서 하나님께 대하여 살았다"고 여겨야 한다(11절). 이 "추정"(reckoning) 또는 "간주함"(regarding)은 복음을 붙들고 그리스도의 구원의 죽음과 부활을 자신의 것으로 소유하는 믿음의 행위를 분명히 나타낸다. **그러므로** 우리는 우리 몸을 "죄"가 지배하게 하거나, 그 욕망에 복종하거나, 우리 몸의 지체들을 죄에 내어주

복된다.

39 Käsemann, *Commentary on Romans*, 177.

지 말고, **죽은 자 가운데서 살아난 사람처럼** 우리 자신을 하나님께 드려야 한다(12-13절). 그리스도의 부활이 그를 죄와 죽음의 권세에서 해방시킨 것처럼 우리를 지배하는 죄의 권세는 완전하고 결정적으로 깨어진다.

그럼에도 불구하고 바울은 그리스도인들이 죄가 없다고 생각하지 않으며, 그리스도인들이 자신들을 위해 주어진 것과 행해진 것을 (계속해서) 받아들이도록 독자들에게 권면해야 한다고 생각한다(11-13절). 그는 로마서 6장의 인간론을 기술하는 부분에서 자신의 권면을 확장하는데, 여기서 죄의 권세 아래 있는 인간의 근본적인 약점이 그의 논증의 핵심을 이룬다(15-23절). 여기서도 그리스도인들은 그리스도를 통해 약함이 극복되었음에도 불구하고 근본적으로 약한 상태로 남아 있음을 분명히 알 수 있다. 따라서 바울은 독자들에게 이렇게 설명한다. "너희 육신이 연약하므로 내가 사람의 예대로 말하노니"(19절). 문맥에서 알 수 있듯이, 여기서 "육체"는 인간의 일부가 아니라 죄의 권세 아래 있는 아담의 후손으로서의 인류 전체를 의미한다. 새로운 것이 왔음에도 불구하고 옛 현실이 남아 있다! 우리는 정체된 상황이나 변하지 않는 상황이 아니라, 우리의 정체성과 운명을 결정하는 우리 외부의 상반된 두 세력 사이의 역동적인 싸움 속에서 "거룩한 사람"이면서 동시에 "죄인"이다. 이 싸움은 그리스도 안에서 구원을 얻었지만, 이 땅에서의 삶 전반에 걸쳐 계속된다. 약하고 타락한 인간으로서 우리는 반드시 주인을 갖게 되어 있다.[40] 그 주인을 선택하는 것은 우리의 힘으로 할

---

40 물론 나는 여기서 잘 알려진 에른스트 케제만의 핵심 논제에 대해 암시하고 있는 것이다.

수 있는 일이 아니다. 우리는 그리스도를 우리의 주인으로 만들지 않는다. 오히려 하나님께서 은혜로 우리를 **구원할** 주님으로 그리스도를 **주셨다.** 우리는 죄에서 해방되어 의에게 종이 되었다(16-17절).

그리스도께서 우리를 위해 승리하셨지만, 싸움은 계속된다. 타락한 세상과 새 창조의 교차점은 그리스도인의 삶과 윤리에서 율법의 위치를 이해하는 데 매우 중요하다. 바울은 타락한 인간의 변화를 생각하지 않는다. 적어도 우리가 일반적으로 생각하는 "변화"의 개념이 아니라는 점에서 말이다. 그것은 그리스도 안에서 하나님의 구원의 능력에 의해 **새롭게 창조되는 것**이다. 우리는 자기중심성과 타락한 마음을 극복하는 방식으로 그리스도와의 지속적인 관계와 그분을 선포하는 복음에 자리 잡았다. 바울이 그리스도와 성령의 내주하심에 관해 언급한 내용에도 불구하고, 그리스도는 우리 안에 있는 힘으로 동화되거나 환원될 수 없으며, 구원을 위해 우리가 의지하는 주님으로 우리와 영원히 함께 계신다. 우리는 우리에게 그리스도를 알리는 외적인 복음의 말씀에 지속적으로 의존하고 있다. 우리가 살펴보게 되겠지만, 이것은 특히 로마서 7:25에 나오는 감사의 외침에서 분명하게 드러난다. 모든 성장과 발전은 믿음의 성장이며, 삶의 변화하는 환경 속에서 그리스도와 그분 안에서 하나님이 이루신 일을 붙드는 것이다. 바울의 말로 표현하자면, 우리는 죄에 대해서는 죽은 자로, 그리스도 안에서 하나님에 대해서는 산 자로 여겨야 한다. **따라서** 우리는 죄의 권세로부터의 해방을 어느 정도는 알고 경험하게 된다. 기독교 신앙은 그리스도를 고백한다는 사실로 인해 진보의 한계에 대해 냉정하고도 현실주의적인 태도를 유지한다. 우리는 모든 이상주의적 환상을 거부하고, 우리가 이 육체와 생명을 유지하는 한 개인적으로나 집단적으로 죄인이라는 고통스럽고 겸허한 진실을 받아들여야 한다. 사실 우리의 죄인됨을 자각하는 데서 오는 기쁨이 있다. 죄를 짓는 것에 대한 기쁨이나, 스스로 죄인이라는 사실로 인한 기쁨이 아니라, 비록 고통스럽지만 구원의 주가 되시는 그리스도의 통치 아래 사는 죄인임을 기쁜 마음으로 고백해야 한다. 우리의 약함은 그리스도의 힘으로 충분히 극복될 수 있다. 따라서 그리스도인의 삶에서 발전은 일종의 역설이다. 우리는 우리를 위해 십자가에 못 박히시고 부활하신 그리스도에게로 계속해서 돌이키면서 앞으로 나아간다. 종종 그리스도인의 성장은 점진적으로 상승하면서 성화의 길을 걷는 것으로 해석된다. 그러나 이러한 관점은 거짓이며 성경적이지 않다. 그것은 우리를 암묵적으로 그리스도에게서 멀어지게 하고, 그의 십자가와 부활만이 줄 수 있는 자신으로부터의 해방에서 암묵적으로 멀어지게 한다. 우리는 그리스도에게서 멀어지면서 우리 자신 안에서 발전하도록 부름받은 것이 아니라, 아담의 자녀로 우리를 규정하는 타락한 현실에서 멀어지면서 그리스도 안에서 발전하도록 부름받은 것이다. 모든 발전은 그리스도인의 삶의 시작점으로 돌아가는 것이며, 그곳에서 우리의 죄와 불행에 직면하여 그리스도 안에서 하나님의 사랑의 경이로움에 더 깊이 들어가는 것이다. "육체"는 개혁되거나 복원될 수 없다. 반드시 십자가에 못 박혀야 한다.

"육체"와 영 사이의 이러한 선명한 대조는 로마서 8장, 특히 1-11절에 나오는 바울 사상의 특징이기도 하다. 사실 로마서 8장에서는 로마서 6장에서 볼 수 있는 권면이, 심지어 1-11절에서도 사라진다. "그리스도 예수 안에 있는" 사람들을 죄와 사망의 법에서 해방시키는 성령의 생명을 주는 역사가 결정적이다(8:2). 여기서 다시 새로운 순종은 **절대적인 현실로** 나타난다. 바울은 그리스도인의 행위와 **존재**를 모두 포괄하는 직설법적 진술로 이를 설명한다. "육신을 따르지 않고 그 영을 따라 행하는 우리에게"(4절). "너희가 육신에 있지 아니하고 영에 있나니"(8절).

또한 성령의 사역은 육체에 대항하는 것으로 정의되면서(8절), "그리스도 예수 안에"(2절) 위치하는데, 여기서 바울은 그리스도 안에 있는 현실을 성령과 동일시한다(9-11절). 따라서 우리는 로마서 6장에서 발견한 것과 동일한 그리스도인의 삶의 패턴을 로마서 8장에서도 발견하게 된다. 6장에서 우리가 발견하는 "죄"와 "의"의 선명한 구분은 여기서 "육체"와 "영" 사이의 구분으로 이동한다. 이 새로운 구분에서 나타나는 순종의 형태는 매우 중요하다. "너희가 육신대로 살면 반드시 죽을 것이로되 영으로써 몸의 행실을 죽이면 살리니 무릇 하나님의 영으로 인도함을 받는 사람은 곧 하나님의 아들이라"(롬 8:13-14). 하나님의 아들들의 활동은 역설적으로 그들의 수동성에 의해 포괄된다. 그들은 하나님의 영의 인도를 받는다. 그럼에도 불구하고 그들은 수동적이면서도 매우 활동적이다.[41] 성령의 능력 아래에서 그리스도인의 삶은 "몸의 행실을 죽이는 것"에 불과하다. 즉, 그것은 자기 자신과의 싸움이다. 로마서 7:24의 바울의 탄식이 분명하게 보여주듯이, 우리 지체 안에 있는 죄의 힘은 단지 우리의 낮은 욕구와 욕망만이 아니라 우리의 전인격과 세상에서의 삶과도 관련이

---

41 여기서 바울은 로마서 7장의 결론부를 반향하면서 특히 22-24절에서 "지체"와 "몸"을 언급하는데, 이것은 7장과 8장 논증 사이에 뚜렷한 연결점을 제공한다.

있다. "몸"은 세상에서의 우리가 삶을 살아가는 수단이면서, 바로 그 삶 자체이기도 하다.[42] "몸의 행실을 죽이는 것"은 바울이 로마서 6장에서 선포한 대로 그리스도의 죽음과 부활을 붙드는 것을 통해 이뤄지는데, 여기서 우리의 옛사람이 십자가에 못 박히고 새롭게 하심을 입는다. 이것이 바로 로마서 7:24의 탄식에 대한 예수 그리스도 안에서 주어지는 하나님의 응답이며, 곧 살펴볼 내용이기도 하다.

바울은 이스라엘과 열방에 관한 복음의 사역을 장황하게 설명하면서(롬 9:1-11:36) 로마서 7장의 해석과 매우 관련이 있는 율법에 관해 추가적으로 언급한다. 이러한 맥락에서 그는 율법에 대해 간략히 논의하면서, 이스라엘이 추구하는 의와 그들의 율법에 대한 오해를 다룬다.[43] 그는 이스라엘의 구원을 위해 기도하고 있다고 말하면서 다음과 같이 주장한다.

하나님의 의를 모르고 자기 의를 세우려고 힘써 하나님의 의에 복종하지 아니하였느니라 그리스도는 모든 믿는 자에게 의를 이루기 위하여 율법의 마침이 되시니라(롬 10:3-4)

4절의 단어 '텔로스'(τέλος)를 "끝"으로 번역할지, "목표"로 번역할지에 대해 상당한 논쟁이 이어져왔다. 이 경우 어느 방향으로 번

역하든 충분히 의미가 통할 수 있다. 이 논쟁은 "끝"(end)이나 "목표"(goal)로 정확히 무엇을 의도했는지에 달려 있다. '텔로스'의 용법은 일반적으로 "목적"이나 "목표", 또는 이러한 의미에서 "끝"이라는 개념을 담고 있다. 로마서 10:3-4에서 바울은 로마서 9:30-33에서 사용한 경주 또는 추격의 이미지를 분명히 이어가면서 그 의미를 확인시켜 준다. 그러나 (알게 모르게 바르트의 영향을 받은) 해석자들이 말하는 것처럼 바울이 그리스도를 율법과 동일하거나 단순한 형식의 변화 정도로 상상했을 가능성은 낮다.[44] 또한 일부 사람들이 로마서 9:30-33에서 억지로 읽어내듯이 "믿음으로 율법을 행하는 것" 또한 적절하지 않다. 그리스도는 이스라엘이 율법을 추구하는 길에 놓인 걸림돌로 등장한다(롬 9:33a; 사 28:16). 이스라엘이 믿어야 할 것은 **그분 안에** 있다(롬 9:33b; 사 8:14). 이스라엘이 해야 했던 것처럼 믿음으로 율법을 추구한다는 것은 성육신하시고 십자가에 못 박히시고 부활하신 그리스도를 기다리며 바라보는 것이었다(롬 9:31-32; 10:5-8). 바울은 이미 로마서 10:3에서 설명했던 "하나님의 의"가 **율법과는 별개로** 예수 그리스도 안에서만 계시되었음을 분명히 밝혔다(롬 3:21). 다음 구절에서 그는 모세가 기록한 율법을 행하라는 요구(롬 10:5)와 믿음으로 말미암는 의가 율법의 성취로 요구하는 것으로서 그리스도를 믿으라는 부르심을 날카롭게 구분한다(롬 10:6-8). 율법의 "목적"이신 그리스도는 율법을 지속하거나 단지 율법의 남용을 바로잡는 데 그치지 않는다. 십자가에 못

---

44 특히 다음을 참고하라. D. P. Fuller, *Gospel and Law: Contrast or Continuum? The Hermeneutics of Dispensationalism and Covenant Theology* (Grand Rapids: Eerdmans, 1980).

박히시고 부활하신 그리스도는 **율법과 별개로** 하나님의 새롭고도 구원하시는 사역이다(롬 3:21). 그리스도는 목적론적인 측면에서 율법의 끝이다. 마치 그가 나타나자마자 율법이 더 이상 존재하지 않거나 그 일을 수행하지 않는 것처럼, 구속사적 의미에서 율법의 끝(end)이라는 의미가 아니다. 그리스도는 오히려 타락한 세상으로 침투해 들어온 "종말"(eschaton)의 입구다. 바울은 율법이 "모든 입을 막고 온 세상으로 하나님의 심판 아래에 있게 하려고"(롬 3:19) 지금 여기에서 **계속** 말하고 있음을 분명히 했다. 율법을 통해 "죄에 대한 지식"이 온다(롬 3:20).

앞서 언급했듯이, 이 구절과 로마서 9-11장 전체에서 바울은 하나님이 이스라엘과 열방을 어떻게 대하시는지를 설명한다. 그리스도를 율법의 목적으로서 규명하는 것은 그리스도가 "모든 믿는 자에게"(롬 10:4b) 의를 가져온다는 사실을 선포하는 것이다. "유대인이나 헬라인이나 차별이 없음이라 한 분이신 주께서 모든 사람의 주가 되사 그를 부르는 모든 사람에게 부요하시도다"(롬 10:12). 구원에 차별이 없다는 것은 율법이 드러내는 현실로서 인간의 곤경에도 차별이 없다는 것과 상응한다. "차별이 없느니라 모든 사람이 죄를 범하였으매 하나님의 영광에 이르지 못하더니"(롬 3:22b-23; 참조, 롬 3:19-20). 따라서 유대인과 이방인 사이에 차별이 없다는 것은 신앙과 행함 사이의 날카롭고 근본적인 구별과 분리될 수 없는데, 신앙에 이른 이방인은 의에 이르고 행함에 머문 이스라엘은 실패했다(롬 9:30-33). 이러한 구분은 바울이 로마서 7장에서 전개하는 율법의 신적인 목적에 의해 좌우된다.

바울은 로마서 13:8-10의 윤리적 가르침에서 율법에 관한 최종적이고 매우 중요한 내용을 언급한다.

> 피차 사랑의 빚 외에는 아무에게든지 아무 빚도 지지 말라 남을 사랑
> 하는 자는 율법을 다 이루었느니라 간음하지 말라, 살인하지 말라, 도
> 둑질하지 말라, **탐내지 말라** 한 것과 그 외에 다른 계명이 있을지라도
> 네 이웃을 네 자신과 같이 사랑하라 하신 그 말씀 가운데 다 들었느니
> 라 사랑은 이웃에게 악을 행하지 아니하나니 그러므로 사랑은 율법의
> 완성이니라(롬 13:8-10)

로마서 7장과의 연관성은 분명하다. 바울은 십계명의 두 번째 돌판을 인용하면서 탐심에 대한 간략한 금지사항을 소개한다(롬 7:7; 13:9). 이는 로마서 7장이 말하는 율법과 대면하는 경험에 대한 근거다. 또한 그는 예수 그리스도 안에서 우리에게 주어진 새로운 종말론적 정체성과 죄의 권세 아래 있는 타락한 인간의 옛 현실을 대조한다(7:14; 13:10). 바로 이 지점에서 로마서 7:25a절에 나오는 기쁨과 감사의 외침이 새롭고 확장된 형태로 나타난다. 이제 사랑은 윤리적 이상이 아니라 이미 세상에 침투해 들어온 종말론적 현실이다. 지금은 잠에서 깨어날 때다(롬 13:11). 밤이 지나고 낮이 왔다(12절). 그러므로 우리는 모든 부도덕을 내려놓고 낮 가운데 행해야 한다(13절). 종말의 "날"의 도래는 다름 아닌 주 예수 그리스도의 도래다. 우리는 스스로 그리스도로 옷 입어야 하고, "정욕을 위하여 육신의 일을 도모해서는 안 된다"(14절).

이 단락에 대한 몇몇 관찰지점들은 로마서 7장 해석과 깊은 관련이 있다. 바울은 명확하게 십계명을 율법과 그 계명의 중심으로

여기고 있다.[45] 또한 그는 "사랑"을 율법의 성취(롬 13:8,10)이자 그 요구의 요약(롬 13:9; 레 19:18)으로 본다. 하지만 여기서 사랑은 단순한 요구를 의미하지 않는다. 앞서 살펴본 것처럼, 사랑은 예수 그리스도 안에서 세상에 들어온 새 창조의 현실을 나타내는 것이다(롬 13:11-14). 오직 현재에 존재하는 실재로서만 사랑이 율법의 완성이 될 수 있다. 그렇지 않다면, 그것은 계속해서 광범위한 정의와 해석이 필요할 것이며, 타락한 인간의 상상력에 의해 왜곡되고 변질될 위험이 있다. 실제로 율법이 그러한 운명을 피할 수 없었다. 그러나 그리스도 안에서는 – 그리고 오직 여기서만큼은 – 아우구스티누스의 유명한 격언이 유효하다. "사랑하라, 그리고 네가 원하는 대로 하라(dilige et quod vis fac)." 사랑해야 할 의무는 결코 완전히 성취될 수 없다. 왜냐하면 우리의 이웃, 나아가 우리와 다른 "타자"(the other)가 여전히 필요 가운데 있기 때문이다(8,10절).[46] 그럼에도 불구하고, 십계명의 마지막 계명인 "네 이웃의 것을 탐내지 말라"는 말씀이, 예수 그리스도를 통하여, 십자가에 못 박히시고 다시 살아나신 주님을 통해 이 타락한 세상 속에 가져오신 사랑의 현실 속에서 성취된다. 반대로, 이웃에 대한 우리의 의무 전체(레위기 19:18에 사랑하라는 말로 긍정적으로 표현됨)는 그 핵심이 탐욕을 금하는 것에 있다. 십계명 후반부의 전체적인 무게가 이 계명에 달려 있다.

탐심을 금지하는 계명은 십계명의 후반부에서만 핵심적인 위치를 차지하는 것이 아니다. 그것은 십계명 전반부에도 마찬가지 중요

---

45 참고. 출 20:13-17; 신 5:17-21.

46 여기서 바울은 다른 "타인"을 "이웃"으로 정의한다. 그는 아마도 유대인과 이방인을 염두에 두었을 것이다.

하다. 여기서 바울은 주목할 만한 방식으로 후반부, 즉 우리의 이웃과의 관계를 가리켜 "율법 전체"라고 요약한다. 이것은 로마서 7장에서도 암시된다. 두 경우 모두 우리와 하나님과의 관계는 우리가 이웃을 어떻게 대하느냐를 통해 구체화되고 표현된다. 이에 따라 우리는 요한일서 4:20의 말씀을 바울의 이 개념과 연관지어 다음과 같이 말할 수 있을 것이다. "누구든지 하나님을 사랑하노라 하고 그 형제를 미워하면 이는 거짓말하는 자니 보는 바 그 형제를 사랑하지 아니하는 자는 보지 못하는 바 하나님을 사랑할 수 없느니라(요일 4:20)." 하나님과의 관계는 "타인"과의 관계에 반영되며, 그 반대도 마찬가지다. 이 같은 내용은 로마서 1:18-32에 나오는 우상 숭배자들이 그들의 악에 굴복하도록 하나님이 내버려두셨다는 데서 나타나고, 바울이 시편과 이사야를 인용하면서 인류의 하나님에 대한 반역을 다른 인간에 대한 속임수와 폭력으로 묘사하는 로마서 3:10-18에도 나타난다. 하나님과 이웃을 사랑하라는 계명인 "탐내지 말라!"는 율법의 핵심이자, 하나님에 대한 반역으로 타락한 인간의 마음의 핵심이다.

로마서 7장 : 율법 아래에서의 죽음, 은혜 아래에서의 생명

로마서 7장에서 바울은 지금까지 그가 간략하고 거의 격언적인 어투로 제시해 온 율법에 대한 가르침을 확장한다. 그중 가장 직접적인 것은 죄에 대한 죽음과 그리스도를 통해 하나님께 향하는 삶에 관한 가르침에서 잘 드러난다. "죄가 너희를 주장하지 못하리니 이는 너희가 법 아래에 있지 아니하고 은혜 아래에 있음이라"(롬 6:14). 이제 로마서 7장에서 그는 율법과 죄의 관계를 설명함으로써 그리스도 안에 있는 하나님의 은혜를 더욱 분명하게 제시한다.

이 장을 해석할 때, 바울이 율법에 관해 언급한 두 가지 측면을 보다 넓은 맥락에 비추어 살펴볼 필요가 있다. 한편으로, 바울은 최후의 심판에서 하나님의 요구에 대해 알지 못했다고 핑계할 수 없음을 분명히 했다. 율법을 모르는 이방인들도 "그 마음에 새긴 율법의 행위"(롬 2:14-15)가 있다. 그들은 하나님께 반역하거나 마음에 새겨진 율법을 억누르는 중에도, 악을 사랑하고 그것을 행하는 자들을 정죄하는 "하나님의 공의로운 심판"을 알고 있다(롬 1:32). 반면에 믿음으로 그리스도와 연합하여 죄에 대한 그의 죽음에 연합된 사람들조차도 아담적 본성인 "옛사람"이 그들에게 남아 있음을 발견한다(롬 6:6). 그리스도 안에서 이뤄진 하나님의 절대적이고 무조건적이며 완전한 역사하심에도 불구하고, 그들은 죄와의 갈등에서 벗어나지 못한 상태에 있다. 오히려 정반대다. 그들은 그 갈등 속으로 떠밀려갔다. 서로 대적하는 두 주인이 그들을 두고 다투고 있다(롬 6:15-23). 물론 둘 중 하나가 이미 승리하여 그들을 자기 소유로 삼았음에도 이 다툼은 남아있다. 성령으로 행한다는 것은 우리의 옛 자아를 죽이는 것이다(롬 8:13). 그리스도인이 율법에 나타난 하나님의 뜻을 알거나 그 율법을 즐거워한다는 것만으로는 이 싸움에서 승리할 수 없다. 이 싸움은 우리가 이 땅을 살아가는 동안 계속된다.

이러한 내적 싸움이 보여주는 역동성이 꽤 예상치 못한 성경의 다른 곳에서 드러난다. 바로 시편 119편에서다. 여기서 시인은 "행위가 온전하여 여호와의 율법을 따라 행하는 자들"의 복에 대해 이야기한다(시 119:1). 그러나 시인은 자신이 아직 그 범주에 속했다고 여기지 않는다. "내 길을 굳게 정하사 주의 율례를 지키게 하소서"(5절). 율법의 가르침을 배우고 알고 이를 끊임없이 묵상하고 있지만, 그는 **여전히 그것을 알지 못하는데**, 그래서 그는 계속해서 여호와께서 통찰력과 이해력을 주시고, 율법의 규례를 가르쳐 주시도록, 구체적으로 말하자면, 그가 이미 알고 입으로 되뇌는 것을 그의 마음과 경험과 삶 속에서 가르쳐달라고 간구한다.[47] 그는 율법을 지킨다.[48] 그러면서도 그것을 지키지 않는다.[49] 그는 죄인이면서 동시에 "성도"다. 우리는 시편에서 이 놀라운 역설이 어떻게 작동하는지 알아낼 수 없다. 그저 시인이 스스로 율법을 범한 자임을 고백하고, 계속해서 **그 상태를 유지하고 있다**는 사실만 주목하면 된다. 실제로 그는 이 시편을 강한 확신과 함께 이렇게 고백하며 마무리한다. 처음에 제기한 주제를 다시 떠올리면서 말이다. "잃은 양 같이 내가 방황하오니 주의 종을 찾으소서 내가 주의 계명들을 잊지 아니함이니이다"(시 119:176). 이어서 9절의 질문 "청년이 무엇으로 그의 행실을 깨끗하게 하리이까?"(9a)는 "주의 말씀만 지킬 따름이니이다"(9b)로 이어진다. 이런 어조의 질문들이 이 시 전체에 걸쳐 계속 나타나는데, 여기서 시인은 다양한 탄원을 통해 지혜와 이해력을 달라고 기도한다. 이 시의 마지막 구절이 분명히 말해주듯이, 그 답은 율법 너머에서 오는 하나님의 구원 행위에 있고, 시인은 그

47　시 119:12,18-19,26,34,36,66,124,169.

48　시 119:30-31,51,67,69,102,104,166-68.

49　시 119:5-8,26,29,36-37,59-60.

것을 간절히 소망한다. 이 주제에 관해서는 시편 119편과 로마서 7
장이 일치한다.

율법과 관련하여, 그리스도인은 외적인 행동에 어떤 차이가 나
타난다 한들 (그리고 그러한 차이가 항상 기독교인에게 유리하게 작용하는
것은 아니다), **다른 사람과 다르지 않다**. 필자가 이 글의 서두에서 언
급했듯이, 바울은 여기서 자신의 기독교 이전의 경험에 대해 말하
고 있는 것이 아니다. 그렇다고 자신의 기독교적 체험에 대해 말하
는 것도 아니다. 그는 그리스도의 사도로서, 죄의 권세 아래에 있
는 인간이 하나님의 율법과 마주하는 상황을 말하고 있다.

로마서 7장에서 바울은 "율법을 아는 사람들"에게 말한다(롬
7:1). 바울은 로마서의 두 번째 부분(롬 3:27-8:39)에서 특히 그리
스도를 믿는 유대인 신자들에게 말하는데, 한편 후속 단락(롬 9:1-
11:36; 롬 11:13 참조)에서는 주로 이방인들에게 말한다. 앞서 언급
했듯이, 율법의 목적과 율법과 복음의 관계에 대한 질문은 이 전
체 단락에서 매우 근본적인 질문인데, 이것은 그의 주장을 소개하
는 마지막 강조된 수사적 질문(롬 3:27)으로 등장하고, 아브라함에
대한 논의(롬 4:13-15)에서, 그리고 로마서 5장과 6장에서의 간략
한 삽입구(5:13,20-21; 6:14-15)에서 다시 등장한다. 로마 교회, 보
다 정확히 말해 로마에 있는 여러 가정교회들은 이 시점에서 대체
로 이방인 신자들로 구성되어 있었다(롬 1:5-7). 하지만 이 교회들
은 유대인 그리스도인들에 의해 세워졌으며, 여전히 교회의 신학과
삶 전반에 상당한 영향을 미치고 있었다. 바울이 편지의 마지막에
서 여러 유대인 신자들에게 인사를 전하는 것도(롬 16:3,6,11) 이런
배경을 반영한다. "믿음이 약한 자들"(롬 14:1)과 "믿음이 강한 자

들"(롬 15:1) 사이의 갈등은 아마도 상대적으로 좀 더 보수적인 **일부** 유대 기독교인들이 느꼈던 거리낌과 관련이 있었을 것이다. 이 갈등은 로마 교회의 생활에서 유대인 신자들의 영향력이 줄어들기는 했지만 여전히 존재하고 있음을 보여준다. 비록 소수였고, 유대 기독교인 전체를 대표하지는 않았지만, 이 보수적인 유대 기독교인들은 교회의 중요한 요소로 남아 있었다. 이 교회가 대부분 이방인들로 구성된 교회였음에도 불구하고, 유대인 신자들은 계속해서 큰 영향력을 행사했다.

사도 바울은 교회 내의 유대인 신자들에게 가르침을 전하면서, 분명 이방인 신자 다수를 무시한 것이 아니었다. 왜냐하면 이방인 그리스도인들도 예수 안에서 하나님의 구원 역사를 증거하는 성경의 상속자가 되었기 때문이었다. 그들을 위해서도 율법의 문제를 다루어야 했다. 다른 곳에서도 바울이 자신의 경험에서 분명해지듯이, 유대교와 율법에 대한 의무는 많은 이방인 개종자들에게 상당히 매력적인 것으로 확인된다.

바울이 로마서 7:1에서 유대인 그리스도인들에게 말하고 있을 가능성이 가장 높지만, 그는 그들을 유대인으로 언급하지 않고 "율법을 아는 사람들"이라고 언급한다(롬 7:1). 그의 언어는 신학적인 측면을 담고 있으며, 그가 앞서 로마서 2:17-29에서 했던 주장을 떠올린다. 우리가 살펴봤듯이, 그는 교육을 통한 윤리적 향상을 추구하는 헬레니즘의 이상을 받아들인 유대교에 맞서 싸우고 있다. 그는 율법을 신뢰하고, "하나님의 뜻"을 알고, 율법의 가르침을 통해 옳은 것을 인식하는 수사적 인물을 이렇게 묘사한다(롬 2:17-18). 유대인의 유산과 율법의 소유를 자랑하는 것에 만족스러워하는 이 인물에게 그는 "유대인"이라는 칭호를 허락하지 않는다. 그는 오히려 그들을 향해 "스스로를 유대인이라고 부르는 사람들"이라고 부른다(롬 2:17). 그는 이 인물에게 "다른 사람을 가르치는 네가 네 자신은 가르치지 아니하느냐?"(롬 2:21)라는 날카로운 질문을 던진다. 이 질문은 그가 로마서 7장에서 "율법을 아는 사람들"에게 이야기할 논증을 사전에 예비하는 의미를 지닌다. 여기서 바울은 그리스도 안에 있는 형제자매들에게 **율법을 아는 것**이 율법을 행하는 것으로 이어진다는 착각에 빠지지 않도록 경고하고 있다. 로마서 2장에서 수사학적으로 표현하고 있는 유대인이나 로마서 7장의 유대인 신자들은 하나님의 도움 없이 하나님의 뜻을 행할 수 있으리라고 생각하지 않았을 것이다. 실제로 로마서 2:17-29에서 율법은 이스라엘에게 주신 하나님의 특별한 선물로 나타나며, 이것은 다른 민족들보다 이스라엘을 우월한 위치에 서게 한다. 바울은 그 판단에 이의를 제기한다. 그는 도덕적 가르침('파이데이아', $\pi\alpha\iota\delta\varepsilon i\alpha$)을 통한 도덕적 향상이라는 이상을 거부한다. 도덕적 가르침은 하나님의 도움을 받아 율법을 따를 수 있는 인간의 내적인 능력을 전제한다. 사도 바울이 이 장에서 다시 증언하듯이 율법에 대한 지식(롬 7:1)은 죄에 대한 지식(롬 3:20; 7:7)에 영향을 미친다. 죄의 권세 아래에서 인간은 개선될 수 없고, 오직 그리스도 안에서 하나님에 의해 새롭게 만들어져야 한다.

로마서 7:1-6, 율법을 향한 죽음과 부활하신 주를 향한 삶

로마서 6:1-23(1-14,15-23절), 8:1-39(1-11,12-39절)과 마찬가지로

로마서 7장 역시 기독론과 인간론 부분으로 나뉜다. 여기서 전자는 장 전체의 패러다임을 제공하는데, 구체적으로 말하자면, 로마서 7:1-6에서 기독론적 관점에서 바울이 말하는 것을 7:7-25에서 인간론적 관점으로 풀어나간다.

우리는 바울이 로마서를 작성할 때 챕터를 명확히 나누면서 기록하지 않았다는 점에 유의해야 한다. 이러한 구분은 후대에 덧붙여진 것이다. 로마서 7:1의 시작하는 말은 비록 그것이 주제의 전환을 시도하고 있긴 하지만, 그의 후속논의가 좀 전에 로마서 6:15-23에서 말했던 것의 연속선상에 있음을 암시한다. 따라서 로마서 6:14(죄가 너희를 주장하지 못하리니 이는 너희가 법 아래에 있지 아니하고 은혜 아래에 있음이라)의 간략한 진술은 로마서 7장을 예비하면서 6:15-23과 로마서 7장의 연속성을 강화한다.

로마서 7장에는 6장에서와 비슷하게 서로 대적하는 두 권세가 등장한다. 7장으로 넘어가면서 용어들이 바뀌는데, 죽음과 죄라는 권세(롬 6:9,12,14) 대신에, 바울은 이제 율법의 권세(롬 7:1)에 대해 이야기한다. 그는 이제 의와 하나님을 섬기던 종살이(롬 6:18,19,20,22) 대신에, 우리가 부활하신 그리스도께 속한 존재라고 말한다(롬 7:4). 그럼에도 불구하고 그의 사상의 기본 노선에는 변함이 없다. 인간은 한 권세에게 종속되어 그 아래 살아간다. 따라서 인간을 두고 두 권세는 서로 대립하며 싸운다. 율법, 죄, 사망의 지배를 받거나 그리스도께 속하여 하나님과 의를 섬기거나 둘 중 하나다. 진공 상태란 없다. 한 주인으로부터 다른 주인으로의 점진적인 전환이나 변화의 과정도 없다. 그 차이는 절대적이다. 두 권세 사이의 경계는 죽음과 생명이다. 예수 그리스도 안에서 세상에 들어온 부활 생명의 경이로움이 죽음을 넘어섰다.[50] 로마서 6장에서 로마의 그리스도인들이 "죄에서 해방되어 의에게 종이 된"(롬 6:17-18) 새로운 믿음의 순종이 조건에 매이지 않는 확고하고도 현재적인 실재로 나타나는 것처럼(롬 7:1-6), 율법에 대한 죽음과 부활하신 주님께 대한 생명은 절대적이다. "우리가 영의 새로운 것으로 섬길 것이요 율법 조문의 묵은 것으로 아니할지니라"(롬 7:6). 후자는 바울이 로마서 6:15-23에서 말하는 죄의 노예에 해당한다. 따라서 "율법 조문의 묵은 것"으로 섬긴다는 것은 단순히 그 섬김이 부족하다는 것을 의미하지 않는다. 그것은 죄의 노예, 반역, 그 지배 아래서 수치와 죽음을 가져오는 삶이다. 바울이 말하는 "묵은 것"은 단순히 시간적으로 오래된 것이 아니다. 그것은 죄와 죽음의 타락한 세상을 의미하며, 이 세상은 예수 그리스도 안에서 온 "새로운 것"으로 인해 낡고 무력해진 것이다.[51] 반대로, 로마서 6:4에서 바울이 명확히 밝히듯이, "새로운 것"이란 부활 생명이다.[52] 바울은 로마서 7:5-6에서 단순히 세상에서 발생하는 일련의 역사적 과정을 설명하는 것이 아니다. 또한 "구속사적" 관점에서 생각하지도 않는다. 오히려 그는 장차 올 시대가 이 타락한 세상 속으로 돌연히 침입했다는 사실을 선포하고 있다. 이것은 로마서 6장에서 그가 했던 것과 동일한 주장이다. 따라서 "영의 새로운 것"으로의 섬김은 더 나은 방식의 섬김 정도가 아니다. 이는 완전히 새로운 실재이며, "율

---

50 바울의 주장은 율법의 권위가 이번 생의 문제들에 제한된다는 주장에 의해 뒷받침된다. 이 같은 이해가 랍비 유대교에 나타나며, 바울 시대의 유대교의 명백한 특징이기도 하다(예, *b. Šabb.* 30a; 151b; *b. Nid.* 61b; *Str-B* 3:232, 234).

51 참고. 롬 6:8; 고후 3:14.

52 참고. 고후 3:6; 5:17; 갈 6:15.

법 조문의 묵은 것"에서의 섬김과 본질적으로 대조된다. 이 둘을 가르는 결정적 경계선은 죽음과 부활 생명의 출현이다.

바울은 하나님께서 그리스도 안에서 이루신 주권의 변화를 타락한 피조세계의 경험에 빗대어 결혼, 배우자의 죽음, 재혼의 비유로 설명한다. 율법은 죽음의 권세 아래 놓인 세상을 지배한다. 그러나 율법의 통치는 오직 그곳에만 적용된다. 이 세상에서 결혼을 통해 이루어지는 남녀의 결합은 법에 의해 강화될 뿐 아니라, 법에 의해 실효성을 지닌다. 여자는 법에 의해 남자에게 **묶인다**(7:2). 바울은 분명히 이 율법을 부분으로 전체를 가리키는 방식으로 바라보고 있다. 즉, 바울은 율법 전체가 결혼에 관한 요구 사항에 달려 있는 것으로 설명한다. 여자가 이 하나의 계명을 어기면 간음한 사람으로 불리고, 따라서 율법에 의해 정죄를 받는다. 그러나 남편이 죽으면, 그 여자는 "남편의 법에서 해제되고", 따라서 법에서 자유롭게 된다(2절).[53] "남편의 법"이라는 표현에서 바울은 아마도 남편과 관련된 법(목적격 속격)뿐만 아니라 남편 안에 구현된 법(설명의 속격)을 염두에 두고 있었을 것이다. 율법이 현 세상의 권세로 통치하는 것처럼(1절), 결혼한 여성은 "남편 아래"('휘판드로스', ὕπανδρος) 있고 그에게 "매인 바 되어" 있다(2절). 남편이 죽어야만 그녀는 자유로워져서 다른 사람에게 속할 수 있다(3절).[54] 결혼에 의한 연합의 현실이 바울 논증의 토대가 된다. 남편의 죽음이 여인을 법적 구속

---

53   바울이 전치사 '~로부터'('아포', ἀπό)를 일반적이지 않은 방식으로 사용하는 용례가 롬 6:7에서 그리고 다시 7:6에서 나타나는데, 이것은 새 창조로 들어간다는 개념을 문법적으로 표현한 것이 분명하다.

54   여격과 함께 사용된 '기노마이'(γί[γ]νομαι)는 소유 개념을 분명히 표현한다. 예, LXX 창 4:18; 6:1; 21:5,9; 신 24:2.

력에서 "해제시키고" 자유롭게 한다는 바울의 주장은 오직 이런 방식을 통해서만 이해될 수 있다.

앞서 언급했듯이, 결혼은 그리스도 안에서의 하나님의 일하심을 비유적으로 나타낸다. **우리**는 **그리스도**의 몸을 통해 율법에 대해 죽도록 기획되었다. 거기서 우리는 그리스도와 연합되었고, 이제 그와 동일시된다. 은유적으로 그리스도가 남편의 역할로 표현된 것처럼, 우리는 여성의 역할로 표현된다. 그리스도의 몸을 통해 **우리**는 율법에 대해 죽었다(5절). 그리스도의 **몸**에 대한 언급은 그와 우리 사이의 연합을 강조하는데, 이것은 말하자면 그를 율법 아래에 속하게 하고, 십자가에서 죽게 한 성육신을 강조하는 것을 의미한다(롬 8:3). 따라서 로마서 6:1-14의 주제는 여기에 새로운 형태로 나타난다. 죽음 너머의 부활의 삶에는 율법이 적용되지 않는다. 여기에는 또 다른 "율법"이 적용된다. 과부가 자유롭게 결혼할 수 있는 것처럼, 우리는 다른 존재, 즉 "죽은 자 가운데서 살아나신 분"과 결합되었다(4절).[55] 그의 죽음을 통해 우리는 그리스도의 소유가 되었고 그분에게 속하게 되었다. 그가 율법 아래 오셨기 때문에 우리는 율법에서 자유로워지고, 그분과 그분의 구원하시는 주권 아래 살 수 있게 된다. 이제 그리스도와 **함께하는**(with) 삶(롬 6:4-5,8,11)을 말하던 (바울의) 언어는, 그리스도를 **위한**(for) 삶(롬 7:4), 즉 구원

---

55 바울이 앞서 전한 복음의 두 가지 설명이 이제 하나로 합쳐진다. 즉 십자가에 못 박히시고 부활하신 그리스도와의 연합(롬 6:1-14)과 하나님의 새로운 종으로서의 삶(롬 6:15-23)은 우리가 "남편"이신 그리스도에게 연합되는 모습으로 함께 다루어진다(6절; 비교. 엡 5:25-33). 법 자체가 결혼의 결합에 영향을 미치듯이, 그리스도와 결합하는 새로운 현실을 예표한다. 바울은 "믿음의 법"(롬 3:27)과 "생명의 성령의 법"(롬 8:2)에 대해 말할 때, 그 새로운 현실이 법으로 예표되었다고 생각했을 것이다.

하시는 주님을 **위한**(for) 삶을 요구한다.[56]

바울의 로마서 7:4의 마지막 진술은 로마서 7장과 8장 전체에서 주장하고 있는 모든 논리의 기초를 제공한다. 우리는 죽은 자 가운데서 살아나신 분의 소유다. "하나님을 위하여 열매를 맺게 하려 함이라"(롬 7:4c). 사도 바울이 로마서 6장의 인간론 부분에서 우리에게 유익을 가져다주는 복음의 "열매"에 대해 말한 것처럼(롬 6:21-23), 이제 그는 우리가 하나님을 위해 "열매"를 맺는다고 말한다. 이러한 농업적 은유 안에서 우리는 수동적이면서, 그럼에도 불구하고 매우 생산적인 존재로 묘사된다. 우리의 수동성은 바울이 이미 사용한 결혼의 비유와 잘 상응하는데, 이 개념이 로마서 8:1-11에서 반복적으로 나타난다. 여기서 바울은 현재 우리 안에서 역사하고 있는 성령에 대해 이야기할 뿐 아니라, 마침내 우리를 죽음에서 일으키시는 성령에 대해서도 이야기한다. 앞서 언급했듯이 중립적인 영역은 존재하지 않는다. 우리는 한 주인의 지배를 받거나 다른 주인의 지배를 받는다. 우리의 "열매 맺음"은 율법의 다스림에서 그리스도의 다스림으로 전환된 결과다. 5-6절에서 바울은 이 전환의 필요성을 설명하는데, 여기서 율법과 그리스도 사이의 뚜렷한 구분이 "육체"와 성령이라는 개념으로 새롭게 표현된다. 로마서 7장과 8장의 전체 내용은 이 두 구절(7:5-6)에 요약되어 있다. 전자는 "육체" 안에 있고 "율법 아래" 있는 인간을 묘사하고(5절), 후자는 그리스도가 소유하고 "영의 새로운 것" 안에서 봉사하는 인간을 묘사한다(6절).

---

56   참고. 롬 14:7-9

로마서 7:7-25은 바울이 5절에서 말한 내용을 매우 분명하게 확장하는 역할을 한다. 이 단락의 근본적인 구조를 고려하면, 바울은 로마서 7장에서 성령이 내주하시는 그리스도인 **자체**에 대해 말할 수 없다는 것이 분명해진다. 하지만 그와 동시에 엄밀히 따져볼 때, 바울이 그리스도와 아무 관련이 없는 불신자 그 자체에 대해서 말하는 것도 아니다. 감사의 기도는 바울이 생각하는 개념의 범주가 더 넓다는 것을 분명히 보여준다. 우리가 이미 살펴본 바와 같이, 6절의 "그러나 이제는"('뉘니 데', νυνὶ δέ)이라는 표현은 단순한 사건의 진행을 의미하는 것이 아니라, 종말이 세상에 들어왔음을 의미한다.[57] 바울이 로마서 6장과 8장에서 이 극적인 종말의 도래를 예고하면서도, 옛사람과 현 세상이 계속 존재한다는 것을 이해하고 있는 것처럼, 5절에서 6절로의 전환은 단순한 역사적 진행을 나타내지 않는다. 로마서 7:7-25은 바울의 과거에 대해 말하고 있지만, 이것은 주님이 오실 때까지 그에게 남아있는 현실로서의 과거를 의미한다.

따라서 로마서 7:5은, 25절이 6절을 상기시키고 8장을 예고하는 기쁨의 외침을 말하는 부분을 제외하면, 로마서 7장의 모든 내용을 전형적으로 나타낸다. 이 구절은 하나님의 법을 알고 있지만 "육체 안에" 속해 있으며, 죄의 권세 아래 있는 인간을 묘사한다. "율법으로 말미암는 죄의 정욕이 우리 지체 중에 역사하여 우리로 사망을 위하여 열매를 맺게 하였더니." 여기서도 인간은 수동적이며, 행동하기보다 어떤 행동을 당하는 입장에 있다. 정욕(혹은 욕망)

---

57   참고. 롬 3:21,26; 6:19,22; 8:1,18.

이 죄를 가져오는 것이 아니라, "죄"가 정욕을 가져온다.[58] 실제로, "정욕"('파테마타', $\pi\alpha\theta\acute{\eta}\mu\alpha\tau\alpha$)이라는 용어 자체는 다른 맥락에서와 마찬가지로 수동적인 의미의 "고통"으로 번역될 수도 있다.[59] "육신에 있는 자"는 죄의 **고통을 겪는다.** 여기서 바울은 하나님이 우상숭배 자들이 자신의 욕망에 굴복하도록 내버려두셨다고 선언한 것을 상기시킨다(롬 1:24,26,28). 그의 주장은 율법이 낡고 타락한 질서에 속해 있고, 새로운 질서에는 속하지 않았음을 분명히 한다. 율법은 "육신 안에" 존재하는 인간을 대상으로 하지만, 예수 그리스도 안에서 새롭게 된 인간을 대상으로 하지는 않는다. 이러한 과정에서 하나님의 율법은 죄가 인간을 지배하는 도구가 된다. 이것이 어떻게 가능할까? 그렇다면 하나님의 목적에서 율법은 어떤 위치를 차지하는 것일까? 바로 이러한 것들이 바울이 로마서 7:7-25에서 다루고 있는 질문이다.

로마서 7:7-13, 선한 계명과 죄의 권세

바울은 로마서 6-8장에서 자주 해 온 방식대로 고백의 형식을 취하는 질문으로 자신의 논의를 시작한다. "그런즉 우리가 무슨 말을 하리요? 율법이 죄냐?"(7:7)[60] 바울은 독자들이 자신의 복음을 이미 공유하고 있음을 수사학적으로 전제하고서, 이러한 공통된 고백의 의미를 분명히 한다. 그는 자신의 복음이 악의적으로 왜곡되어 유

---

58 이 부분을 훌륭하게 지적한 다음 논문을 참고하라. J. Dochhorn, "Röm 7,7 und das Zehnte Gebot: Ein Beitrag zur Schriftauslegung und zur jüdischen Vorgeschichte des Paulus," *ZNW* 100 (2009): 72.

59 참고. 롬 8:18; 고후 1:5-7; 빌 3:10; 비교. 갈 5:24.

60 참고. 롬 6:1,15; 8:31.

포되고 있음을 알고 있고(롬 3:8), 어떤 식으로든 자신이 선포하는 복음과 자신이 확언하는 율법 사이의 관계를 명확히 해야 한다. 로마서 6:1,15에서와 마찬가지로, 그는 여기서 복음을 오해함으로 발생할 수 있는 잘못된 결론을 부정하면서, 그런 결론이 왜 잘못되었는지를 보여주려 한다.

이 잘못된 결론은 죄가 인간에게 미치는 힘을 이해하지 못했기 때문에 발생한 것이다. 사도 바울은 이미 그 위력을 증언한 바 있다. 특히 로마서 3:10-20에서 증언한 동일한 내용을 여기에서도 다음과 같은 논증을 통해 상세히 설명한다. "율법이 죄냐 그럴 수 없느니라 (오히려, '알라', ἀλλά) 율법으로 말미암지 않고는 내가 죄를 알지 못하였으니"(7:7). 바울은 이제 그가 앞서 주장했던 죄에 대한 지식이 율법을 통해 온다는 내용을 확장시킨다(롬 3:20). 타락한 세상에서 "죄"는 항상 구체화되어 있다. 어쩌면, 악마적이라고 말할 수도 있다. 죄는 "자아"와 분리될 수 없으며, 이는 오직 예수 그리스도 안에서 하나님의 놀라운 일이 있을 때만 가능하다. 따라서 율법에 관한 잘못된 결론은 그것의 출처가 되는 존재가 누구인지 말하게 된다. 이 글의 서두에서 언급했듯이, 율법은 거울과 같은 역할을 한다. 율법이 없다면 우리는 우리 자신에 대한 슬픈 진실을 볼 수 없다. 율법은 죄의 끔찍한 현실과 그 힘을 드러내어, 바울이 결론 내린 것처럼 "계명으로 말미암아 죄로 심히 죄 되게 한다"(롬 7:13).

로마서 7:7-25에서 사용된 1인칭 **단수**는 1인칭 **복수**로 이루어진 일련의 고백적 진술의 절정이다. 여기서 바울은 로마서 7:1에서처럼 독자들을 자신의 신학적인 고백으로 초대한다. 다시 말해, 1

인칭 형식은 바울이 독자들을 새롭게 초대하는 복음에 대한 자기 참여를 표현한 것이다. 그것은 우리가 본문 안에서 자신을 살펴볼 수 있도록 초대한다. 특히 7-25절에 나오는 1인칭 **단수**가 그렇다. 이미 살펴본 바와 같이, 이 진술은 자전적 기록(autobiography)이 아니라 하나님에 의한 기록(theo-biography)이다. 즉, 하나님에 의해 해석된 바울과 모든 인류의 이야기다. 따라서 바울은 로마서 2:17-29의 수사적 표현과 함께 자신이 서 있는 위치를 설정하고, 자신에게 "하나님의 율법을 가르치는 자들아, 너희는 스스로 가르치지 않느냐?"라는 질문으로 응대한다. 그러나 그는 단순히 자신을 언급하는 것이 다가 아니다. 그는 "아담의 그늘 아래" 살고 아담의 삶과 죽음을 공유하는 모든 아담의 후손을 언급한다.

다시 한번, 그는 자신의 이야기 속에서 우리 자신을 들여다보도록 초대한다. 바울 자신이 하나님에 의해 해석된 것처럼, 그는 우리도 그렇게 해석되기를 원한다. 이러한 맥락에서 그의 주장은 7-13절에 나오는 이 서두의 서술을 유대교 내에서의 그의 과거의 삶으로 축소시켜 이해하는 것을 매우 어렵게 만든다. 만약 그것이 그의 의도였다면, 독자들은 이렇게 대답할 것이다. "예, 당신이 한때 연약함과 불신앙 속에 겪었던 이야기를 잘 들었습니다. 그러나 우리는 그렇지 않습니다. 그리스도께서는 이미 우리를 강하고 거룩하게 만드셨기 때문에, 율법을 넉넉히 지킬 수 있게 되었으니까요."[61] 바울은 율법과 그리스도가 두 개의 대립하는 주권을 행사한다는 점을 분명히 했다. 두 주인을 섬길 수 없다. 우리는 하나에 속하거나

---

61 물론, 여기에는 무조건적 순종을 요구한다고 하는 바울의 율법 이해가 빠져 있다.

다른 하나에 속한다. 바울의 율법과의 만남에 대한 이야기는 그리스도와 율법을 결합시키려는 유혹에 빠졌을지 모를 독자들의 **현재적 삶**에 대한 이야기다. 바울이 목회했던 교회들에 찾아온 유혹은 히브리인들에게 보낸 편지에서처럼 유대교로 회귀하려는 유혹이 아니었다. 그것은 하나님의 은혜를 누리기 위해 율법을 지켜야 한다는 요구와 그리스도를 믿는 신앙을 결합시키려는 치명적인 시도였다.

바울이 단순히 과거에 대한 이야기만 하는 것이 아니라 현재에 대해서도 이야기하고 있다는 인식은 현재 시제를 사용했음에도 불구하고 반복해서 현재를 나타내는 도입부의 진술에 의해 강화된다. "율법으로 말미암지 않고는 내가 죄를 알지 못하였으니 곧 율법이 탐내지 말라 하지 아니하였더라면 내가 탐심을 알지 못하였으리라"(7절).

여기서 바울은 "알다"를 의미하는 단순과거 동사 '에그논'(ἔγνων)을 완료형으로 표현하는데, 이는 다른 곳에서 단순과거 직설법 '기노스코'(γινώσκω)로 사용한 것과 비슷하다.[62] 조건문의 주절에 나타난 미완료형태의 비현실적 조건은 현재에 속한다.[63] 이어지는 구절들의 과거 시점 표시들이 이 결론을 뒤엎지 않는다. 바울은 아담 이야기에서 자신을 "발견"하고 그 이야기의 관점에서 자신을 제시한다. 그는 "한때" 율법이 없는 상태에서 살아있었지만, "계명"이 오자 죽게 되었다고 말한다. 하지만 이런 경험은 그의 인생에서 어

---

62   롬 3:17; 10:19; 11:34; 고전 1:21; 2:16; 8:2.

63   참고. F. Blass, A. Debrunner, and F. Rehkopf, *Grammatik des neutestamentlichen Griechisch* (15 durchgesehene Auflage; Göttingen: Vandenhoeck & Ruprecht, 1979 [1896]), 360.3, n.4.

떤 특별한 경험으로 특정할 수 없는 것이다. 율법이 세상에 오기 전, 바울이 태어나기 훨씬 전부터 죽음은 인류를 지배해 왔다(롬 5:12-14). 14-25절에 나오는 그의 이야기가 보여주는 것처럼, 계명에 대한 그의 경험은 과거에 머물러 있지 않고 현재까지 계속되고 있다.

그럼에도 불구하고 율법과의 만남은 추상적인 것이 아니다. 그것은 계명을 듣는 일에 집중되어 있다. 기록된 요구의 형식을 취하지만, 율법은 **말을 한다**. 그것은 한 사람의 인격으로, 실제 시내산에서 하나님 자신이 말씀하시는 것처럼 말한다. "너는 탐내지 말라!" 하나님께서 인간에게 이처럼 외적으로 말씀하시는 것은 바울의 로마서 7장의 바울 내러티브를 의지의 연약성에 대한 고대의 전반적인 논쟁과 구별시킨다. 여기서는 그 논쟁의 구체적인 내용을 다룰 필요는 없을 것이다.[64] 단지 이 논쟁은 주어진 상황에서 옳은 일을 하지 못하는 것이 지식의 부족으로 인한 결과로 봐야 하는지, 그렇지 않으면 모든 사람이 주어진 순간에 가장 바람직하다고 생각한 것에 따라 행동하기 때문에, 그러한 실패가 순간적으로 이성을 압도하는 정서에 기인할 수 있는지에 대한 질문을 다룬다.[65] 극작가

---

64 특히 다음 자료를 참고하라. H. Hommel, "Das 7. Kapitel des Römerbriefs im Lichte antiker Überlieferung," *Sebasmata* 2 (WUNT 32; Tübingen: Mohr-Siebeck, 1984), 141-73; S. Vollenweider, *Freiheit als neue Schöpfung: Eine Untersuchung zur Eleutheria bei Paulus und in seiner Umwelt* (FRLANT 147; Göttingen: Vandenhoeck & Ruprecht, 1989), 349-60.

65 최근 바서만(E. Wasserman)은 로마서 7장에 대한 플라톤적 읽기를 제시한 바 있다. E. Wasserman, *The Death of the Soul in Romans 7: Sin, Death, and the Law in Light of Hellenistic Moral Psychology* (WUNT 2/256; Tübingen: Mohr Siebeck, 2008). 그녀는 바울이 자신의 논의에 플라톤의 언어를 차용했다고 옳게 지적한다. 하지만 바울이 플라톤이 인간을 세 부분으로 설명하는 개념을 동원했다는 것을 입증하지 못했고(Plato, *Republic* 9, 588A-589B; *Phaedrus*

들은 인간의 행동을 사실적으로 묘사하려는 시도로 이 문제에 대한 후자의 해결책을 선택하여 소크라테스의 전통에 도전했다. 이같은 맥락에서 오비디우스는 에우리피데스의 희곡에서 메디아라는 인물을 재구성하여 그녀가 "나는 더 나은 것을 보고 그 가치를 알아보았으나, 오히려 더 나쁜 것을 따른다"라고 외치는 것으로 유명하다.[66] 이 문장들은 얼핏 바울의 주장과 근접해 보이긴 하지만(특히 초기 개신교 신학자들에게는 매력적으로 보였다), 그 내용은 바울이 전하는 이야기와는 완전히 다르다.[67] 인간 의지의 연약성에 대한 고대 그리스의 전반적인 '아크라시아'(ἀκρασία) 논쟁과 마찬가지로, 오비디우스의 희곡은 도덕적 실패를 이성과 욕망 사이의 투쟁이라는 관점에서 다루고 있으며, 그 실패에 대한 설명을 그 관계에 대한 해석에서 발견하려 한다. 오비디우스는 에우리피데스보다 훨씬 더 분명하게, 놀라운 사실주의로 철학적 논리에 반하는 "이성이 압도되는 '아크라시아'(ἀκρασία)"를 제시한다(따라서 그것을 주장한다).

246A-248E), 바울이 인간을 부분으로 나누지 않는 단일한 존재로 설명한 구절들을 파악하려는 시도를 전혀 하지 않는다("나는 육신에 속하여 죄 아래 팔렸도다"[14절], "내가 행하는 것을 내가 알지 못하노니"[15절], "내 자신이 마음으로는 하나님의 법을 육신으로는 죄의 법을 섬기노라"[25b절]). 그녀는 이러한 역설적인 고백을 양가적 내면상태 혹은 내적인 혼란으로 이해하고, 이런 방식으로 바울을 플라톤의 사유전통에 서 있는 인물로 분류한다. 가장 두드러진 실패는 그녀가 거의 동일한 자료를 훨씬 설득력 있게 다룬 헤켈의 관심을 전혀 받지 못했다는 점에 있다(T. Heckel, *Der innere Mensch: Die paulinische Verarbeitung eines platonischen Motivs* [WUNT 2/53; Tübingen: Mohr Siebeck, 1993]).

66 "Video meliora proboque deteriora sequor," *Metamorphoses* 7.21-22. 여기서 메디아를 욕망에 사로잡힌 야만적인 여성으로 묘사하는 에우리피데스와는 대조적인 변화가 나타난다(*Medea* 1077-1080).

67 참고. R. Saarinen, "Weakness of the Will in the Renaissance and the Reformation," in *Das Problem der Willensschwäche in der mittelalterlichen Philosophie* (Bibliotheca 8; ed. T. Hoffmann, J. Müller, and M. Perkams; Leuven: Peeters, 2006), 331-53.

하지만 바울은 완전히 다른 관점에서 출발한다. 그는 아리스토텔레스처럼 인간을 "이성적 동물"로 이해하지 않고, 하나님께 부름받은 피조물로 이해한다. 하나님으로부터, 즉 **외부로부터** 응답하도록 부르심 받은 인간은 필연적으로 믿음과 순종으로 응답하거나 우상 숭배와 반역으로 응답하게 되어 있다.[68] 바울은 칸트의 범주적 명령과는 달리 도덕적 행동을 이성과 관련하여 평가하지 않고, 하나님의 뜻에 대한 순종, 특히 율법과 관련해 평가한다. 따라서 도덕적 실패, 더 정확하게는 죄와 범법은 설명할 수 없는 영역이다. 13-25절에서 분명하게 드러나듯이, 인간의 반역은 압도하는 욕망이나 기만적인 추론으로 인한 것이 아니다. 그것은 헤아리기 어려운 것이다. "만물보다 거짓되고 심히 부패한 것은 마음이라 누가 능히 이를 알리요?"(렘 17:9). 그리스인들이 인식했듯이, 도덕적 실패의 문제를 이해할 수 있다면 이를 극복할 수 있다. 그러나 사도 바울에 따르면 그것은 불가능한 것이다. 도움이 필요하다. 외부로부터의 도움 말이다.

인간과 율법의 만남에 대한 바울의 서술에는 하나님에 대한 반란을 암묵적으로 담고 있다. 로마서 7:13-16에서 볼 수 있듯이 율법을 듣는 사람은 율법이 **선하다**는 데 동의한다. 그런데 그런 사람

---

68 이 문제에 대해서는 아우구스티누스의 "의지" 개념이 인간을 하나님이 다루시는 대상으로 이해하는 데서 비롯되었다고 주장하는 딜레(A. Dihle)의 놀라운 연구물을 참고하라. 그의 주장에 따르면, 외부로부터의 목소리가 있을 때만 반응의 능력에 대한 질문이 제기된다. A. Dihle, *The Theory of Will in Classical Antiquity* (Sather Classical Lectures 48; Berkeley: University of California Press, 1982). 창조주가 창조세계에서 인간 피조물을 다루는 방식에 대한 내용은 율법보다 더 광범위하고 심오하고 시간적으로 앞선 것이다. 다음을 참고하라. O. Bayer, *Schöpfung als Anrede: Zu einer Hermeneutik der Schöpfung* (Tübingen: Mohr Siebeck, 1990).

이 악한 일을 행한다. 오비디우스는 이 역설을 "명쾌한 의지의 연약성"의 사례로 간주했을 것이다. 그러나 그것은 그가 깨닫지 못한 훨씬 더 깊은 의미를 담고 있다. 죄의 권세 아래 있는 인간은 계명으로 말씀하신 하나님께 **반역한다.** 불순종하는 자녀가 부모의 금지를 어기고 반항하는 것처럼, 인간은 계명을 어긴다. 죄는 하나님을 없애려는 시도다. 그것은 아버지의 목소리를 피해 먼 나라로 떠나는 둘째 아들의 여정이다. 그것은 하나님을 죽이려는 시도다. "인간은 본질적으로 하나님이 하나님이 되기를 원하지 않는다. 오히려 자신이 하나님이 되고, 하나님은 하나님이 되지 않기를 원한다."[69]

율법 전체, 그리고 인간과 하나님과의 관계 전체는 단 하나의 계명에 달려 있다. 바울은 여기서 탐심을 금지하는 계명, 십계명의 마지막 계명을 강조한다. 마지막 계명과 첫 계명은 서로 상응하며 하나님께서 이스라엘에게 자신을 선물로 주신 점을 떠올리게 만든다. 첫 계명은 말한다. "너는 나 외에는 다른 신들을 네게 두지 말라."[70] 탐심을 금지하는 계명에 하나님에 대한 우리의 사랑이 달려있다. 십계명에서 금지된 탐심의 범위와 출애굽기와 신명기에 언급된 탐심의 대상이 순서가 바뀐다는 사실을 주목해야 한다. 바울은 이 계명을 인용할 때 단순히 정욕만을 염두에 두지 않았고, 집과 밭, 아내, 소와 나귀 등 다른 사람의 소유물에 대한 모든 욕망을 포괄하고 있다. 이 해석은 8절에 나오는 바울의 진술에 의해 더욱 강화된다.

---

69 Luther, *Disputatio contra scholasticam theologicam*, Theses 17–18. Non potest homo naturaliter velle: deum esse deum. Immo vellet se esse deum et deum non esse deum.

70 출 20:2–3,17; 신 5:6–7,21.

"죄가 기회를 타서 계명으로 말미암아 내 속에서 온갖 탐심을 이루었나니." 여기서 사도는 "모든 불경건과 불의"에 대한 하나님의 진노가 드러났다는 자신의 서두의 선언을 되풀이하면서(롬 1:18), 우상 숭배자들이 "모든 불의"로 가득 차 있다고 묘사한다. 이 계명은 **모든 형태의 욕망**을 불러일으킨다. 여기에는 불법적인 정욕뿐만 아니라 권력에 대한 욕망, 이기적인 야망, 탐욕, 이기심 등도 포함된다.

따라서 탐심을 금하는 계명 속에는, 예수님이 율법을 요약해서 말씀하신 하나님 사랑과 이웃 사랑이 함축되어 있다.[71] 여기서 바울은 십계명의 후반부, 즉 이웃에 관한 계명에 초점을 맞추고 있다.[72] 우리는 로마서 13:8-10에서 바울이 십자가에 못 박히시고 부활하신 그리스도 안에서 세상에 들어온 사랑의 종말론적 실재를 율법의 성취로 말하는 것을 보게 된다. 그 맥락에서도, 하나님에 대한 사랑과 이웃에 대한 사랑은 불가분의 관계에 있다. 하나님과의 관계는 "타인"과의 관계에 거울처럼 반영된다.

탐심을 금지하는 계명은, 바울이 로마서 3:20에서 처음 언급하고 3:28에서 다시 언급한 "율법의 행위"와 대조를 이루고 있다. 그는 이 율법의 행위를 편지의 여러 곳에서 "행위"로 축약하여 언급한다.[73] 로마서 7장에서 바울이 죄의 권세 아래 있는 인간을 묘사할 때, 결코 그들이 어떠한 선한 일도 할 수 없음을 주장하는 것이 아님을 명심할 필요가 있다. 바울은 때때로 이방인들이 옳은 일을

---

71   참고. 마 22:34-40; 막 12:28-31; 눅 10:25-29.

72   비교. 레 19:18.

73   롬 3:27; 4:2,6; 9:12,32; 11:6. 바울은 믿음의 순종을 일컬어 "행위들"(복수)로 말하지 않고, 단지 단일하고 삶 전체를 포괄하는 "행위"(단수)로 말한다(롬 2:7; 15:18; 고전 3:13-15; 갈 6:4).

한다고 명시적으로 말하고(롬 2:14), 율법에 순종하여 "율법의 행위"를 행하는 유대인들도 마찬가지라고 암시적으로 말한다. 바울은 우리 모두가 가능한 한 나쁜 사람이라고 주장하는 것이 아니다. 실제로 우리는 겉으로는 "하나님 없이도 선할 수 있다."[74] 바울은 우리가 아무리 노력해도 겉으로는 선하게 행동할 수 있지만, **우리 중 누구도 마음속의 탐심을 제거할 수 없다**고 주장한다.[75] 앞서 언급했듯이, 그는 "율법의 행위"와 율법의 성취 사이에 구별을 둔다. 우리가 선을 행한다고 해서 이웃에게 행하는 악행에서 비롯되는 말과 행동으로 나타나는 반항심과 자기애가 사라지는 것은 아니다. 따라서 존 스토트의 주석은 더욱 구체적이고 현실적인 의미를 갖는다. "우리 손에는 피가 묻어 있다. 십자가를 우리를 위해 행해진 것으로 보기 전에, 십자가를 우리가 행한 것으로 봐야 한다."[76] 로마서 3:10-18에 나오는 성경 구절은 유대인과 이방인 모두를 묘사한다. 반대로, 바울은 참된 유대인과 참된 할례, 즉 마음의 할례는 겉으론 보이지 않는다고 주장한다. 칭찬은 오직 마음을 보시는 하나님으로부터만 온다(롬 2:28-29). 순종은 외형적이고 눈에 보이는 행위로 측정될 수 없다. 외형적이고 눈에 보이는 행위는 그 특성상 우리

---

74   참고. G. Epstein, *Good Without God: What a Billion Nonreligious People Do Believe* (New York: HarperCollins, 2009).

75   Luther, *de libertate christiana*, WA 7, 52 = LW 31:348: "'탐하지 말라'는 일종의 명령인데, 이것은 우리 모두를 죄인으로 정죄한다. 왜냐하면 누구든지 이에 얼마나 열심히 저항하든지 탐욕을 품지 않는다는 것은 불가능한 것이기 때문이다"(Als das gebott, Du solt nit böß begird haben, beweysst das wir allesampt sunder seyn, und und kein mensch vormag, zu sein on böße begirde, er thue was er will).

76   J. R. W. Stott, *The Cross of Christ* (Downers Grove, IL: InterVarsity, 1986), 59-60.

의 삶과 인격 전체를 아우르지 못한다. 따라서 탐심을 금하는 계명 앞에서 누구도 달아날 수 없다.

앞서 언급했듯이 7:7-13의 내러티브에서 "나"는 전적으로 수동적인 위치에 머물러 있다. 행동하는 것은 "죄"다. 그것은 계명을 통해 기회를 잡았다(8a절). 그것은 "내 안에서" 모든 탐심을 일으켰다(8b절). 계명이 오면서 죄는 "살아났다"(9b절). 그것은 "나"를 속였다(11b절). 그것은 "나"를 죽였다(11c절). 이와 대조적으로, "나"는 죄를 "앓고"(8b절), 죄에 속고(11b절), 죽는다(10,11절). 따라서 이러한 힘으로서의 "죄"는 또한 "육체"로 구체화된 인격이기도 하다. 그것은 바울의 인격을 사로잡았다. 우리가 복음서에서 발견하는 귀신 들림에 대한 보고는 더 큰 현실의 특별한 사례일 뿐이다. 다시 이 지점으로 돌아가고자 한다.

다시 말하지만, 우리가 관찰했듯이 여기서 재현된 드라마는 아담의 타락이다. 로마서 7장의 "나"는 로마서 5장의 아담의 목소리를 듣는다.[77] "죄"가 가져온 욕망, 속임수, 죽음은 동산에서 뱀이 한 일에 해당한다.[78] 앞서 살펴본 것처럼 "죄"(또는 뱀)가 욕망을 가져오지, 탐심이 욕망을 가져오는 것은 아니다.[79] 우선, 이 이야기의 "나"는 사도 바울을 가리킨다. 그는 아담의 이야기 속에서 자신을 발견

---

77   G. Bornkamm, "Sin, Law and Death: An Exegetical Study of Romans 7," in *Early Christian Experience* (trans. P. L. Hammer; New York: Harper & Row; 1969), 94.

78   창 3:6의 히브리 본문은 십계명의 용례와 상응하는 "탐심"의 측면에서 금지된 나무에 대한 하와의 끌림을 묘사한다(참고. 신 5:21). "여자가 그 나무를 본즉 먹음직도 하고 보암직도 하고 지혜롭게 할 만큼 탐스럽기도 한 나무인지라 여자가 그 열매를 따먹고 자기와 함께 있는 남편에게도 주매 그도 먹은지라."

79   야고보와 달리 바울은 죄악된 행실이 아닌 원시적인 죄에 대해 이야기한다(비교, 약 1:14-15).

하고 이야기함으로써 독자들에게도 자신을 보도록 초대한다. 계명과의 만남에서 바울은 "아담이 되었다." 아담 이야기가 자기 이야기가 된 것이다. 한때 살아있었다가 계명으로 말미암아 죽었다고 말했던 바울의 난해한 언어는 이 이야기의 틀 안에서 이해해야 한다. 그러니까, 바울은 아담의 범죄가 자기 안에 재현된 것을 이야기하고 있다. 이 이야기는 바울이 어린 시절에 이런 일이 일어났던 정확한 순간을 알고 있다는 것을 암시하는 것은 아니다. 단지 그 일이 그에게 일어났고 지금도 계속되고 있다는 것을 알려줄 뿐이다. 여러 번 언급했듯이 바울의 이야기는 자전적 기록이 아니라 "하나님에 의한 기록"이다. 바울은 자신을 아담의 후손으로 소개한다. 그는 로마서 5장에서 율법이 "[아담의] 범죄를 증가시키는 역할을 한다"(롬 5:20)고 말한다. 이제 그는 계명을 만나면서 죄를 되살리는 것으로 묘사한다. 죄는 아담 안에서 살았던 것처럼 그 안에서 다시 살아난다('아네제세', ἀνέζησε, 9b절). 따라서 "죄"는 외부에서 그에게 오는 것이 아니라 율법이 그에게 말할 때 그의 안에 은밀히 숨어 있었다. 죄에 관한 이 진리가 바로 그가 14-25절에서 전개하는 내용이다.

처벌은 계명에 덧붙여지는데, 따라서 이것은 결국 율법 전체에 더해진다. 바울이 창세기의 타락사건을 암시한 것은 이런 이해를 바탕으로 한 것이다. 죄는 계명을 통해 죽음을 가져온다(11절). 죄가 행하는 기만은 규칙이 우리에게 적용되지 않으리라는 헛된 상상, 신성한 경고가 거짓말이라는 생각, 죄를 범한 것이 죽음을 가져오지 않을 것이라는 생각을 주입하는 것이다.[80] 결과적으로, 생명을 위해 주어진 바로 그 계명이 우리의 죽음을 초래한다(10절).[81]

우리는 바울의 기록에서 그의 심리적 상태나 자신의 상태에 무엇을 알았다는 식의 어떤 결론을 도출할 수 없다. 바울이 구체적인 자전적 기록을 생략했다는 사실 자체가 신학적으로 의도된 기획이다. 그는 신앙의 관점에서 우리에게 이야기한다. 일어난 일은 그의 과거에 속하며, 그 과거는 그와 함께 남아 있다. 우리가 본 것처럼, 여기서 그가 **그리스도의 주권 아래**에서의 경험을 묘사한다고 생각하는 것은 매우 어렵고, 사실상 불가능하다. 앞서 언급했듯이, 25a절의 감사 외에는 7-25절에서 그리스도가 전혀 언급되지 않는다. 성령의 역사에 대해서도 언급하지 않는다. 그의 성령의 역사와 그리스도에 대한 침묵 속에는 그가 이미 제시한 신학적 개념이 담겨 있다. 율법이 존재하고 그 지배력이 행사되는 곳에서는 그리스도의 권세를 찾을 수 없다. 반대로, 그리스도가 존재하고 그 지배력이 작동하는 곳에는 율법의 권세를 찾을 수 없다.

바울은 율법에 대한 자신의 긍정적인 이전의 주장을 반복하면서 이야기를 마무리한다. "이로 보건대 (한편으로) 율법은 거룩하고 계명도 거룩하고 의로우며 선하도다"(12절). 계명에 대한 이러한 특징 묘사는 모세가 신명기에서 연설을 시작할 때 말했던 것과 같은 어조를 지니며, 신명기에서 반복되는 "계명은 이스라엘의 유익을 위

한 것"이라는 구절의 의미를 포함한다.[82] 바울이 계명이 "선하다"라고 단정하는 것은 율법이 축복을 제공한다는 사실을 반영하며[83] 다른 곳에서 '선'을 유익한 것으로 언급했기 때문이다.[84] 위에서 제공한 번역을 통해 분명히 볼 수 있듯이, 12절에서 바울은 자신의 결론을 다음과 같이 깨어진 형태로 제시한다. "한편으로 율법은 선하다." 현재로서는 누락된 반대의 내용을 채워넣는 것은 독자의 몫으로 남겨져 있다. 물론 다음의 이야기에서 바울은 그것을 채워 넣을 것이다.

바울이 두 번째로 "그런즉 선한 것이 내게 사망이 되었느냐?"(13절)라고 묻는 것은 자신의 복음과 율법에 대한 이해가 일치하지 않거나 모순된다는 잠재적인 비난에 대한 선제적인 대답이다. 나에게 유익하다고 했던 바로 그 "선"이 나를 죽게 만든다고 말하는 것은 터무니없는 주장이다. 만일 우리가 헬레니즘의 이해를 따라 우리가 항상 알고 우리에게 유익하다고 이해하는 것을 행한다고 생각한다면 더욱 그러하다. 로마서 2:17-29이 묘사하는 가상의 인물이 잘못 상상한 것처럼, 가르침은 우리를 발전시켜야 한다. 바울은 자신의 수사적 질문에 아주 간단하게 대답한다. 율법과 인간의 만남에서 치명적인 결과는 죄의 힘 때문인데, 이는 아담의 모든 자녀에게 영향을 미친다. 사실, 율법의 목적은 죄가 "나의" 죽음을 초래하는 가혹한 현실을 드러내는 것이다. "계명으로 말미암아 죄로 심히 죄되게 하려 함이라"(13b절).

---

82 참고. 신 4:5-8.

83 예, 롬 2:10; 12:2,9,21; 13:3-4; 14:16; 15:2; 16:19.

84 신 4:40; 5:16,29; 6:3,18; 10:13; 12:25,28; 22:7.

로마서 7:14-25, 선한 계명과 죄 아래 놓인 인간

로마서 7:7-13에서 14-25로의 시제 변화는 시간의 변화가 아니라 관점의 변화이다. 바울은 자신의 회심 전 경험을 묘사하다가 기독교인의 삶으로 넘어가지 않는다. 앞서 언급했듯이, 7-25절 전체에서, 25a절의 감사를 제외하고는 하나님의 구원 활동에 대한 언급 자체가 나타나지 않는다. 하나님이 그리스도 안에서 행하신 종말론적 사역은 로마서 8:1에 이르러서야, 7:6('뉘니 데', νυνὶ δέ)에서 예고된 "이제는"이라는 극적인 표현을 찾을 수 있다. 또한 바울이 묘사하는 죄의 능력은 두 가지 서술 모두에 걸쳐 동일하게 흐르며, 14-25절을 바울의 **그리스도인으로서의** 경험으로 해석하는 것을 반박한다. 첫 번째 서술에서 인격화된 "죄"는 행위자이며, "나"는 완전히 수동적이다. 물론 두 번째 서술에서 "나"는 "죄 아래 팔린" 존재로서 행위자가 된다. 하지만 "죄"는 여전히 이야기의 결정적인 행위자로 활약한다(17,20절). 바울은 23절에서 이를 요약하며 설명한다. 14-25절에서 그는 죄의 능력에 대한 7-13절의 서사를 인간을 포함하여 다시 제시하는데, 그 인간은 여전히 죄에 대해 책임이 있다. 죄 아래 놓인 인간이 계명과 대면하는 기본 틀은 변하지 않는다. 14-25절의 이야기는 7-13절의 이야기를 다시 말하는 것이며, 인간의 "응답하는 능력"을 설명하기 위해 반드시 다시 말해야 한다. 그래서 시제의 변화는 복음의 "종말론적 현재"로의 전환을 의미하는 것이 아니라, 바울이 7장 전반부의 설명에서 소개하는 율법의 현재 시대가 계속되고 있음을 의미한다. 바울은 "역사적 현재"라고도 부를 수 있는, 현재 시제를 생동감 있게 사용하는 기술을 통하여, 독자들이 이 이야기에서 자신을 발견하도록 초대한다.

따라서 율법의 선함에 대한 바울의 두 번째 설명은 "계명"과의 대면에 대한 변주일 따름이다. 그는 율법의 선함을 확언하면서도, 죄가 어디에 있는지 명시적으로 언급하지 않았다. 이제 바울은 그 위치를 명확히 한다. 죄는 인간 안에 "거하고" 있으며, 이 죄의 거주는 우리 인격과 분리될 수 없는 방식으로 이뤄진다('오이케인', οἰκεῖν; 롬 7:17,18).[85] 첫 번째 이야기는 율법과 죄의 관계를 설명하고(7-13절), 두 번째 이야기는 죄와 자아의 관계를 설명한다(14-25절). 이에 따라 두 번째 이야기는 다음과 같은 설명으로 시작된다. "우리가 율법은 신령한 줄 알거니와 **나는 육신에 속하여 죄 아래에 팔렸도다.**"[86] "완전한 죄성"(13절)은 그것이 이 세상에서 가지고 있는 위치, 말하자면 인간 내면에서 일어나는 치명적인 작용으로 나타난다. 바울이 지금 탐구하는 것은 바로 그 죄의 위치에 대한 것이다.

여기서 인간이 율법과 대면하는 일에 관한 바울의 설명은 세 부분으로 나뉘며, 이는 비슷한 서술을 반복하는 형태로 전개된다(14-17절, 18-20절, 21-25절).[87] 그는 율법의 선함에 대한 고백(16절)

85　비교. 롬 8:9-11. 여기서 바울은 하나님의 영의 내주에 대해 이야기하면서 이를 그리스도와 동일시한다.

86　바울이 "육신적"이라는 용어를 자세히 설명한 것은 7-13절의 이야기 뒤에 숨어 있는 아담의 이전 역사를 암시한다. "나는 … 죄 아래 팔렸도다." 그러면서 바울은 모든 인류가 "죄 아래 있다"(롬 3:9)는 자신의 이전 주장을 확장하고, 로마서 6장에서 소개한 죄에 대한 노예살이의 비유를 다시 한번 거론한다(비교. 롬 6:6,12,14,16,17). 이 표현은 "네가 네 자신을 팔아 여호와 보시기에 **악을 행하였으므로**"라고 성경에서 묘사된 아합과 이스라엘을 떠올리게 한다(왕상 21:20,25; 왕하 17:17; 마카베오1서 1:15). 수동태는 이스라엘이 죄로 인해 **팔려** 포로로 끌려간 사실에 대한 성경의 묘사도 반영한다(LXX 사 48:10; 50:1; 52:3; 또한 신 32:30; 참조. 바룩서 4:6).

87　이 양식은 롬 5:15-21(15,16-17,18-21절)에 나오는 그리스도 안에서 나타난 하나님의 역사에 대한 묘사와 다르지 않다. 두 경우 모두에서 바울은 자신이 다루는 근본적인 현실을 두 가지 다른 관점에서 제시하고, 그것을 세 번째 섹션에서 종합한

에서 시작해서 자신 안에 선함이 없다는 고백(18절)으로 이동하고, 21-23절에서는 이 두 가지 고백을 종합한다. 서두에서 했던 바울의 고백에서 알 수 있듯이, 이 이야기 전체는 독자들이 그 이야기 안에서 로마의 그리스도인으로서 자신들을 발견하도록 초대하려는 의도를 갖는다. 우리가 기억해야 할 것은, 그들 앞에 놓인 질문은 율법을 선택하기 위해 그리스도를 버려야 하는지에 관한 것이 아니라는 것이다. 그리스도인의 삶에서 율법이 어떤 위치를 차지해야 하는지 질문해야 한다. 바울은 5-6절에 나오는 자신의 정의에 근거하여 율법에 직면한 인간, 따라서 **그리스도가 없는 상태의 인간**에 대해 계속해서 이야기한다. 그리스도가 있는 곳에는 율법이 없고, 그 반대도 마찬가지다. 또한 우리는 바울이 5-6절에서 "구속사"의 관점에서 말하는 것이 아니라, 타락한 세상에 임할 새로운 창조의 현실을 예고한다는 것을 기억해야 한다. 묵은 것과 새로운 것은 동시에 존재하며 싸우고 있지만, 승리가 이미 그리스도께 속해 있다. 따라서 7-25절의 서술은 그리스도인이 살아가는 현재의 현실과 관련은 있지만, 그렇다고 해서 그리스도께 속한 새로운 삶 자체를 직접 묘사하는 것은 아니다.

바울이 15a절에서 두 번째로 설명하는 "내가 행하는 것을 내가 알지('기노스코', γινώσκω) 못하노니"라는 말은 "율법을 아는 사람들('기노스쿠신', γινώσκουσιν)"에 대한 그의 시작하는 설명에 담긴 아이러니한 반향이다. 로마서 2:17-24의 수사적 표현처럼, 하나님의 뜻

다. 예수 그리스도 안에서 행하시는 하나님의 역사와 타락한 인류 안에서 이뤄지는 죄의 역사는 헤아릴 수 없는 현실인데, 이는 묘사될 수는 있어도 설명할 수는 없는 것이다.

을 알면서 스스로를 가르치지 않는 것처럼, 바울의 독자들은 율법을 알지만 자신들을 알지 못한다. 바울의 고백은 그의 주관을 넘어서는 것이다. 이는 불트만(Bultmann)이 주장한 것처럼 자신이 무엇을 하는지 인식하지 못한다는 의미가 아니라, 자신의 행동을 이해할 수 없다는 의미다.[88] 여기서도 다시 한번 바울과 헬레니즘 철학 전통 사이의 근본적인 거리가 있음이 확인된다. 인간의 행동은 이성에 관한 어떤 이론이나 비이성적 욕망으로 설명할 수 없다. 하나님의 계명이 하는 역할은 죄라고 하는 심오하고도 헤아릴 수 없는 현실과 그 위력을 드러내는 데 있다. 우리가 이미 관찰했듯이, 우리가 분석 능력을 통해 이 문제의 근원에 도달할 수 있다면, 우리는 더 이상 죄의 지배를 받지 않을 것이다. 그렇게 되면 경건은 어떤 프로그램이나 다른 방법으로 개발될 수 있다는 말이 된다. 그러나 바울에 따르면 타락한 인간은 통일성 있게 정돈된 정체성을 누리지 않고 그럴 수도 없다. 우리는 스스로에게 다가갈 수 없다. 물론 이는 신학적 결론이지, 인간의 심리 상태를 설명하는 것이 아니다. 인간의 심리는 교만에 눈먼 상태에서 절망에 빠진 상태까지 요동칠 수 있기 때문이다.

바울은 세 번째 설명에서 문제를 더욱 명확하게 한다. 그는 다시 한번 자신이 계명을 지키지 않는다고 말한다. "내가 원하는 것은 행하지 아니하고 도리어 미워하는 것을 행함이라"(15절). 여기서 그가 7절에서 언급한 탐심의 금지에 대한 관심을 다른 곳으로 옮겼다고 생각할 이유는 없다. 그 문맥에서 알 수 있듯이, 그 한 가지

---

88   참고. R. Bultmann, "Romans 7 and the Anthropology of Paul," in *Existence and Faith* (trans. S. Ogden; New York: World, 1960), 155.

계명에 모든 율법이 걸려 있다. 더 나아가, "탐심" 그 자체가 하나의 **행동**이다. 불법적인 욕망 그 자체가 죄악이며, 단순히 외적으로 행동하는 것이 아니다. 게다가 바울은 인간의 마음속에 있는 탐욕이 외적인 행동으로 표현된다고 여긴다. 이것이 바로 로마서 3:10-18에 나오는 성경 구절의 핵심이다. 사랑이 이웃을 돕는 일에 활동적인 것처럼, 탐욕은 이웃에게 해를 끼치는 일에 활동적이다. 바울이 자신의 몸의 지체들 안에서 활동하면서 하나님의 법을 거스르는 "다른 법"에 대해 이야기할 때(23절), 그는 탐심을 금하는 계명과 마주하는 상황에서 관심을 이동시킨 것이 아니다. 그는 두 부분으로 구성된 하나의 이야기를 들려준 것이다(7-13절; 14-25절).

또한 바울은 약하거나 분열된 의지, 또는 선을 향한 단순한 충동에 대해 말하지 않는다. 대신에 그는 "내가 원하는 것은 행하지 아니하고 도리어 미워하는 것을 행함이라"라고 고백한다(15절). 분열되지 않은 의지, 즉 인간성 전체가 "율법에 동의하여 그것이 선하다"라고 말하지만('칼로스', καλός; 16절, 옳고, 매력적이며, 유익하다 등을 뜻한다), 실제로는 다르게 행동한다. 14-17절에서 바울의 강조점은 율법에 대한 이 같은 동의에 놓인다. 그것은 하나님께서 다루시는 인간 존재로서의 우리의 상태를 표현한 것이다. 하나님의 말씀을 받은 자로서, 우리는 도덕적 피조물로 존재한다. 이는 부도덕한 상태로 떨어졌으나 결코 도덕성 자체가 결여된 존재로 살아가지는 않는다는 의미다. 바울은 율법을 모르는 이방인들의 "마음속에" 기록된 율법의 기능에 대해 이미 언급했다(롬 2:14). 율법을 듣는 것은 그들에게 낯설고 이국적인 경험을 제공하는 것이 아니다. 율법을 듣는 모든 사람은 "그것이 선하다는 데 동의"한다(7:16). 이방인의 양심과 내적인 생각은 심판의 날에 그들을 정죄하기도 변명하기도 한다(롬 2:15-16). 따라서 율법은 단지 외부에서가 아니라 내부에서 그들을 정죄한다.

이미 살펴본 것처럼, 14-17절의 고백은 고대 철학에서 다루었던 인간성품의 취약성('아크라시아', ἀκρασία)에 대한 논쟁으로부터 바울을 차별화한다. 욕망이 잠시동안 올바른 사고를 압도한다고 하면, 인간의 도덕적 실패는 비극적이라고 볼 수 있다. 그러나 그것들을 정확히 말해 죄책이라고 제대로 설명할 수는 없다. 이성을 제치고 충동과 욕망에 의해 지배되는 만큼 죄책감은 약화된다. 이는 형사법에서 격정에 의한 우발적 범죄나 마약이나 알코올의 영향을 받아 저지른 범죄의 경우와 같다. 반대로 바울은 조건적 상황에 매이지 않는 절대적인 죄책에 대해 말하고 있다. "내가 원하는 것은 행하지 아니하고 도리어 미워하는 것을 행함이라"(15절). 이 죄책감은 옳은 일에 대한 이성의 분명한 인식에 달려있지 않다. 그 대신 율법에서 **말씀하시는** 하나님의 목소리에서부터 생겨난다(7절). 따라서 바울은 시편 저자와 함께 "오직 하나님 당신께만 내가 범죄했습니다"라고 고백하고 있다(시 51:4).

계명에 직면했을 때 느끼는 죄책이 크긴 하지만, 역설적이게도 더 이상 그 행위를 하는 것은 "내"가 아니라 "내 속에 거하는 죄"다(7:17). 바울은 갈라디아서 2:20에서 어순을 독특하게 비틀어 "그것이 나입니다. 하지만 더 이상 내가 아닙니다"라고 고백한다. 율법 앞에서 자아는 치명적이고 근본적으로 분열되어 있다. 나는 주저함 없이 주어진 계명을 행할 것이다. 그러면서도 나는 불가피하게 죄에 압도되어 있다. 죄는 나의 인격과 정체성, 자아를 지배하고 있다. 그것이 바로 노예의 상태, 즉 "죄 아래 팔려" 있는 상태다(7:14).

바울이 묘사한 "내주하는" 죄의 개념은 복음서에 나오는 귀신 또는

인간 안에 내주하는 "부정한 영"에 대한 묘사와 일치한다.[89] 거라사

의 귀신들린 사람이 자기 정체를 밝혀 귀신들에게 **이름**이 있음을

밝힌 것처럼("**내** 이름은 군대니, 우리가 많음이니이다") 따라서 모든 "죄

아래 있는" 사람들도 그들이 죄와 완전히 동일시되는 것과 같은 방

식으로 죄에 사로잡힌다.[90] 죄는 하나님의 선한 창조물인 인간에게

여전히 외부의 침입자로 남아 있지만, 그럼에도 불구하고 하나님의

자리를 빼앗아 버젓이 자리 잡고 있기 때문에 선을 행할 자유가 우

리에게 남아 있지 않다. 죄책과 운명은 역설적으로 동시에 발생한

다. **바울은 이 장에서 죄와의 투쟁에 대해 설명하지 않고, 절망적이**

고 회복할 수 없는 패배를 겪는 전투에 대해 설명한다. "거룩하고

의롭고 선한" 율법에 직면한 죄 아래 있는 인간은 무력하지만, 그럼

에도 불구하고 말할 수 없는 죄책감을 안고 있다.

바울이 율법에 직면하는 경험을 서술한 두 번째 부분(18-20절)

은 첫 번째 부분(14-17절)을 거의 원문 그대로 되풀이하지만, 여

기서 바울의 관심은 크게 달라진다. 첫 번째에서 그는 율법에 대

---

89 예, 마 9:32-34; 12:43-45.

90 *Gen. Rab.* 22:6과 *b. Sukkah* 52b에서 죄의 내주는 어떤 과정의 결론으로서만
    발생한다. 인류 안에 내재하는 두 영에 관한 쿰란 문서의 가르침은 바울의 가르침
    과 여러 가지 면에서 다르며, 특히 쿰란의 신학이 빛의 영과 어둠의 영 모두에 부
    분적으로 참여한다는 개념을 주장한다는 점에서 차이가 난다(1QS 3:13-4:26).
    "악한 충동"(yetser ha-ra')에 관한 랍비들의 가르침도 마찬가지다. W. D. Davies,
    Paul and Rabbinic Judaism: Some Rabbinic Elements in Pauline Theology
    (Philadelphia: Fortress, 1980), 17-35; *Str-B* 4.1:466-83. 유대교 초기 사상에
    서 율법을 통해 길들여지는 악한 충동에 대해서는 다음을 참고하라. F. Avemarie,
    *Tora und Leben: Untersuchungen zur Heilsbedeutung der Tora in der frühen
    rabbinischen Literatur* (TSAJ 55; Tübingen: Mohr Siebeck, 1996), 117-33.

한 자신의 동의를 강조했지만, 두 번째에서는 내재하는 악의 실체를 강조한다. 그는 "선"이 아니라 "죄"에 사로잡혀 있다(18,20b절). 14-17절과 18-20절 논증의 이중적인 형태는 그 내용의 이중성에 상응하는 것이다. 그러니까 율법의 선함에 반해, 인간은 죄의 권세 아래 있다는 것이다. 바울의 반복적인 고백은 이 단락 전체의 분위기를 결정짓는다. "내 속 곧 내 육신에 선한 것이 거하지 아니하는 줄을 아노니"(18절; 여기서 바울이 반향하고 있는 14b절과 비교해 보라).

18b절의 한정하는 문구("곧 내 육신에")는 이 장을 해석하는 데 매우 중요하다. 한 가지 분명한 것은, 바울은 "육체"를 단순히 자신의 일부일 뿐이라고 암시하지도, 또한 죄와 악을 극복할 수 있는 다른 힘이 자신에게 있다고 말하지도 않는다는 것이다. 그는 인간 내면을 야생적인 충동을 길들이기 위해 양육과 굶주림을 통해 길들일 수 있는 것으로 묘사하는 플라톤의 이미지를 받아들이지 않는다.[91] 비록 그가 여기에서 그리고 "속사람"('호 에소 안트로포스', ὁ ἔσω ἄνθρωπος; 22절)을 언급하면서 그 이미지를 차용하고 있지만, 바울은 분명히 그러한 생각을 거짓이라고 간주한다! 그는 18a절을 18b절에서 다음과 같이 부연설명한다. "원함은 내게 있으나 선을 행하는 것은 없노라." 이 신학적인 판단은 다름 아닌 하나님의 계명에 대한 경험에서 비롯된다. 19절은 15절을 다음과 같이 확장하고 반복한다. "내가 원하는 바 **선**은 행하지 아니하고 도리어 원하지 아니하는 바 **악**을 행하는도다." 바울의 고백은 명확하고 절대적이다. 여기에 어떤 한정적인 경우도 허용하지 않는다. 바울은 선한 일을 하

---

91 많은 그리스도인들이 영적 성장을 이런 개념으로 이해한다!

지 않고 또 그렇게 할 수도 없다. 그러므로 18절의 한정하는 문구는 인간에게 참되고 궁극적인 선의 가능성을 허용하지 않는다. 바울은 짧은 경고("즉, 내 육신 안에서")를 통해 자신이 율법과 관련하여 인간에 대해 말하고 있지만, 이것이 이야기의 끝이 아니라는 것을 알린다.[92] 더 많은 이야기가 남아 있다. 따라서 그는 25a절의 놀라운 감사를 예견하면서, 4-6절에서 이미 언급했고 장차 로마서 8장에서 다시 취하게 될 새 창조에 대해 상기시킨다.[93]

그리스도의 사역과 새 창조에 대한 이러한 기대는 로마서 7장의 전통적인 견해를 받아들이기 어렵게 만든다. 한편으로, 바울은 이러한 제한을 도입함으로써 그가 묘사하는 "나"에 대해 더 많은 것을 말해야 한다는 점을 암시한다. 아직 복음을 본격적으로 다루지 않았지만, 이미 그 복음은 암묵적으로 그것을 고백하는 "나"에게 속해 있다는 것이다. 따라서 바울은 로마서 7장에서 자신의 회심 이전 경험을 묘사한다고 볼 수 없다. 그와 동시에, 바울은 율법과의 관계 속에서 인간에 대해 이야기하고 있으며, 그리스도와의 관계에 대해서는 그저 살짝 암시하는 정도로 말한다. 바울이 정의한 바에 따르면, 율법이 존재하는 곳에는 그리스도가 존재하지 않는다. 그런 점에서 바울은 로마서 7장에서 기독교인의 경험을 묘사한다고 해석할 수도 없다. 여기서 바울은 탐심의 금지로 요약되는 율법을 직면한 인간을 묘사하고 있다.

---

92 따라서 헤켈의 주장은 옳다. Heckel, *Der innere Mensch*, 190.

93 그의 고백의 두 번째 섹션은 첫 번째와 거의 같은 방식으로 끝난다. 그러나 여기에서는 율법의 선함에 대한 언급이 사라지고 전적으로 죄가 있는 인간에게 방점이 찍힌다(20절).

바울은 세 번째 부분(21-25절)에서 율법의 선함(14-17절)과 내재하는 죄의 현실(18-20절)에 대한 인식을 하나의 고백으로 통합한다. 그는 "선"을 행하고자 하지만, "악"이 항상 그와 함께 존재하는 현실이라는 "법"을 발견한다. 그러니까 그는 악을 **행한다**(21절). 그는 이 현실을 "법"이라고 역설함으로써, 타락한 인간으로서 죄가 그에게 뿌리내려 있고, 따라서 이 현실이 변함이 없음을 시사한다. 헬레니즘 시대에 유행했고 특히 필론과 함께 자주 등장했던 플라톤의 이미지를 빌려서, **"내 속사람으로는** 하나님의 법을 즐거워하되"라고 자신을 소개한다(22절).[94] 우리가 이미 살펴본 바와 같이, 율법을 즐거워한다는 표현은 시편(예를 들어, 시 1:2; 119:97)의 것과 유사하다. 바울은 이미 비도덕적인 사람들도 "하나님의 의로운 심판"을 인정한다고 알렸다(롬 1:32). 이방인들은 율법의 행위가 그들의 마음에 기록되어 있다(롬 2:15). 바울이 말하는 의미에서 모든 인간은 율법을 사랑한다. 인간의 죄책이라는 분명한 비극적 현실은 정확히 이 기쁨과 결부되어 있다.

바울은 "그의 지체들", 즉 그의 몸과 그의 기능들이 활동하는 데 다른 법이 작용하고 있다고 본다. 이 "법"은 "(그의) 마음의 법"과 전쟁을 벌이고, 그를 그의 지체들 안에 있는 "죄의 법"에 포로로 삼는다(7:23). "죄 아래 팔리는"(14절) 현실은 계속되는 패배와 포로 상태의 **경험**을 수반한다. 바울이 이미 "속사람"으로 묘사한 마음은 하나님의 법을 반영하는 거울 같은 존재로 등장한다. 그러나 악과

---

94 참고. Plato, *Republic* 9.588a-589b; *Phaedras* 246a-248e; Heckel, *Der innere Mensch*, 11-30; C. Markschies, "Innerer Mensch," in *Reallexikon für Antike und Christentum* (ed. E. Dassmann; Stuttgart: Anton Hiersemann, 1998), 18:266-312.

불순종의 힘인 "죄의 법"에 의해 바울은 정복당하고 포로로 잡혀 있는 상태다. 그의 인격("나")을 가리키는 다양한 표현에서 알 수 있듯이, 바울은 "그의 지체들"을 말할 때 자신의 일부를 묘사하는 것이 아니라 행위에 작용하는 능력이라는 관점에서 본 자신의 자아 전체를 묘사한다. 율법의 선함을 보고 그것을 받아들이는 바로 그 자신이 악을 행하는 또 다른 자신에 의해 압도된다.[95]

"나"의 인격이 겪고 있는 근본적인 균열은 "오호라 나는 곤고한 사람이로다 이 사망의 몸에서 누가 나를 건져내랴?"라는 고뇌에 찬 외침으로 이어진다(24절). 앞에서 살펴본 바와 같이, 바울은 자신의 어떤 설명에서도 인간의 의지에 어떤 약점이 있다고 인정하지 않는다. 오히려 "나"는 율법에서 발견되는 하나님의 선한 뜻에 흔들림 없이 헌신하고 있다. 바울은 인간의 실패를 더 나은 통찰이나 더 높은 목표를 압도하는 정욕이나 충동 탓으로 돌리지도 않는다. 오히려 **인격 전체가** 율법에 어긋나게 행동한다. 충동이나 정욕에 압도된다는 것은 단지 통제할 수 없는 힘에 굴복하는 것일 뿐이다. 그렇게 되면 우리는 연약함이라는 죄책을 질 뿐 그 이상은 아니다. 이와 대조적으로 바울은 선한 일을 잘 알고 실제로 그것을 행하고자 하는 의지가 **있음에도 불구하고** 하나님에게 반역하는 **인격**

---

95 따라서 바울은 플라톤의 이미지를 매우 비플라톤적인 방식으로 사용한다. 마음은 적절한 육성(즉, 교육)을 거친다 해도 욕망을 이길 **수 없다.** 그리스도인의 성장은 마음의 양육(그리고 따라서 악한 충동의 굶게 하는 것)을 통해 이루어진다는 생각은 플라톤의 것이지 바울의 것이 아니다. 그가 직접적으로 언급하지 않더라도, 바울은 마카베오4서 7:11-23과 필론(그의 수많은 "속사람"에 대한 언급)의 입장에 반대한다. 그들은 올바른 이성이 감정을 통제할 수 있다고 주장한다(Heckel, *Der innere Mensch*, 42-76, 77-79; S. Vollenweider, *Freiheit als neue Schöpfung*, 349-54쪽).

전체가 죄라고 이야기한다. 이러한 이유로 계명을 만나면 근본적인 죄책을 느끼게 된다. 죄의 실체와 그것이 인간의 마음에서 하는 일들은 설명할 수 없다. 여기서 다시 한번 예레미야서에 나오는 유명한 구절을 언급할 수 있다. "만물보다 거짓되고 심히 부패한 것은 마음이라 누가 능히 이를 알리요마는"(렘 17:9).

처음부터 살펴봤던 것처럼 로마서 7:24의 탄식은 성경 문헌에서도 유례를 찾아볼 수 없을 정도로 비극적이다. 비참한 사람은 누구에게 의지해야 할지 모른다. "누가 나를 건져내랴?" 이 절대적인 절망감은 바울의 내러티브의 신학적 관점과 일치한다. 그는 죄의 권세 아래 있는 인간을 하나님의 "거룩하고 의롭고 선한" 계명에 직면한 존재로 제시한다(12절). 물론 바울이 주님의 자비에 대해 전혀 모르는 것은 아니다. 그러나 그 자비는 십자가에 못 박히시고 부활하신 그리스도에게서만 발견된다. 그러나 우리가 여러 번 지적했듯이, 바울에 따르면 율법이 있는 곳에는 그리스도가 없다. 율법으로 말씀하시는 하나님에게 반역하는 인간의 비참함은 절대적이다. 거기에는 탈출구가 없다. 우리가 의지할 대상은 아무도 없다.

비참한 사람을 정죄하는 것은 단지 율법만이 아니다. 우리의 마음도 이미 살펴본 여러 이유에서 우리 자신을 정죄한다. "나"는 율법이 명령하는 선을 알고 이를 수긍하면서도 악한 일을 행한다. 여기에 우리의 진정한 근본적인 죄책이 있다. 물론 이것이 율법에 직면한 모든 사람이 자신의 상태를 의식하고 있다는 말은 아니다. 바울은 심리학적 진술이 아니라 신학적인 진술을 하고 있다. 그럼에도 불구하고 그의 신학적 진술은 멀고 추상적인 이야기가 아니다. 그것은 **하나님의 율법에 의해 독자들이 그런 식으로 해석되도록 초**

대하는 고백이다. 그는 자신이 서술한 것을 독자들이 이미 경험했다고 가정하지 않고, 오히려 그 경험으로 독자들을 초대한다. 즉, 바울은 그들을 지옥으로의 여행으로 초대한다.[96]

그러나 지옥은 예기치 않게 천국으로 변한다. 바울의 다음 숨소리가 감사한 승리의 외침으로 불현듯 번개처럼 내려온다. 그것은 비참한 사람에게 아무런 준비나 근거 없이 찾아온다. "우리 주 예수 그리스도로 말미암아 하나님께 감사하리로다!"(25a절) 이 찬양을 외치는 사람만이 그 찬양이 터져 나오게 된 비참함의 출처를 볼 수 있는데, 그 반대의 경우도 마찬가지다. 천국에 가는 모든 사람들은 먼저 이 자기 인식의 지옥에 가야 한다. 25절의 두 번째 문구에서 알 수 있듯이, 비참한 사람이 좀 전에 고백한 진실은 여전히 유효하다. "그런즉 내 자신이 마음으로는 하나님의 법을 육신으로는 죄의 법을 섬기노라"(25b절). 그러나 "죄"와 죄가 소유했던 "나"는 이제 십자가에 못 박혀 죽으시고 부활하신 그리스도께서 단번에 죄를 위해 죽으셨기 때문에(롬 6:10) 모든 것이 달라졌다(더 적절하게 표현하면, 죄에 대해 죽으시고 부활하신 그리스도께 포섭되고 포위되었다). 바울이 편지의 다음 몇 줄에서 분명히 밝히고 있듯이, 하나님은 아들을 "죄 있는 육신의 모양"으로 "죄를 위한 제물"로 보내셔서 "육신 안에서 죄에 대한 심판을 집행하셨다"(롬 8:3). 따라서 비참한 "나"는 육체의 죽음 안에서 우리의 정죄가 효력을 발휘하고 극복된 다른 존재에 의해 사랑으로 감싸여 있다. 이 새로운 위치에서, 오직 이곳에서만 "죄"는 더 큰 힘, 즉 하나님의 능력에 의해 압도된다. 바울

96　본고의 각주 7번을 보라.

의 용어를 빌리자면 "그리스도 **예수 안에** 있는 생명의 성령의 법이 죄와 사망의 법에서 너를 [단수] 해방하였음이라"(롬 8:1). 우리가 이 몸과 이 삶에 머무는 한, "죄의 법"은 극복되었음에도 불구하고 우리와 함께 남아 있다. 우리의 구속은 **우리 바깥에**, 즉 **우리의** 죄와 사망의 주님이신 예수 그리스도 안에 있다.

기쁨에 찬 감사의 외침이 마지막 바로 앞부분에 나타나고, 연이어 인간에 대한 바울의 냉정한 평가가 나타난다. "그런즉 내 자신이 마음으로는 하나님의 법을 육신으로는 죄의 법을 섬기노라"(25b절).[97] 해석의 역사가 보여주듯이, 이 요약문은 오로지 바울의 과거와 관련지어 본문을 읽으려고만 했던 해석자들에게 엄청난 어려움을 주었다. 25b절을 오해를 나타내는 질문으로 읽어야 한다는 잔(Zahn)의 제안("그렇다면 나는 내 마음으로…?")은 설득력이 없는데, 왜냐하면 로마서의 다른 모든 경우에서와 마찬가지로 바울이 그 오해를 나타내는 질문 뒤에 "그러할진대!"라는 강조적인 표현을 사용할 것이라고 예상되기 때문이다.[98] 바울은 "그렇다면"('아라 쉰', ἄρα οὖν)이라는 표현을 다른 곳에서 질문을 도입하기 위해서가 아니라, 결론을 이끌어내기 위해 사용한다.[99] 이 마지막 진술이 원래의 위치에서 이탈했다거나 후대에 윤색한 기록이라고 가정하는 대안은 너무

---

97 롬 6:23과 8:39에서처럼, 바울은 자신의 인간론 중심의 논의를 그리스도의 구원하는 주권에 관한 복음을 언급하는 것으로 결론맺는다. 따라서 롬 7:25a의 마지막 바로 앞에 놓인 이 문구는 엄청난 의미를 지닌다.

98 참고. 롬 3:4,6,31; 6:2,15; 7:7,13; 9:14; 11:1. 잔의 해석에 대해 다음을 참고하라. Lichtenberger, *Das Ich Adams*, 53–57. 마찬가지로 25b절을 회고적으로 해석하거나, 로마서 8장에 붙어야 하는 것으로 해석하는 교부들의 시도 역시 설득력이 부족하다. W. Keuck, "Dienst des Geistes und Auslegung von Rom 7,25b," *Theologische Quartalschrift* 141 (1961): 257–80.

99 참고. 롬 5:18; 7:3; 8:12; 9:16,18; 14:12,19.

무책임한 해석이다. 인간의 조건에 대한 모든 현실주의적 서술에 대해서는 본문을 있는 그대로 받아들이는 것이 가장 좋다. 무엇보다도 진실한 인간인 그리스도인은 이 상태에 공감한다. 즉, 율법을 듣는 **모든 사람**은 그 선함을 긍정한다. 율법이 명령하는 대로 행하는 사람은 **아무도**, "단 한 사람도"(롬 3:10) 없다. 우리의 구원은 십자가에 못 박히시고 부활하신 주님이신 예수 그리스도 안에 있다.

인간의 조건과 그리스도인의 조건에 관한 바울의 급진적 현실주의가 이 본문에만 나타나는 것은 아니다. 25절의 감사와 냉정한 결론은 고린도전서 15:56-57에서 놀라운 유사점을 발견할 수 있다.[100] 여기서 바울의 생각의 순서와 강조점이 뒤집혀 있다. 필멸하는 존재가 불멸의 옷을 입게 될 죽은 자의 부활은 바울이 호세아 13:14(사 25:8과 함께)에서 발견한 하나님의 약속의 성취를 의미한다.

사망을 삼키고 이기리라고 기록된 말씀이 이루어지리라!
사망아 너의 승리가 어디 있느냐?
사망아 네가 쏘는 것이 어디 있느냐?(고전 15:54b-55)

호세아 13:14에 따르면, 에브라임의 어리석음과 우상 숭배, 완전한 절망은 그를 구속하시겠다고 약속하시는 주님의 헤아릴 수 없는 사랑으로 응답된다. 바울은 이에 따라 호세아 13:14을 조롱(taunt)[101]으로 읽으면서도 "사망"에는 쏘는 것이 있음을 인정한다.

---

100   참고. R. Banks, "Rom 7:25A: An Eschatological Thanksgiving?" *AusBR* 26 (1978): 34-42.

101   그의 이런 해석은 칠십인역의 독법과 상응한다.

"사망이 쏘는 것은 죄요, 죄의 능력은 율법이라"(고전 15:56). 로마서 7:25에서 발견할 수 있는 극단적 현실주의가 여기에도 나타난다. 이는 바울의 종말론적 유보에서 비롯된 것이 분명하다. 아직 사망이 정복될 때가 오지 않았다. 사망은 타락한 세상에서 여전히 그 자리를 차지하고 있다. 로마서 7장에서 언급한 것처럼 죄는 여전히 율법에서 그 힘을 얻는다. 이러한 맥락에서 감사는 당연한 것이 아니라 순전한 경이로움으로 이어진다. "우리 주 예수 그리스도로 말미암아 우리에게 승리를 주시는 하나님께 감사하노니!"(고전 15:57). 승리는 **소망 가운데** 살아가는 자들의 것이지만, 아직 겉으로 드러난 현실로는 완전히 소유되지 않았다. 현재 그리스도인은 스스로 승리를 취했다거나, 또는 상당한 승리를 쟁취했다고 주장할 수 없다. 그것은 잘못된 자만과 자기 확신으로 이어질 뿐이다. 오히려 현재는 믿음과 소망의 시간이며, 간구와 찬양, 애통과 감사의 언어로 표현되는 시간이다. 복음이 우리를 부르신 자리가 바로 이러한 하나님과의 소통의 관계가 있는 자리다. 현시대는 필연적으로 이러한 형태를 취한다.

요약 : 그리스도인의 삶과 진보에 관한 묵상

바울은 로마서 7장에서 그리스도인의 죄와의 투쟁에 대해 말하지 않는다. 그는 오래전 아담 안에서 이미 패배한 싸움을 묘사한다. 그럼에도 불구하고, 놀랍게도 하나님께서는 이 오랜 패배로 점철된 싸움을 그리스도 안에서 우리에게 유리하게 귀결되도록 결정하셨다. 따라서 그리스도인은 새로운 창조와 현재의 타락한 세상이 교차하는 매우 좁은 길을 걷도록 부름받았다. 한편으로 우리는 그리스도 안에 나타난 하나님의 사역을 잃어버리는 절망의 위험에 노출되어 있다. 다른 한편으로, 우리는 구원의 잠재력을 깨닫기만 하면 구원의 능력이 이제 우리의 것이라고 잘못 생각하는 교만의 위험에 노출되어 있다. 그러한 교만은 그 자체로 그리스도 안에 나타난 하나님의 사역을 볼 수 없게 만들기도 한다. 그것은 개인이든 기업이든 사회든 외형적인 성취를 영적 진보의 척도로 삼거나 하나님 나라의 임재의 표지로 삼는 "치료적 기독교"(therapeutic Christianity)를 가져온다.[102] 치료적 기독교는 우리를 위해 성취된 것이 우리 자신이 아니라 그리스도 안에 **자리 잡고** 있음을 보지 못한다. 개인적이든 공동체적이든 우리의 구원과 모든 진정한 영적 진보는 우리 손에 달려 있지 않다. 우리는 우리 자신과 우리의 탐욕스러운 마음을 다시 창조할 수도 없다. 그 선물은 이미 주어졌고, 그 일은 이미 우리 밖에서, 우리와는 별개로 우리를 위해 성취되었다. "누구든지 그리스도 안에 있으면 새로운 피조물이라"(고후 5:17). 우리의 작은 발걸음은 그리스도 안에서 완성된 하나님의 사역으로 나아가는 과정이다. 바울이 빌립보 교인들에게 말한 것처럼, 진보는 **믿음**의 진보다(빌 1:21). 그것은 안쪽으로 향하는 것이 아니라 밖으로 향하는 것이다. 변화하는 삶의 환경 속에서 복음의 말씀을 새롭게 들

102　이 주제에 대해 바넨베치를 참고하라(B. Wannenwetsch, *Political Worship: Ethics for Christian Citizens* [Oxford Studies in Theological Ethics; Oxford/New York: Oxford University Press, 2004], 295-97). 그는 J.D. Hunter와 P. Rieff의 작품을 언급한다. 바넨베치를 넘어서 우리는 이 치료법은 개인과 기업의 바람과 소원과 목표 너머로 확장된다고 말해야 한다.

는 것이다. 바울의 표현을 빌리자면, "너희도 너희 자신을 죄에 대하여는 죽은 자요 그리스도 예수 안에서 하나님께 대하여는 살아 있는 자로 여길지어다"(롬 6:11)를 거듭 반복하는 것이다. 우리 자신에 대해 보고, 느끼고, 알고 있는 모든 것과는 상반되는 이러한 인식이 바로 성경에서 말하는 "믿음"이다. 믿음은 수동성과 능동성을 동시에 지니고 있으며, 우리가 개인적으로나 조직적으로 걸어가야 할 길을 제시한다. "무릇 하나님의 영으로 인도함을 받는 자 곧 하나님의 아들이라"(롬 8:14, 참고. 18-39절). 족장들의 체류, 탕자의 긴 여정, 유배에서 돌아온 것 모두 우리가 이 육체와 삶에 머물러 있는 한 우리에게 속한 것이다. 바울은 죄의 권세 아래 있는 우리의 몸과 지체에 대해 언급하면서 이러한 체류에는 "몸의 행실을 죽이는"(롬 8:13; 참조, 롬 7:21-25) 일이 수반된다는 점을 분명히 한다. 우리는 거듭거듭 성령으로 자신을 죽인다. 바울은 우리가 이 육체와 삶에 머물러 있는 한 그 일은 결코 완성되지 않을 것이라고 분명히 말한다. 그러나 그 일은 복음을 통해 우리에게 전달되는 그리스도 안에서 우리 외부에서 성취된 하나님의 사역에서 지속적으로 일어난다. 바로 우리가 갈망하는 그 구원("**이 사망의 몸에서 누가 나를 건져 내랴?**" 24절)은 우리 여정의 범위와 끝을 나타낸다. "몸은 죄로 말미암아 죽은 것이나"(롬 8:10). 죄로부터의 자유는 우리가 이미 공유하고 있고 앞으로도 우리에게 임할 부활의 삶에서만 발견된다.[103] 첫 걸음뿐만 아니라 전진하는 그리스도인의 매 순간의 발걸음은 로마

---

103 죄가 지속되는 현실에 대한 이 동일한 이해는 "죄가 너희 죽을 몸을 지배하지 못하게 하라"는 권면에서 암묵적으로 나타난다. 현재로서 우리는 죄를 없이할 수 없다. 하지만 죄가 우리 안에서 다스리지 못하게 해야 한다(롬 6:12; 비교. 6:13,14,16,17,23).

서 7:25b에 나타난 바울의 냉정하고 현실적인 고백에서 시작된다. 그것은 우리가 이 육체와 삶에 머무는 한 "죄의 법을 섬긴다"는 불행한 진실이 남아 있음을 인정하는 데서 시작된다. 이 고백은 모든 발전의 전제 조건이다. 그것이 결여된 곳에는 진전이 없다. 시작도 없다. 그러나 이 고백과 이에 수반되는 탄식은 결코 홀로 있지 않고, 감사의 외침과 함께할 것이다.

"우리 주 예수 그리스도로 말미암아 하나님께 감사하리로다"(롬 7:25a)

스티븐 체스터의 논평

로마서 7장을 신중하고 철저하며 풍부하게 다룬 마크 사이프리드 교수에게 감사한다. 로마서 7장에 대한 그의 관찰과 더불어, 로마서의 전체 논증의 흐름 속에서 바울이 율법을 다루는 문맥에서 이 글의 구도를 설정한 사이프리드의 접근 방식은 특히 많은 도움이 되었다. 구약성경과 중간기 문헌의 풍부한 배경자료를 활용하여, 바울의 주장을 유대교 내 율법에 대해 그동안 있어왔던 선행적인 논의와의 연속성 위에 두고 자신의 입장의 독특성을 강조했던 접근도 훌륭했다. 전반적으로 필자는 우리가 동의하는 쟁점의 범위와 중요성이 많다는 것이 놀라웠다. 특히 사이프리드가 7:14-25과 관련하여 의지의 약함('아크라시아', ἀκρασία)으로 인해 분열된 자아가 문제가 아니라고 지적한 것에 박수를 보내지 않을 수 없다. 바울이 "내 육신"(18,25b절)과 "내 지체"(23절)에 대해 말할 때, 바울이 진정한 자아에서 추상화된 자신의 일부를 말하는 것이 아니라 죄의 노예가 된 인격 전체의 행동에 나타난 능력을 가리킨 것이라고 강조하는 것도 마찬가지였다. 이런 구절들에서 바울이 씨름하는 문제를 충동이나 정욕에 의해 압도당하는 인간적인 경향으로 간주하면서 바울의 주장을 설명하는 것은 인간이 가진 위치의 심각성을 근본적으로 과소평가하는 것이다. 우리는 선한 일을 하고자 하는 의지가 있음에도 불구하고 하나님 앞에 반역하는 전인격적인 존재다. 이러한 현실 때문에 율법에 대한 더 많은 지식과 영적 훈련을 위한 더 많은 시도가 율법을 행하는 데 전혀 도움이 되지 못한다. 그것은 외부의 도움이 필요한 인간의 근본적인 죄의 포로 상태를 해결하는 데 아무런 도움이 되지 못한다. 이렇게 묘사된 인간의 곤경의 깊이를 고려할 때, 7:7-13의 앞부분에서 바울이 자신의 경험에서 에덴의 드라마를 요약적으로 소개한 것은 매우 당연한 것이다(이것은 사이프리드와 내가 함께 강조하는 부분이다). 또한 사이프리드와 나는 또한 로마서 7장에서 바울이 자신의 상황이 모든 사람의 상황이며 모든 사람의 상황이 곧 자신의 상황임을 강조하면서 인류를 대표하는 방식으로 말하고 있다는 데 확실히 동의한다. 로마서 7장의 "나"에서 특수한 것과 보편적인 것이 실제로 만나고 있다.

그러나 이 지점에서 우리 사이의 차이점이 드러나기 시작한다. 사이프리드는 바울이 여기서 묘사하는 것은 **자전적** 기록(autobiography)이 아니라 **하나님에 의한** 기록(theo-biography)이라는 점을 여러 번 강조한다. 그것은 바울의 구체적인 경험이나 그의 삶의 특정 단계가 아니라 하나님의 율법에 의해 비치고 복음의 빛에 비추어 올바로 볼 수 있게 된 그의 상황적 현실을 가리킨다. 여기에는 미묘하게 다른 두 가지 주장이 다소 혼재되어 있다. 자서전이라는 용어를 개인적인 경험에 대한 연대기적 기록이라는 제한적인 의미로 사용한다면, 필자는 이를 대체하는 의미로 그가 사용한 **하나님에 의한** 기록(theo-biography)이란 용어를 큰 어려움 없이 받아들일 수 있다. 필자도 사이프리드처럼 7:9에 나오는 계명의 등장을 바울 생애의 특정 순간과 동일시하려는 시도는 도움이 되지 않는다고 생각한다. 그러나 사이프리드는 바울이 대체로 회심 이전의 삶에 대해 말하지 않았다는 것을 암시하기 위해 요점을 확장하기 원한다. 필자는 여기에 동의하지 않는다. 바울이 구체적인 사건에 대한 설명을 제공하지 않기 때문에, 그의 회심 이전 상태를 특징짓는다는 더 넓은 의미에서라도 이 글을 자서전이 아니라고 볼 수는 없다. 여기서 바울의 발언의 자서전적 성격을 주장하는 것은 그의 주장의 내용과 관련이 있기 때문에 중요하다. 로마서 7장에서 바울은 죄가 인간에 대한 지배력을 더욱 강화하기 위해 율법을 **어떻게** 이용하는지 설명하고 있다. 율법이 죄를 조장하고 죽음에 이르게 하는 기능을 한다는 사실은 바울에게는 분명하지만 바리새인 사울에게는 완전히 환상적이고 잘못된 것으로 보였을 것이며, 로마의 유대인 신자들 사이에서도 저항에 부딪혔을 것이다. 앞서 살펴본 바와 같이, 바울은 죄가 속임수를 사용하며 죄 아래 사로잡힌 자들이 그 활동을 알아차리지 못하도록 한다는 점을 강조하면서 설명하는데, 사이프리드의 7:7-25 설명에서는 이러한 속임수에 대한 강조를 거의 찾아볼 수 없다. 죄로 인한 속임수의 과정은 자전적 기록(autobiography)이라 가정할 때 가장 잘 설명할 수 있는데, 그 이유는 그가 교회에 대한 열렬한 핍박으로 인해 속임수의 실체를 특히 분명하게 보여주었고, 그의 회심만이 그에게 진리를 드러내 주었기 때문이다. 바울은 여기서 자신을 포함한 율법 이전의 인간 상황에 대한 일반적인 설명을 하는 것이 아니라, 모든 사람에게도 해당되는 상황에 대해 자전적으로 이야기하고 있다. 바울이 전자를 원했다면 굳이 1인칭으로 말할 필요가 없었을 것이다. 로마서 1-3장에서 인간의 곤경에 대한 그의 광범위한 묘사는 거의 자기 자신을 배제하지 않는다. 로마서 7장에서 바울이 1인칭을 사용한 것은 다른 사람을 배제하는 것이 아니라 자신의 경험을 패러다임으로 삼은 것이다.

필자와 사이프리드 사이에 로마서 7장 주석에 있어서 광범위한 공통점이 있음에도 불구하고 세부적인 부분에서 중요한 이견들이 있다. 그리고 그 이견들은 우리가 각각 7장을 독해하는 데 동원하는 보다 광범위한 신학적 틀에서도 비슷한 패턴의 차이로 나타난다. 바울이 로마서에서 묘사하는 인간의 곤경과 그로부터의 구원에 대한 이해에 대체로 동의하지만, 몇 가지 중요한 차이점이 있다. 사이프리드는 인간의 곤경과 관련해 로마서 1장에서 우상 숭배자를 하나님이 심판하시는 것에 대한 바울의 설명이 로마서 7장에서 발견되는 것과 유사한 역학 관계를 드러낸다고 주장한다. 그러니까 우상 숭배와 관련된 불순종은 그것을 알고 있는 상태에서 범하는 불순종이며, 따라서 그 죄는 하나님의 뜻을 암묵적으로 인정하면서 그와 동시에 이에 반역하는 행위라고 보는 것이다. 그러나 이 죄를 지은 사람들에 대한 이야기를 살펴보면, 이들은 자신의 행위에 대한 하나님의 심판을 알면서도, 이것을 계속 행하고 또 그와 같은 행동을 하는 다른 사람들을 칭찬하는 불신앙이자, 일종의 맹인 상태에 있다고 그려진다. 여기에는 우리가 이해하기 어려운 불신앙의 미스터리가 있다. 마찬가지로 로마서 7장에서도 "나"는 선한 일을 더 잘 알고 기꺼이 행하고자 함에도 불구하고 하나님께 반역한다. 사이프리드는 예레미야 17:9을 인용하면서 죄의 실체와 인간의 마음속에서 일어나는 죄의 작용은 설명할 수 없다고 결론짓는다. 필자는 인간의 상태에 관한 설명할 수 없는 모순을 이렇게 주장하는 것이 당혹스럽다. 죄가 우리를 모순에 빠지게 만든다는 것은 놀라운 일이 아니지만, 바울은 생각보다 훨씬 많은 것을 설명하려 한다. 사이프리드가 허용하는 범위보다 더 많다. 바울은 죄가 속임수로 작용한다고 말한다. 인간이 왜 진리에서 멀어지도록 스스로 미혹되는지는 궁극적인 수수께끼이지만, 일단 그 과정이 시작되면, 복음에 비추어 인간의 곤경을 자세히 들여다보면 그 방법을 분별할 수 있다는 점도 분명한 사실이다. 로마서 1장에서 인간은 자기 속에서 하나님에 대해 알고 있는 진리를 억누른다. 그 결과 하나님의 심판은 그 죄에 상응하는 방식으로 정확히 이루어지며, 하나님은 인간이 이러한 그릇된 억압을 계속하도록 허용하기도 한다. 바울은 그래서 그들의 마음이 어두워졌고(1:21), 진리를 인식하는 능력이 손상되었다고 강조한다. 죄는 퇴행성 질환으로 묘사되는 것이다. 고의적으로 죄를 짓기로 선택하면 진리를 아는 능력과 죄가 무엇인지 인식하는 능력이 저하된다. 그 과정은 끔찍하고 그 증세가 점점 심각해지는 방향으로 흐르는데, 물론 바울이 로마서 1장에서 인류의 역사 전반에 대해 이야기하고 있다면, 개인의 상황을 들여다보아도 이 과정이 전혀 다른 방식으로 전개된다고 생각할 이유가 전혀 없게 된다. 이제 그는 로마서 7장에 이르러서는 자전적으로 그리고 이 과정을 더 자세히 설명하고 있다.[104] 여기서도 죄가 무엇인지 인식하는 능력은 비극적으로 손상되었다. 여기서도 그 과정은 알고 저지르는 불순종 너머로 이동했다. 물론 우리는 고의적인 범죄를 선택할 수는 있지만, 이에 상응하는 의를 선택할 수 있는 능력은 더 이상 없게 된다. 죄의 속임수는 너무도 완벽하다. 바리새파였던 사울 같은 사람도 의를 선택하기 위해 모든 힘을 다해 노력하지만, 실제로는 악을 행했고, 사이프리드가 올바르게 주장하는 것처럼 이런 이유에서 구원이 외부로부터만 올 수 있는 것이다.

필자와 사이프리드 사이의 이러한 강조점의 특징적인 차이를 구별하는 또 다른 방법은 바울이 인간의 상태를 묘사하는 데 있다. 이 지점에서 필자는 명확한 순서가 있음을 발견하지만 사이프리드는 그렇지 않다고 주장한다. 앞서 살펴본 바와 같이 사이프리드는 로마서 7장에서 선을 원하면서도 동시에 하나님께 불순종하는 행위를 설명할 수 없는 측면을 강조하는 반면, 필자는 이러한 동시성이 바울이 자신의 과거를 회상하는 사례를 통해 분별할 수 있었던 과정의 결과라고 주장한다. 또한 사이프리드는 로마서 7장이 인간 존재의 어떤 특정한 단계에 귀속되지 않고 율법에 직면한 인간에 대해 말하는 것으로 간주하는 반면, 필자는 7장이 회고적으로 기술된 바울의 회심 이전의 실존의 특징이기 때문에 이에 따라 7장은 그리스도 안에서의 후속적인 삶에 나타난 특징이 될 수 없다고

104　로마서 1장과 7장의 죄에 대한 묘사의 관계에 대한 전체 논의는 다음을 참고하라. S. J. Gathercole, "Sin in God's Economy: Agencies in Romans 1 and 7," in *Divine and Human Agency in Paul and His Cultural Environment* (LNTS; ed. J. M. G. Barclay and S. J. Gathercole; New York: T&T Clark, 2008), 158–72.

생각한다. 바울이 묘사하는 인간의 곤경에 대한 그리스도 안에서
의 해결책의 본질에 대해 상당 부분 동의함에도 불구하고 우리 사
이의 이러한 큰 차이는 지속적으로 나타난다. 필자는 이 구원이 종
말론적 사건이며, 그 구원을 받는 사람들의 삶에 다가올 시대의 변
혁이라는 데 동의한다. 또한 필자는 복음이 가져오는 변화가 기존
사람의 단지 개선된 모습을 갖추는 모습으로가 아니라, 내면이 아
닌 외면으로 향하는 새 사람의 창조를 가져온다는 데 동의한다. 나
는 그리스도가 단순히 우리 안에 있는 능력으로만 아니라 우리 위
에 계신다는 주장에도 동의하고, 모든 성장과 발전이 믿음의 성장
이라는 데 동의한다. 이 모든 것에서 독자들은 마르틴 루터의 바울
해석에 함께 빚지고 있음을 발견할 수 있을 것이다. 그러나 사이프
리드가 로마서 7장에서 바울이 묘사한 계명에 대한 경험이 현재에
도 계속된다고 주장하는 것에는 동의할 수 없다. 사이프리드는 갈
라디아서 2:19-20이 자신의 주장을 뒷받침하는 것으로 여러 차례
언급하지만, 이 본문은 오히려 그 주장을 약화시키는 것처럼 보인
다. 여기서 바울은 자신이 율법에 대해 죽고 그리스도와 함께 십자
가에 못 박혔기 때문에 더 이상 자신이 사는 것이 아니라 그리스도
가 자신 안에 살고 있다고 주장한다. 로마서 7장에 묘사된 계명에
대한 경험이 더 이상 신자의 특징이 아닌 것은 바로 자아가 죽었기
때문이다. 그런데 사이프리드가 주장하는 대로 그것이 여전히 신
자의 특징이라면 어떤 의미에서 그 죽음이 진정한 죽음일 수 있을
까? 바울이 지금 살고 있는 이 삶은 하나님의 아들을 믿는 믿음에
의한 것이므로 날마다 믿음으로 그리스도를 붙잡아야 한다고 말하
는 것은 사실이다. 그렇게 그리스도를 붙잡으며 살고 있다면, 그리

스도께서 우리 안에 사는 것인데, 그리스도인들은 분명히 선을 의도하지 않고 도리어 자신이 악을 행하고 있음을 발견하게 된다. 믿음이 흔들릴 때 우리는 그리스도에게서 자기 자신으로 돌아가고 다시 한번 죄의 속임수에 당하기 쉬운 상태로 전락하지만, 중요한 것은 그렇게 하는 것은 이전 시대로 돌아가는 헛된 발걸음이라는 것이다. 필자는 그리스도인의 삶에서 죄에 대한 현실주의를 우려하는 사이프리드의 생각에 공감하고, 모든 신자에게 이런 식으로 믿음이 흔들릴 때가 있다는 것을 당연히 받아들인다. 로마서 7장에 묘사된 계명에 대한 경험은 현재 우리가 때때로 공유하는 경험이기도 하다. 그러나 그것은 현재의 특징이 아니며, 과거에 속하는 것이다. 그것은 그리스도와 분리된 삶을 묘사하고 있고, 믿음이 흔들리고 제자리로 되돌아갈 때 현재적으로 경험하기도 하는 것이다.

따라서 필자는 사이프리드가 주장하는 것보다, 보다 결정적으로 신앙의 특정 단계에 해당하는 경험을 묘사하는 로마서 7장에서 더 선명한 순서를 발견할 수 있다고 믿는다. 이러한 발견이 얼마나 정확한지는 바울이 과거와 현재 사이에 얼마나 명확하게 대조하고 있는지를 통해, 특히 성령의 역할에 의해 여러 차례 언급한 것을 토대로 확인될 수 있다고 생각한다. 바울에게, 그리고 초기 기독교 운동 전체에 있어 성령의 부어짐은 종말론적 사건이다. 또한 그것은 시대를 초월한 사건이 아니라 그리스도의 죽음과 부활의 결과로 다가올 시대의 인류 역사로 파고드는 사건이다. 마찬가지로 바울은 갈라디아 사람들에게 성령을 율법의 행위로 받았는지, 아니면 믿음으로 들음을 통해 받았는지 질문할 수 있다(갈 3:1-5). 따라서 성령을 받은 것은 시대를 초월한 것이 아니라 바울이 그들에게 복음을 전한 구체적인 시점과 관련 있다. 로마서에서 성령 안에서의 삶은 육체 안에서의 삶과 뚜렷하게 구별되며, 이 대조는 로마서 8장에 광범위하게 설명되어 있다. 그러나 이 대조는 7:5-6에 "… 때에는 … 그러나 지금은" 구조의 구절에서도 나타난다. 5절에서는 육체에 속한 과거의 삶이, 6절에서는 성령의 새로운 삶이 묘사된다. 사이프리드는 7:7-25이 분명히 5절의 확장이라고 말하지만, 7:7-25이 과거에 대해 말하고 있다는 것을 애써 부정하려 한다. 6절의 "그러나 지금은"은 종말이 세상으로 들어오는 것을 알리는 것이므로 단순한 역사적 진전을 나타내는 것이 아니라고 주장하는 것이다. 바울의 주장들이 지닌 종말론적 성격과 그것들이 전달하는 역사적 순서에 대한 이해 사이에 억지스럽게 쐐기를 박으려는 이러한 시도는 정당하지 않다. 종말론적인 실재에 대해 말할 때 그것은 보통 역사 속에서 그 토대를 발견하기 어렵기 때문에, 종말론적 실재는 확실히 항상 역사적인 것 그 이상을 말한다. 그것은 하나님께 뿌리를 두고 있으며 외부로부터 오는 것이다. 그러나 그것은 역사 속으로 파고들며, 외부로부터 온 것이기 때문에 과거와 현재 사이의 근본적인 변화를 나타내는 특별한 사건으로 드러나는 것이 분명하다. 사이프리드는 옛사람이 계속된다고 주장하지만, 바울은 신자들이 율법에 대해 죽었다고 말한다(7:4). 그들은 더 이상 옛 율법 아래서 섬기지 않고 성령의 새 생명 안에서 섬긴다(7:6). 이것이 인식되면, 율법에 의해 유발된 죄의 정욕을 특징으로 하고 죽음을 위한 열매를 맺기 위해 "우리 지체 속에서"('엔 토이스 멜레신 헤몬', ἐν τοῖς μέλεσιν ἡμῶν) 역사하는 육신적인 삶에 대한 5절의 묘사가, 자아를 사로잡기 위해 "나의 지체 속에서"('엔 토이스 멜린 무', ἐν τοῖς μέλίν μου) 마음의 법과 싸우는 죄의 법에 대한 7:23의 묘사와 놀랍도록 유사하다는 것을 볼 수 있다. 그러니까 로마서 7:5은 과거에 속하는 특징에 대해 말하며, 로마서 7:7-25도 마찬가지다. 신자의 삶에는 실제로 투쟁이 있지만 그것은 육체와 성령 사이의 투쟁이다. 로마서 7:7-25에 묘사된 육체의 승리의 특징은 죄에 대한 속임과 죄의 노예화이며, 그리스도를 믿는 신자는 성령을 소멸할 경우에만 패배로 돌아가는 승리이다.

그랜트 오스본의 논평

이 유익한 글을 읽을 수 있어서 정말 즐거웠다. 문맥을 떠나 아그립바가 바울에게 "네가 거의 나를 설득하는구나"라고 했던 사도행전 26:28(KJV)의 말이 떠오를 정도였다. 필자는 이 글의 많은 부분에 동의한다. 사이프리드는 이 구절에서 1인칭 "나"에 대한 자전적 접근과 수사학적 접근이 모두 부적절하다고 보고, 전자는 바울을 너무 많이 보려 하고 후자는 너무 적게 보려 한다고 지적한다. "1인칭 '나'가 서술하는 율법 경험은 인식이나 자기 성찰로 환원될 수 없다. '나'는 스스로 보고 해석할 수 있는 단순한 눈이 아니다." 오히려 그에게 "나"는 "아담의 모습을 한" 타락한 인류를 묘사하고, 죄의 지배를 허용할 것인지 아니면 하나님과 그리스도께로 돌아설 것인지의 선택의 기로에 놓여 있는 존재다.

사이프리드는 "나"를 아담 아래서 죄로 정의되는 인간 존재로 보고, 그 이야기로 해석된 인간이 죄의 종살이를 이어갈 것인지 아니면 그리스도 안에서의 자유로 돌아설 것인지의 선택에 직면했다고 본다(25절). 그는 이것을 "하나님에 의한 기록(theo-biography)"이라고 부르면서, 바울은 "자신의 고백"을 말하고 있지만, 개인적인 회심(또는 개종)의 관점에서가 아니라 율법을 직면하고 율법에 의해 해석되는 모든 사람을 대변하는 입장에서 말하는 것이라 해설한다. 필자는 사이프리드의 주장에 많은 부분 동의하지만, 그가 의도한 만큼 전폭적으로 동의하지는 않는다. 7:7-25에서 바울은 자신의 고백을 하고 있으며, 그가 말하려는 것은 자신의 회심 전 율법과 죄에 대한 경험(7-13절), 그리고 회심 후 죄와 율법과의 투쟁(14-25절)을 통해 모든 인간의 이야기를 말하고 있다. 즉 바울은 자신의 이야기를 통해 모든 사람의 이야기를 다루고 있다.

사이프리드는 1인칭 "나"가 7-13절에서는 죄에 속아 수동적이지만 14-25절에서는 능동적으로 죄와 함께 행동한다고 생각한다. 내러티브의 두 부분 모두 절망 속에서 애통하는 것을 특징으로 하고, 구원은 25a절에 이를 때까지 오지 않는다고 주장한다. 그 지점까지는 신자가 경험하는 용서, 하나님의 은혜에 대한 감각도 나타나지 않는다. 사이프리드의 이 단락에 대한 많은 해석에 동의하지만, 필자는 14-25절이 고군분투하는 신자가 아니라 불신자를 묘사하고 있다는 데는 동의하지 않는다. 바울이 15-16절의 "내가 행하기 원하는 것"(TNIV)과 18절의 "선한 것을 행하고자 하는 소원"(TNIV), 19,21절의 "내가 하고자 하는 선", 25b절의 "내 마음은 하나님의 법을 섬긴다"(TNIV)라는 표현으로 "나"를 묘사할 때, 바울은 단순히 불신자의 내면에 있는 일반적인 은혜를 정의하는 것이 아니다. 또한 "내"가 율법 아래 있는 이스라엘 사람의 상태를 대변한다고 생각하지 않는다(그것은 14-25절이 아니라 7-13절에 해당된다. 내 글을 참고하라). 1:18-22에서 이방인의 마음에 대해 분명히 밝힌 바, 그들은 전적으로 하나님을 반대하고, "진리를 억압하고"(18절), 허망함과 어둠으로 가득 차 있다(21절). 따라서 7:14-25에서는 하나님을 따르고 싶지만, "육체"나 죄의 성향에 의해 배신당하는 신자의 싸움을 묘사한다고 보는 것이 마땅하다.

이 글에서 가장 좋은 부분 중 하나는 로마서에서 율법이 차지하는 위치에 대한 논의다. 율법은 "죄에 대한 지식"을 제공하는 하나님의 선물이지만, 하나님 앞에서 의롭다 함을 얻게 할 능력은 주지 못한다(3:19-20). 따라서 율법은 하나님 앞에서 의를 얻는 것이 아니라 인간의 죄책을 다룬다. 율법은 하나님의 진노에 중심을 두고(4:14-15), 그리스도 안에서 하나님의 약속의 성취를 준비하기 때문에, 그런 의미에서 약속과 상반된다. 바울의 요점은 죄는 율법이 없이는 죄로 "간주되지" 않고(5:13), 그 결과 율법과 함께 죄가 실제로 "증가"했다는 것이다(5:20a). 그래서 지식의 성장과 함께 실천이 증가했지만, 이 모든 과정에서 하나님의 목적은 이 과정을 통해 하나님의 은혜가 더욱 풍성해지도록 하는 것이다(5:20b-21). 죄의 권세는 죄로 대항할 수 없고, 오직 그리스도의 보혈로만 대항할 수 있다(6:11-13,16-17). "육체"는 개혁되거나 복원될 수 없다. 반드시 십자가에 못 박혀야 한다. 승리는 오직 성령의 삶을 통해서만 올 수 있다. 다시 한번 이런 주장들에 전적으로 동의하지만, 필자가 보기에 이러한 사실들은 7:14-25이 육신 아래에서 하나님을 섬기려 하나 실패하고 만 그리스도인의 모습이고, 8:1-14은 성령의 능력 아래 살아가고 그럼으로써 육체와 죄를 이기는 삶을 사는 그리스도인의 모습을 뒷받침한다고 본다. 율법은 "신령하고"(7:14) "선하지만"(12절) 육체가 "속사람"(22절)을 지배하기 때문에, 중생한 사람도 이런 조건하에서는 영적으로 패배한다.

사이프리드의 글의 다음 부분은 로마서 6:14의 "율법 아래 있지 않고 은혜 아래 있다"를 통해 전개되는데, 그는 6:15-23과 7:1-25 사이의 실질적인 연속성을 확립한다. 그는 바울이 회심 전이나 회심 후의 상태를 언급하는 것이 아니라 "하나님과의 만남에서 죄의 권세 아래 있는 인간"에 대해 말하고 있다고 이야기한다. 7장은 "율법을 아는 자들"(7:1)에게, 따라서 로마의 유대인 신자들을 대상으로 전해지고 있다. 7:1-6은 전환부 단락으로, 여기서 바울은 그리스도인이 "율법에 대해 죽었다"라고 말한다. 여기서의 핵심 구절은 7:5,6인데, 여기서 바울은 "육신 가운데" "율법 아래에서의"(7:7-25) 삶과, "성령의 새로움"(8:1-14) 가운데에서의 삶을 대조하고 있다. 이것이 바로 핵심 쟁점 중 하나다. 7:7-25은 5절의 의미만을 확장하여 중생하지 않은 사람의 생활방식만을 설명하는 것일까? 아니면 5:1-7:6의 주제를 이어가면서 불신자(7-13절)와 신자(14-25절) 모두의 죄와 율법과의 싸움을 자세히 설명하고 있는 것일까? 필자는 후자가 바울의 사고의 전환을 살피는 더 나은 방법이라고 주장하고 싶다. 바울에게 "육체"('사르크스', σάρξ)는 비기독교인뿐만 아니라 육체와 싸우는 그리스도인(롬 8:12-13; 13:14; 갈 3:3; 5:13,16-17), 그리고 "육체를 따라" 생각하고 말할 수 있는 고린도교회 지도자들(고후 10:3-4; 11:18)처럼 그리스도인 안에서도 역사하는 실재다. 따라서 로마서 7:5의 "육체" 또는 "죄의 본성"은 7:7-13에서는 중생하지 않은 사람을, 7:14-25에서는 중생한 사람을 묘사한다고 봐야 한다

(18,25절의 "육체", 23절의 "속사람").

7:7-13에서 바울은 그리스도와 율법이라는 두 가지 상반된 권세에 맞닥뜨린 모든 사람들이, 특히 율법의 영향을 마주할 때의 상태를 자신의 예를 활용해 이야기한다. 그리스도는 새로운 통치, 새로운 영역을 가져왔다. 또한 사이프리드는 단순과거 시제를 완료형으로 해석하여 과거와 현재(중생과 중생하지 않음)의 딜레마를 묘사한다고 본다. 그런데 필자는 이것보다 단순과거(7-13절)에서 현재 시제(14-25절)로의 전환이 이보다 더 강하고 의도적이라고 생각한다(거의 같은 어조를 지닌다고 생각된다). 이 세부 사항은 필자가 7:7-13을 바울의 유대인으로서의 과거로, 7:14-25을 바울의 그리스도인으로서의 현재로 보는 주요 이유 중 하나다.

이 구절에서 강조되는 것은 율법을 통해 말씀하시는 하나님이지만, 인간은 반역으로 반응한다. 7:7의 탐심을 금지하는 계명에서 하나님과 이웃에 대한 사랑은 죄와 자아의 힘에 의해 사라진다. 죄가 주도권을 쥐고 아담의 타락이 모든 사람에게서 재현되기 때문에 내부에서의 도움은 있을 수 없다. "로마서 5장의 아담으로서의 '나'는 그의 음성을 듣고" 동산의 뱀은 자아와 죄의 속임수로 재현된다. 필자는 이 부분에 대해서 전적으로 동의한다. 하지만 필자가 사이프리드에게 반대하는 것은 이것이 신자와 불신자 모두에게 해당된다는 그의 해석에 있다. 이전 단락에서 언급했듯이 7-13절은 바울의 유대인으로서의 과거 경험으로 제한하고, 회심하지 않은 인류를 대표한다고 보는 것이 더 나은 해석으로 보인다.

사이프리드는 7:14-25에 나타난 현재 시제로의 전환은 시간보다는 관점에 초점을 맞춘 변화이고, 해당 구절은 그리스도인을 묘사하지 않는다고 생각한다. "7-25절 전체에서, 25a절의 감사를 제외하고는 하나님의 구원 활동에 대한 언급 자체가 나타나지 않는다." 현재 시제는 일종의 역사적 현재이며, 수동적인 "나"에서 죄와 함께하는 행위자로서의 "나"로 전환되는데, 이 죄는 사람 안에 내주하면서, 율법과의 만남을 강제한다. 이것은 율법이 있는 곳에 그리스도가 없고 그 반대의 경우도 마찬가지이기 때문에 이 단락이 중생하지 않은 자에게 초점이 맞춰져 있음을 더욱 증명하는 것이다. 이 사람은 도덕적 존재이기 때문에 율법에 동의하지만 그리스도를 알지 못한다. 그럼에도 불구하고 "나는 미워하는 것을 행합니다"(15절)라고 할 때, 죄인이라면 완전히 타락한 상태에서 탐욕을 실제로 "미워"하지는 않을 것이기 때문에 신자를 가리킬 가능성이 더크다(7:7). 또한 필자는 전통적인 문법 범주를 모두 없애는 패러다임 전환으로 주장되는 상 이론(aspect theory)에 동의하지 않는다. 필자는 주로 시제를 시간으로 이해하는 편에 속하고(분명히 미래 시제와 마찬가지로), 상은 문법적 범주 중 참고할 만한 선택지라고 여기지만, 이것이 전통적인 범주를 대체하는 것이 아니라 보완하는 역할을 한다고 여긴다. 여기 7:7-13(단순과거)과 14-25절(현재)에는 의도된 시간 개념의 변화가 나타난 것이고, 이는 전통적인 시제 이해를 전제할 때 더 잘 이해된다(이 책에 기고된 필자의 글을 참고하라).

14-25절에 묘사된 중생하지 못한 자에 대한 견해에 관한 핵심적인 진술은 **"죄와의 투쟁에 대해 설명하지 않고, 절망적이고 회복할 수 없는 패배를 겪는 전투에 대해 설명한다."**는 것이다. 죄의 지배를 받는 사람의 무력한 상태는 중요한 확인사항이다. "육체"는 단순히 존재의 다른 측면에 의해 극복될 수 있는 인격의 일부가 아니

다. 오히려 그것은 완전히 통제권을 행사하고 있으며 따라서 그 사람은 선을 "행할" 수 없다. 복음은 아직 오지 않았고(25a절까지는 그림에 들어가지 않았다) "나"는 율법의 존재와만 관계하기 때문에 그리스도는 부재한 상태다. 따라서 여기서 우리는 불신자를 다루고 있음이 분명하다. 그렇게 함으로써 바울은 "지옥으로의 여정에 그들을 초대"하여 25a절에서 발견된 유일한 대답으로 인도하고 그 후에야 여정이 천국으로 바뀐다.

7:21-25에서 죄는 "율법"을 통해 "자아"('에고', ἐγω)에 뿌리를 내리는데, 이 자아는 변하지 않고 타락한 피조물로서의 인격을 가리킨다. "속사람"은 여전히 율법을 기뻐하지만, 죄의 지배력인 "한 다른 법"은 그 사람을 사로잡아 악과 불순종을 낳는다. 자아 전체가 노예화하는 힘 아래 놓여 있다. 그 결과로 나오는 탄식과 비참함의 외침은 성경 문헌에서 유례를 찾아볼 수 없다(24절). 절망의 고통 속에서 영혼은 구조와 구원을 외치고, 그때에야 비로소 우리를 위해 정죄당하신 한 분의 사랑에 둘러싸여 "비참했던 나"에게 저주가 거둬진다. 여기서 필자가 가진 한 가지 문제는 바울이 25b절에서 "죄의 법"의 딜레마로 되돌아간다는 점이다. 따라서 25a절의 그리스도의 주권에 대한 감사는, 회심 경험이라기보다는, 그리스도가 진정으로 자신의 삶의 주인이 되지 않으면 죄를 물리칠 수 없음을 다시 한번 깨달은 패배한 그리스도인의 외침으로 보인다.

사이프리드는 다음과 같이 결론짓는다. "바울은 로마서 7장에서 그리스도인의 죄와의 투쟁에 대해 말하지 않는다. 그는 오래전 아담 안에서 이미 패배한 싸움을 묘사한다." 따라서 유일한 희망은 그리스도 안에 있으며, 그분의 희생적인 행위에 대한 믿음에 의지

하고, 우리 자신이 아니라 그분께 전적으로 의지하는 것에 있다. 필
자는 이 견해에 전적으로 동의하지만, 이것이 7:7-13의 메시지이며
7:14-25은 이 원리를 죄와의 투쟁에도 적용한다고 주장하고 싶다.
사이프리드의 글은 매우 탁월하게 잘 쓰였고, 주장이 설득력 있다.
모든 독자는 깊이 읽고 숙고해야 마땅하며, 어떤 입장을 취하든,
이곳에 담긴 진리들로 도전받고 보람을 느끼게 될 것이다.

결론

신학적 목회적 이슈들

Perspectives on Our Struggle with Sin

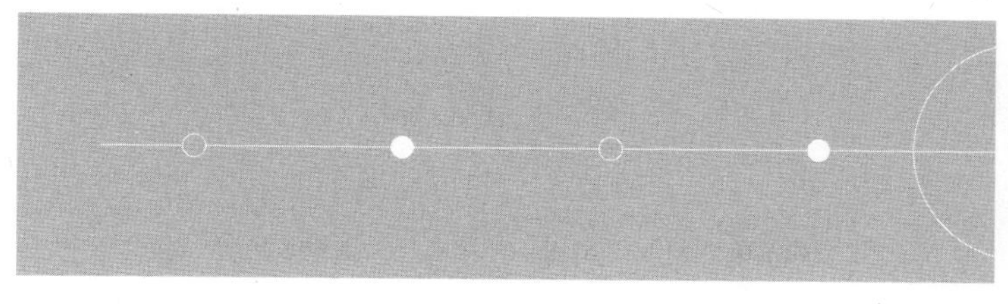

채드 O. 브랜드

오스본, 체스터, 사이프리드 교수는 해당 본문에 대한 훌륭하고 상세한 주석을 제공했고, 필자의 전공 분야가 이 작업과 밀접하지 않아서 각 글에 더 이상 덧붙일 주장이 거의 없다. 이제는 논문 발표의 마지막 단계에 왔고, 필자의 과제는 다른 기고자들이 각 장에 할당된 지면에서 할 수 있었던 것보다 더 자세한 신학적, 목회적 함의를 끌어내는 것이다. 이 프로젝트를 시작할 때부터 우리가 가졌던 목표 중 하나는 이 책이 목회자, 학생 목회자, 선교사, 여성 단체, 그리고 정식 신학 교육을 거의 또는 전혀 받지 않은 교회의 다른 사람들에게 도움이 되기를 바라는 것이었다. 최종적인 논의를 결여할지라도 이 책은 그 역할을 충분히 해내고 있다고 본다. 하지만 좀 더 도움을 주기 위해 신학적, 목회적 함의를 별도로 다루고자 한다.

이 본문이 가진 특징과 지금껏 다양한 방식으로 해석해 온 사실 때문에 이 작업은 다소 도전적이다. 다시 말해, 로마서 7:14-25을

회심 전 경험에 대한 해석으로 받아들인다면 신학적, 목회적 함의
는 그것을 그리스도인의 경험에 대한 본문으로 이해할 때와는 다
소 달라질 것이다. 아주 많은 것들이 분명해져야 한다. 따라서 필자
의 논의는 부분적으로는 "이제 이것을 그리스도인의 죄와의 투쟁
에 대한 설명으로 받아들인다면 다음과 같은 것들을 수반할 것이
다 … 그러나 이것을 그리스도인으로 회심하기 이전의 경험에 대한
설명으로 받아들인다면 이러한 수반되는 것들이 뒤따를 것이다"라
는 식으로 말해야 한다. 분명히 필자는 이 본문의 해석에 대한 개
인적인 견해를 가지고 있으며, 언젠가 적절한 때에 제시할 테지만,
다른 세 저자의 입장을 존중해야 한다는 공정함의 의무를 가지고
있다. 독자들이 이점을 잘 참작해 주길 바란다.

물론, 이 본문에서 제기하는 신학적, 목회적 문제들에는 어떤 입
장을 취하든 표면적으로는 분명한 것들이 있다. 따라서 이 마지막
장의 구조는 다음과 같은 형태를 취할 것이다. 먼저 이 본문이 제
기하는 문제들, 즉 이 본문에서 어떤 해석적 틀을 끌어내든 공통적
으로 제기되는 문제들에 대해 논의할 것이다. 그래서 영적, 목회적
인 것을 신학적, 교리적 문제와 분리시키지 않고 함께 다룰 것이다.
그렇게 하는 이유 중 하나는 목회신학과 조직신학은 합법적으로 분
리될 수 없다고 생각하기 때문이다. 이 두 가지가 다소 다른 작업이
라는 것을 알고 있지만, 결국엔 함께 서로에게 관련되어 있는 것이
라고 확신한다.

필자는 주로 조직신학과 역사신학을 가르치고 있지만, 31년 동
안 목회를 하면서 12개 교회에서 담임목사 또는 임시목사를 지냈
고 다른 교회에서 다양한 직책으로 봉사해 왔다(실제로 "사역 기간"의

일반적인 정의에 따라 첫 **급여를 받았던 때가** 정말 오래전이었다!). 필자는 많은 교회에서 신학과 목회, 또는 신학과 영적 삶에 대한 이해 사이에 상당한 단절이 있음을 발견했고,[1] 이런 유의 적과 혼자만의 전쟁을 벌여왔다(물론 완전히 혼자 했던 전쟁은 아니었지만 말이다). 예를 들어, 필자는 조직신학 수업에서 학생들에게 부분적으로는 성경과 신학에서 찾은 자료를 사용하여 목회적 문제에 대한 자세한 답을 작성하게 한다. 이것이 이 문제를 해결하기 위한 개인적인 교육 전략의 일부다. 우리는 목회적 문제에 대해 신학적으로 생각하는 법을 배워야 하고, 신학에 대해 목회적으로 생각하는 법을 배워야 한다. 따라서 이 글의 논의에서 신학과 목회라는 이슈는 구분할 수는 있지만 결코 나눌 수는 없다.

이제부터 대부분의 해석자들이 공통적으로 가지고 있다고 생각하는 신학적 주제에 대해 자세히 설명한 다음, 앞서 다룬 세 가지 입장으로 넘어가서 각 입장을 고수하는 사람들이 여기서 제기되는 신학적, 목회적 질문을 어떻게 다룰 것이라고 생각하는지를 설명하고자 한다. 여기서 필자는 개인적으로 옹호하지 않는 해석을 제시할 때가 있기 때문에 이 작업은 조금 더 어려울 것이다. 필자가 가르치는 거의 모든 수업에서 학생들에게 강조하는 한 가지 제안은 신학의 황금률이다. "무엇이든지 남에게 대접을 받고자 하는 대로 너희도 남을 대접하라." 나 역시 이 황금률을 따를 수 있기를 기도하며, 그렇지 않다면 또 다른 퍼스펙티브스 시리즈 책이 나올지도

---

1   내가 사용한 "영적 생활"이라는 용어는 우리 문화에서 흔히 "영성"이라고 불리는, 필박사(Dr. Phil)나 지금은 방송이 중단된 오프라 윈프리 쇼에서 쉽게 볼 수 있는 것이 아니라, 복음이 개인과 교회 모두의 삶을 그리스도를 닮도록 변화시키는 것과 같은 실천적인 의미를 지닌다.

모른다. 그럼 항목별 논의를 시작해 보겠다.

목회신학 : 공통의 확신들

로마서를 해석하는 사람이라면 누구나 사도 바울이 여기서 심각한 신학적 문제들을 다루고 있음을 인식한다. 이 서신은 신앙에 관한 "조직신학"이 아니고, 심지어 구원론에 관한 조직신학도 아니다. 이 서신에 대한 거의 틀림없는 사실은 이 편지가 고린도와 다른 곳에서처럼 그의 사도직에 의문을 제기하고 심지어 그의 생명을 위협하려 했던 사람들(행 20:3)과 유대의 불신자들(롬 15:31)을 상대로 한 주장이라는 것이다. 이 편지에서 바울은 하나님께서 자신을 부르신 이유, 즉 믿는 모든 사람에게 전가되는 하나님의 의(1:16,17), 복음의 중요성(1:18,19), 죄의 보편성(1:20-3:20), 속죄로서의 십자가(3:21-26), 구원에 이르는 수단으로써의 믿음(4:1-25)의 본질을 제시하고 있다.

그런 다음 바울은 이 영광스러운 구원의 결과로 교회에 주어지는 혜택, 즉 소망과 확신(5:1-21), 죄와 그리스도의 죽음과의 관계 그리고 그것이 신자들에게 미치는 영향(6:1-23), 죄와 율법과 관련된 문제(7:1-25) 등에 대해 자세히 설명한다. 그런 다음 8장에서는 성령, 고난, 확신이라는 세 가지 끈으로 이루어진 가닥을 함께 꼬아 하나님의 위대한 구원 계획 안에서 서로 모순적으로 보이는 이 세 가지 현실이 완벽하게 연결되어 있음을 보여준다(8:1-39). 그런 다음, 그는 이스라엘과 구약 백성들에 대한 하나님의 구원 약속이 실패했다는 것은 불가능하다는 문제를 다룰 것을 제안한다(9-11장). 바울이 아직 방문하지도 않은 로마 교회에 이 내용을 전한 것은 자신을 향한 여러 음모가 성공할까 두려워서, 그리고 자신이 부재한 중에도 진리가 보존될 수 있도록 이 말을 남겼을 가능성이 있다.[2] "사도 바울이 1:16에서 복음을 부끄러워하지 않는다고 강조할 때, 이 문장은 편지의 첫머리에서부터 친구나 적 모두에게 바울이 로마에서도 자신에게 맡겨진 복음을 어떤 일이 있어도 지킬 것임을 알리는 신호이다."[3] 이것은 복음에 대해 전하는 그의 유언이다.

이 서신에서 우리는 성경에서 가장 고상한 신학뿐만 아니라 가장 논쟁적인 신학을 발견할 수 있다. 이 책의 앞 장에서 이미 설명한 것처럼 이 서신에 포함된 문제를 놓고 갈등을 겪는 과정에서 여러 교파가 생겨나기도 했다. 그러나 여기에는 대부분의, 어쩌면 대다수의 기독교 교회가 공통적으로 이해하고 있는 문제들이 포함되어 있다. 로마서 7장에서 제기한 신학적 요점도 마찬가지이며, 필자는 그중 세 가지 공통점을 강조하고자 한다.

율법과 죄

필자는 이미 로마서 7장이 하나님의 율법과 인간의 관계를 다루고 있다고 명시했다. 우리는 이미 여기서 어떤 인간이 묘사되고 있는지, 즉 중생한 인간, 중생하지 않은 인간 또는 일반적인 인간에 대

---

2 E. F. Harrison, "Romans," in *The Expositor's Bible Commentary* (vol. 10; ed. F. E. Gaeblein; Grand Rapids: Zondervan, 1976), 5.

3 P. Stuhlmacher, *Paul's Letter to the Romans: A Commentary* (trans. S. J. Hafemann; Minneapolis: Presbyterian, 1994), 9.

해 논쟁이 되고 있는 것을 살펴보았다. 여기서 논쟁의 여지가 없는 것은 바울이 율법과의 관계를 다루고 있으며, 율법에 대한 인간의 보편적인 반응은 우리 모두가 율법을 범한다는 사실이다. 로마서 7장은 율법과의 관계를 통해 우리의 죄에 대해 많은 것을 말해준다. 바울은 "죄의 정욕이 우리 지체 중에 역사하여 우리로 사망을 위하여 열매를 맺게 하였다"(7:5)는 이유에서 우리가 율법과 결혼하여 죄를 부추긴 것이라고 말한다.[4] 이어서 바울은 우리가 율법과 그 율법이 우리에게 내린 명령을 접했을 때 죄가 무엇인지 알게 되었다고 말한다(7:7-8). 하나님의 계명이 내 안에서 사망을 낳았다(7:9-10). 죄는 기만적이며, 그 속임수로 인해 우리 안에 일종의 죽음을 가져온다(7:11-12). 이것은 율법이 나쁜 것이라는 말이 아니다. 오히려 율법은 실제로 선하다. 하지만 우리 자신은 육체에 속하여 "죄의 권세에 팔렸다"(7:14). 나는 죄의 권세에 팔렸기 때문에 내가 싫어하는 것들을 행한다(7:15-16). 그리고 그것은 내가 옳은 일을 하고 싶어도 그렇게 할 능력이 없는 것이 내 안에 있는 죄라는 것을 보여준다(7:17-19). 그래서 저자는 "내 안에 있는 죄"가 내가 옳은 일을 하고 싶을 때에도 악을 행하고 있다는 결론에 도달한다(7:20-21). 나의 일부인 마음은 옳은 일을 하고 싶어 하지만, 내 지체 속에는 그것과 싸우는 원리가 있다(7:22-23). 이 싸움은 내 마음에 일종의 비참함을 만들어내는데, 이 비참함은 오직 "우리 주 예수 그리스도"에 의해서만 정복되고 치유될 수 있다(7:24-25).

앞선 기고자들의 글을 읽었다면 이 모든 내용을 여러 번 익숙하

4　모든 인용은 별도의 언급이 없는 한 HCSB에서 가져온 것이다.

 | 죄와의 투쟁에 관한 다양한 관점들

게 읽어봤을 것이고, 다양한 해석이 제시된 것에 대해서도 잘 알고 있을 것이다. 여기서 내가 전하고 싶은 것은 여러분이 어떤 해석이 적합하다고 생각하든, 그것이 회심 전, 회심 후, 아니면 인간 전체에 대한 것이라 하더라도, 바울이 여기서 말하는 것은 죄가 이 세상에서 인간에게 매우 큰 문제라는 것이다! 로마 교회에 보내는 서신에서 죄(그리고 죄를 부추기는 율법)에 대한 논의는 칭의와 그 혜택(3:21-6:23; 8:1-39)만큼이나 많은 지면을 차지한다(1:20-3:20; 7:1-25). 여기서 우리의 신학과 목회 사역 모두에서 중요한 점은 죄는 설교의 일부가 되어야 하는 주제라는 것이다.

목회 사역을 하는 목회자라면 누구나 목회 사역에서 죄를 다룬다. 사람들은 삶에서 겪는 다양한 문제에 대해 상담을 받으러 찾아온다. 외도, 혼외 임신, 낙태에 대한 죄책감, 임박한 이혼, 약물 및 알코올 남용, 아동 학대, 가정 내 반항적인 자녀 등 이외에도 수많은 문제가 목회자, 학생 목회자, 선교사, 여성 사역자 및 각 교회에서 섬기는 사람들에게는 일반적인 상담 내용이다. 하지만 일부에서는 강단에서 이러한 문제를 다루는 것을 꺼리는 경향이 있다. 우리는 긍정적이고 낙관적이며 가벼운 마음으로 사람들에게 나쁜 삶보다는 좋은 삶을 살 수 있다는 것을 상기시켜야 할 필요성을 느낀다.

그러나 우리가 성경의 모범에 충실하려면 죄에 대해 설교해야 한다. 에든버러의 프리 세인트 조지 교회에서는 1892년부터 알렉산더 화이트와 휴 블랙이 목사 겸 부목사로 함께 교회를 섬겼으며, 화이트는 한동안 단독 목사로 재직했다. 죄에 대한 설교를 잘 하기로 유명한 화이트는 아침 설교를 맡고, 블랙은 저녁 설교를 맡았다.[5] "화이트는 아침에는 우리를 검게 칠하고, 블랙은 저녁에 우리를 하얗게 칠한다"는 것이 사람들의 일반적인 농담이었다. 죄에 대한 설교는 복음 전도와 목회적 필요 모두에 중요하다. 마틴 로이드 존스는 그의 훌륭한 저서인 『영적 침체』에서 목회를 위해 죄에 대한 설교를 해야 한다고 강조했다.[6] 실제로 런던 웨스트민스터 채플에서 설교한 일련의 설교를 모은 이 책에서 그는 목회자가 강단 사역에서 사람들이 정기적으로 직면하는 실제 문제에 대해 설교한다면 실제로 일정 분량의 상담을 포기할 수 있다고 분명히 밝혔다. 그리고 그 진짜 문제 중 하나가 바로 죄다!

죄에 대한 설교는 전도를 위해서도 필요하다. 사람들이 구원을 받으려면 자신이 무엇으로부터 구원받는지 알아야 한다. 진보, 보수, 중도노선을 막론하고 미국 강단에서 흔히 볼 수 있는 미지근한 설교, 즉 단순히 기독교인이 되는 것의 혜택과 축복만을 읊어대는 설교는 진정한 회심이라는 과업에 적합하지 않다. A. W. 토저는 사람들이 "여성 소설가의 낭만적인 그리스도"나 "반쯤 회심한 카우보이의 감상적인 그리스도" 또는 "전미 하프백의 근육질 몸을 지닌 그리스도"와 같은 부적절한 그리스도관을 제시받을 때 사람들이 회개를 다루지 않는다고 지적하면서 이에 대해 이야기한 적이 있다.[7] 참된 그리스도에 대해 설교할 때 우리는 또한 참된 그리스도께

5   W. W. Wiersbe, *Living with the Giants: The Lives of Great Men of the Faith* (Grand Rapids: Baker, 1993), 121–32.

6   D. M. Lloyd–Jones, *Spiritual Depression: Its Causes and Cure* (Grand Rapids: Eerdmans, 1965), 특히 서론과 1장을 참고하라.

7   A. W. Tozer, *Total Commitment to Christ: What Is It?* (Camp Hill, PA: Christian, 1995), 13.

서 우리를 구원하러 오신 그런 종류의 죄에 대한 회개를 설교해야
한다(마 1:21).

로마서 7장은 아마도 성경 어디에서도 찾아볼 수 없는 죄의 본
질에 대한 가장 심오하고 지속적인 성찰을 담고 있을 것이다. 이 장
에서 제시하고 있는 "나"(또는 "인격")를 누구로 특정해서 이해하든
지, 바울은 여기서 율법의 행위를 행하는 도덕적 헌신으로 구원을
얻는다는 개념이나, 심지어 이 세상에서 우리가 살아야 할 "규범"이
있다는 개념은 완전한 환상이라는 점을 보여준다.[8] 인간을 심판하
는 기준이 되는 법은 분명히 존재하지만 이 시대의 기준에 부합하
는 "기독교 사회"를 만들 수 있다는 생각은 환상에 불과하다. 인간
은 죄인이며, 일반적인 교육이나 성경적 윤리를 가르친다고 해서 죄
가 사라지지는 않는다. 죄 문제에 대한 유일한 해결책은 그리스도
의 속죄에 있고, 우리가 가진 유일한 희망은 죄 자체에 대해서 죽었
듯이(6:6) 우리를 죄에 속박시키는 율법(7:6)에 대해서도 죽는 것이
다. 우리가 죄에 대해 죽었다는 것은 사도 바울이 이미 6장의 칭의
를 설명하는 문맥에서 논의한 내용이다. 특히 우리가 율법에 대해
죽었다는 것은 이 장에서 그리스도와의 연합의 맥락에서 분명히
밝히고 있는 내용이다.

그리스도와의 연합

바울은 7:2-3에서 이렇게 말한다. "남편 있는 여인이 그 남편 생전

---

8   C. Plantinga, *Not the Way It's Supposed to Be: A Breviary of Sin* (Grand
     Rapids: Eerdmans, 1995), 126.

에는 법으로 그에게 매인 바 되나 만일 그 남편이 죽으면 남편의 법에서 벗어나느니라 그러므로 만일 그 남편 생전에 다른 남자에게 가면 음녀라 그러나 만일 남편이 죽으면 그 법에서 자유롭게 되나니 다른 남자에게 갈지라도 음녀가 되지 아니하느니라" 율법의 시대 아래 우리는 오직 율법을 주신 하나님 앞에서 의롭게 되는 길을 율법에서 찾으려 했고, 그 율법에 속박되어 있었다. 그러나 이제 새로운 시대가 도래했다. "그러므로 내 형제들아 너희도 그리스도의 몸으로 말미암아 율법에 대하여 죽임을 당하였으니 이는 다른 이 곧 죽은 자 가운데서 살아나신 이에게 가서 우리가 하나님을 위하여 열매를 맺게 하려 함이라"(7:4).

여기에 전체를 아우르는 요점이 있다. 하나님은 구약에서 이스라엘이 하나님과 올바른 언약 관계를 유지할 수 있는 수단으로 율법을 주셨다. 율법은 개인적이고 개별적인 구원을 목적으로 주어진 것이 아니라 언약의 시험 장치로 주어졌다. 이는 신명기 28장에서 백성 전체가 주님을 따르고 우상 숭배에 빠지지 않으면 복을 받을 것이라고 말하는 대목에서 분명하게 드러난다. 할례와 안식일 등 언약의 표징을 지키고, 절기를 지키고, 죄를 지었을 때 제사를 드리고, 백성 전체가 이런 일을 행하면 하나님께서 풍성한 수확과 함께 이방 나라의 정복으로부터의 자유, 현세적인 복을 주실 것이다. 이것이 곧 율법이 주어진 목적이다. 율법은 영생을 얻기 위해 주어진 것이 아니다.

그 이유는 누구도 율법을 완벽하게 지킬 수 없기 때문이다. 그 이유를 본문은 명확히 밝힌다. "우리가 육신에 있을 때에는 율법으로 말미암는 죄의 정욕이 우리 지체 중에 역사하여 우리로 사망을 위하여 열매를 맺게 하였더니"(7:5). 이것은 매우 기본적인 내용이다. 펠라기우스의 가르침과는 달리, 우리는 육신으로는 하나님의 율법을 지킬 능력이 없다. 하지만 바울이 이 문장에서 소개하는 것은 남자와 여자가 서로 결혼하는 것과 같은 방식으로 우리가 이전에 율법과 결혼했다는 것이다. "율법은 우리의 첫 번째 남편이며 우리는 그 요구를 충족시킬 수밖에 없었다. 그러나 율법이 죽었기 때문에(즉, 그리스도 안에서 성취되었으므로) 우리는 칭의의 조건인 율법에 대한 순종의 의무에서 벗어나 복음을 자유롭게 받아들일 수 있다."[9] 우리는 이제 또 다른 남편인 그리스도와 결혼했다! 우리는 남자와 아내가 서로 결합하는 것과 같은 방식으로 그분과 연합한다(엡 5:22-33).

그리스도와의 연합은 신약에서 가장 일반적인 주제 중 하나이지만, 설교에서 종종 소홀히 다루어지는 주제다. 그것은 성경 곳곳에 널리 퍼져있다. 예수님은 요한복음 15장에서 자신을 포도나무로, 제자들을 가지로 가리키며 이 주제에 대해 말씀하셨다. "내 안에 거하면 많은 열매를 맺을 것이다." 바울은 그리스도 안에 있는 우리의 존재에 대해 이야기할 때 이 말을 반복해서 언급한다. 에베소서 1:3에서 그는 "찬송하리로다 하나님 곧 우리 주 예수 그리스도의 아버지께서 그리스도 안에서 하늘에 속한 모든 신령한 복을 우리에게 주시되"라고 말한다. 이 복은 바울의 글에서 반복해서 등장하는 문구인 "그리스도 안에서"라는 점에 주목하라. 또한 그리스도가 우리 안에 계시며(갈 2:20), 더 나아가 그의 영, 즉 하나님의 성령

---

9 C. Hodge, *Commentary on the Epistle to the Romans* (Grand Rapids: Eerdmans, 1950), 216.

을 통해 우리 안에 계시다는 점을 언급함으로써 이 동일한 연합을 다른 방식으로 표현한다(롬 8:9-11).

다시 말하지만, 그리스도와의 연합은 신약에서 흔히 볼 수 있는 주제이지만, 많은 복음주의 교회에서 자주 설교되지 않는다. 그러나 존 칼빈을 통해 전수되는 신학 전통의 공통 주제가 바로 이것이다. 칼빈의 말에 귀 기울여 보라. "그리스도께서 우리 밖에 계시고 우리가 그분과 분리되어 있는 한, 그분이 인류의 구원을 위해 고난을 당하시고 행하신 모든 일은 쓸모없고 우리에게 아무런 가치가 없다는 것을 이해해야 한다 … 우리가 그분과 한 몸이 될 때까지 그분이 소유하신 모든 것은 우리에게 아무것도 아니다."[10] 마찬가지로 존 머레이는 "그리스도와의 연합은 구원 교리 전체의 중심 진리다"라고 말한다.[11] 그렇다면 로마서 7장의 맥락에서 이것이 왜 중요하며 우리 그리스도인의 삶에 어떤 함의를 줄 수 있는가?

그리스도는 자신을 율법 아래에 두시고 율법을 완벽하게 지키셨다. 그 때문에 그는 더 이상 율법에 대한 의무를 지지 않으셨다. 바울은 로마서 7장에서 그가 율법을 완벽하게 지키고 죽으셨을 때 그가 율법에 대해 죽었음을 분명히 밝힌다. 그는 이미 6:4-6에서 우리가 세례를 통해 그리스도의 죽음으로 그리스도와 연합했고, 그 연합(여기서 다시, **연합**)에서 우리는 죄에 대해 죽었지만, 죄에 대한 죽음은 또한 율법에 대한 죽음이었다는 점을 지적한 바 있다. 신자는 그리스도와의 연합을 통해 율법에 대해 죽었기 때문에 율법은

---

10   J. Calvin, *Institutes of the Christian Religion*, 3.1.1.

11   J. Murray, *Redemption Accomplished and Applied* (Grand Rapids: Eerdmans, 1955), 170.

더 이상 신자 위에 있지 않다. 이런 식으로 신자는 더 이상 율법의 심판 아래 있지 않지만, 신자는 오직 한 가지 이유, 즉 그리스도와의 연합으로 인해 더 이상 율법의 심판 아래 있지 않다.

성경에는 연합이 어느 정도까지 명시되어 있는 걸까? 바울은 우리가 그리스도와 연합하여 선택되었다고 말한다(엡 1:3-4). 즉, 우리의 선택됨은 명목적이고 정적이기만 한 선택이 아니라 선택받으신 분 안에서 이루어진 선택됨이다. "아버지께서 창세 전에 그리스도를 사랑하시고 선택하신 것처럼, 그리스도의 백성인 우리도 아버지에 의해 그리스도 안에서 선택되었다."[12] 우리의 연합의 근거는 그리스도 안에서 하나님의 구속 사역, 즉 그의 십자가 사역에 있다(마 1:21).[13] 중생(엡 2:4-5), 칭의(고전 1:30), 성화(요 15:4-5), 견인(요 10:27-28), 심지어 우리의 죽음(롬 14:8)까지 우리 구원의 모든 측면은 그리스도와의 연합으로 인해 우리에게 주어진다. "그리스도 안에서" 또는 '그분 안에서'라는 문구는 바울의 글에만 164회 등장한다.[14]

그렇다면 연합이란 무엇일까? 연합이 의미하는 바가 있다면, 그리스도인의 삶은 성령을 통해 우리 삶에서 주님이 의식적으로 가까이 계심을 느끼며 사는 삶을 의미한다. 하나님은 영지주의나 이신론이 믿는 신처럼 멀리 계신 분이 아니며, 우리 주변 세상에 내재하는 분도 아니다. 이런 개념들은 모두 하나님을 비인격화하기 때문에 우리가 받아들일 수 없는 개념이다. 하나님은 초월적인 존재

---

12   A. Hoekema, *Saved by Grace* (Grand Rapids: Eerdmans, 1989), 56.

13   J. Stott, *The Cross of Christ* (20th anniversary ed.; Downers Grove: InterVarsity, 2006), 156.

14   Hoekema, *Saved by Grace*, 65.

로, 우리 위에 계시지만 너무 먼 곳에 계신 것은 아니다. 히브리성
경과 신약성경은 모두 하나님이 주님으로서 위에 계시지만 우리가
접근할 수 있다고 확언한다. 그분은 우리를 위해 위에 계신다! 그리
고 그분은 우리가 우리 위에 있는 그분께 나아가 그분과 교제하기
를 원하신다.

마찬가지로 기독교는 단순히 용서와 천국이 아니라 우리에게 지
속적인 현실로 존재하는 살아계신 주님의 살아있는 현존이다. 교회
에서 많은 사람들이 하나님께 기도하는 것을 단순히 형식적인 것으
로 여기지만, 우리가 그리스도 안에 있고 그분이 성령을 통해 우리
안에 계신 것이 사실이라면 기도는 의식적이고 살아있는 현실, 즉
믿음으로 확실히 받아들여야 하는 것으로 바뀌어야 한다. 그러나
그리스도께서 우리를 구원하실 수 있다는 믿음이 있다면, 주님과의
친교가 실제적이고 열정적이며 역동적이고 삶을 변화시킨다는 믿음
도 가질 수 없는 이유는 무엇일까? 내가 죄를 회개했을 때 하나님께
서 그 기도에 응답하셨다는 것을 진정으로 믿는다면, 어떻게 해서
우리가 매일 드리는 기도가 무시당하리라고 의심할 수 있겠는가?

우리가 주님과 살아있고 역동적인 연합을 이루고 있음이 사실이
라면, 그 사실은 우리의 성경 읽기를 변화시켜야 한다. 필자가 18
살 때 나의 멘토였던 톰 프랫은 이런 신념으로 살라고 가르쳐주셨
다. "내 삶에 대한 하나님의 뜻을 찾기 위해 매일 성경을 읽고, 그
뜻을 찾을 때마다 그것을 실천하십시오." 그리스도와의 연합은 "우
리가 그것을 발견할 때마다" 그분이 우리가 "그것을 행할 수 있도
록" 준비시켜 주신다는 것을 의미한다. 우리는 그리스도와 결혼했
다. 그것은 우리를 가혹한 옛 남편인 율법의 속박에서 해방시켜 줄

뿐만 아니라 "지금까지 살았던 가장 위대한 사람"과 연합하게 해준다. 그것은 얼마나 큰 해방의 경험인가? 이 해방은 우리를 영적 승리의 가능성으로 인도하기에 충분하다.

영적 승리를 위한 투쟁

앞서 논의한 바와 같이, 모든 신자는 그리스도인의 삶이 영적 승리를 위한 투쟁이라는 것을 알고 있다. 그 투쟁의 본질에 대한 논의는 부분적으로 이 장의 후반부에서 다룰 예정이지만, 여기서는 모두가 동의하는 내용을 잠시 언급하고자 한다. 기본적으로, 수 세기 동안 성경 교사들은 "성화"(sanctification)[15] 또는 영적 성장과 우리 삶에서 나타나는 죄, 무기력, 영적 침체로부터 승리하기 위한 투쟁의 발전을 설명하는 네 가지 선택 가능한 모델을 제시해 왔다. 이 네 가지는 소거(eradication), 억제(suppression), 대체 혹은 내주(substitution or habitation), 훈련(discipline)이다. 간단히 요약해 보겠다.

소거(eradication)는 신자가 심오한 영적 체험을 경험하면서 심오한 성화의 순간에 내재된 죄가 사실상 소멸된다는 것이다. 일부 중세 신비주의자들은 이 모델의 일부 형태를 가지고 있었고, 존 웨슬리에 의해 특정 형태로 부활되었지만, 웨슬리도 인간이 유혹의 충동을 따르고 배교의 상태로 돌아갈 경우, 이러한 소거도 무효화될 수 있다고 보았다.[16] 후대에 성결교회는 웨슬리의 모델을 따랐고,

---

15   성화의 교리는 피터슨과 같은 종류의 연구물의 영향으로 인해 최근 몇 년간 면밀하게 탐구되었다. 그는 성화는 결정적이며 회심-입회의 순간에 단번에 발생한다고 주장한다. Peterson, *Possessed by God: A New Testament Theology of Sanctification and Holiness* (Downers Grove: InterVarsity, 2001).

16   J. Wesley, *A Plain Account of Christian Perfection*.

마찬가지로 성령의 역사로 인해 죄가 우리 삶에서 단번에 근절될 수 있다고 가르쳤다. 그래서 "이제 우리의 관심은 바로 이러한 체험의 완성이며, '하나님의 말씀에 나타난 하나님의 뜻에 마음과 삶을 온전히 일치시키는 것'입니다."[17] "성화"의 결과로, 이제 인간의 삶은 그리스도와 온전히 일치하게 된다. 이 시점에서 투쟁은 본질적으로 종결된다.

억제(Suppression)는 일반적으로 찰스 피니와 관련된 입장이다. 피니의 사상에서는 원죄 교리를 받아들일 여지가 거의 없었는데, 그래서 그는 실제 죄를 다루는 문제에 관해서는 그저 "죄를 짓지 말라"고 조언했다.

대체(substitution)는 중세 가톨릭에서 유래한 또 다른 모델로, 종교개혁 전통에 의해 몇몇 방식으로 채택되었고, 종교개혁 이후 특정 방식으로 발전해 왔다. 죄에 대한 승리는 자기의 삶을 그리스도의 삶으로 대체해 나가는 것을 배우는 점진적인 과정, 또는 성령이 우리가 그리스도를 본받도록 꾸준히 인도하는 과정이라는 것이 대체 모델의 핵심이다. 죄에 대한 승리의 필요성을 인식하고, 그 과정에서 어떤 위기의 경험이 도움이 될 수도 있지만, 죄에 대한 승리는 일종의 과정이며, 이것은 존 번연의 천로역정에 가장 생생하게 묘사되어 있고, 대부분의 경우 이생에서 결코 완성될 수 없는 과정이다. 1870년대 영국에서 시작된 케직 전통이 그 예가 될 수 있는데, 이에 대해서는 이 장의 뒷부분에서 더 자세히 논의할 것이다. 이상하

---

17   H. Orton Wiley, *Christian Theology* (vol. 2; Kansas City: Beacon Hill, 1952), 487. 인용문 안에 인용된 것은 웨이크필드의 것이다. S. Wakefield, *Christian Theology* (New York: Phillips & Hunt, 1869), 446.

게도 대부분의 오순절주의도 여기에 해당할 수 있는데, 그 이유는 이들이 대체로 신학적인 아르미니우스주의에 속하지만 그러면서도 성화의 완전주의 모델을 따르진 않기 때문이다.[18]

마지막 방법은 훈련(discipline)이다. 훈련 모델이 기본적으로 전제하는 것은 죄에 대한 승리가 영적 훈련을 통해 이뤄질 수 있다는 것이다.[19] 여기에는 성경 공부, 기도, 다른 신자들과의 교제, 전도, 영적 은사의 사용(그것이 무엇이든 간에), 기부, 성찬식, 그리고 다른 방법들이 포함된다. 하나님은 우리가 승리할 수 있도록 이것들을 우리에게 주신 것이다. 물론, 이 네 가지 모델이 서로를 배제하는 것은 아니다. 많은 사람들이 성화가 제대로 이뤄지기 위해서는 최소한 대체와 훈련의 조합이 필요하다고 주장한다.

적어도 로마서 7장에는 이것이 본질적으로 그리스도인으로 회심하기 이전의 경험에 관한 장이라고 주장하는 모델을 기본적으로 고수하는 사람들에게도 영적 승리의 개념을 적용할 수 있는 부분이 있다. "우리 주 예수 그리스도로 말미암아 하나님께 감사하리로다"와 같은 문구는 신자들에게 공감을 불러일으킨다. 다시 말하지만, 로마서 7장을 그리스도인의 경험으로 해석하는 모델들은 대부분 우리의 삶이 죄와 씨름하는 삶이라고 이해한다. 가장 헌신적인 성결주의자(웨슬리와 와일리)조차도 그리스도인의 경험에는 적어도 일정 부분 죄를 이기기 위한 투쟁이 있다는 것을 인정한다.

---

18   D. Dayton, *Theological Roots of Pentecostalism* (Grand Rapids: Baker Academic, 1987), 87–114.

19   D. Whitney, *Spiritual Disciplines for the Christian Life* (Colorado Springs: NavPress, 1997).

이러한 목회적 이슈는 멘토, 목사, 그룹 리더, 성경 공부 교사 등이 직면하는 가장 어렵고도 빈번하게 겪는 문제 중 하나다. 사람들이 영적으로 성장하고 인생에서 승리할 수 있는 방법을 찾도록 돕는 것은 우리가 매 순간 직면하는 질문이다. 청소년기의 성적 유혹을 겪는 젊은이들을 멘토링하고, 젊은 여성들이 깨어진 관계를 회복하도록 돕고, 낙태를 고백한 후 평화와 용서를 구하도록 돕는 것, 이 모든 것이 교회가 항상 관여하는 목회 사역의 측면이다. 노년기 또는 인생의 말년에 직면하는 문제를 겪는 노인들과 함께 걷는 것은 큰 도전이다. 많은 사람들이 인생의 어느 시점에서, 특히 육아 문제, 재정적 어려움, 결혼 생활의 문제 등 어려움이 가장 심했던 시기가 젊은 시절이라고 생각할 것이다. 필자는 나이가 들수록 문제는 여전히 존재하지만, 그 문제가 다른 모습으로 나타난다고 느낀다. 건강, 치매, 배우자와의 사별, 사회 보장제도로 노년기를 살아가는 것 등, 이런 것들이 노년기의 사람들에게 무척 어려운 삶의 경험이 된다. 물론 이런 것들이 젊은 사람들의 경험에 부분적으로 해당하기도 한다. 하나님께서는 분명히 유혹, 좌절, 절망감, 불안감에 대해 무방비 상태로 방치하지 않으셨다. 로마서 7장이 그 외에 다른 어떤 내용을 담고 있든, 적어도 이러한 문제에 대해 어느 정도는 안정감을 제공한다.

이제 이 구절의 해석에서 의견이 일치하지 않는 부분에 대해 좀 더 구체적으로 이야기해 보도록 하겠다. 그런 이견들이 신학적으로나 주석적으로 어떻게 다른지, 그리고 그것이 정말로 중요한 차이인지에 대해서 말이다.

목회신학 : 다양한 입장들

이 책이 소개하는 세 장에 걸친 주석들은 특히 로마서 7:14-25의 "사람" 또는 "나"에 대한 세 가지 입장을 다루었다. 7:1-6은 율법 및 죄와 관련한 인간의 상태에 대한 일반적인 설명을 제공하는 것으로 보이고, 7-12절(아마도 13절도 포함해서)은 "나"라는 인물의 그리스도인으로 회심하기 이전 상태를 가리키는 것 같다. 그러나 본격적인 논쟁은 14-25절에 대한 것이다. 이 사람은 신자일까, 불신자일까, 아니면 그 질문 자체가 이 본문이 다루는 것보다 더 많은 짐을 얹어놓고 있는 걸까? 세 번째 글을 작성한 사이프리드 교수의 입장은 이것이 우리가 물어야 할 진정한 질문이 아니며, 그 질문을 하기에는 이 장에 너무 많은 해석적 부담을 주려 한다고 주장하기 때문에, 우리는 그의 많은 목회적 관찰이 우리에게도 수용 가능하다고 가정할 것이다. 그러나 우리의 논쟁은 주로 이것이 그리스도인이 되기 이전의 상태인지 아니면 완전히 거듭난 신자의 경험인지라는 두 가지 입장 사이에서 이루어질 것이다. 이 두 입장은 일반적으로 다른 적용으로 이어질 것이다.

그러나 잠시 멈춰 서서, 이보다 더 복잡한 문제 하나를 확인해 보겠다. 실제로 로마서 7:14-25이 거듭나지 않은 사람의 모습을 묘사하고 있다는 두 가지 견해가 있다. 이 책의 다른 저자들이 주장하는 입장은 초대 교회로 거슬러 올라가며, 오늘날에도 많은 사람들이 지지한다. 그것은 단순히 믿지 않는 사람, 육신적인 생각을 가진 사람의 모습을 묘사한 것이라고 주장하는 것이다. 그러나 프랑스 학자 프레데릭 고데(Frederick Godet), 영국 목사 마틴 로이드 존스, 그리고 체스터 교수가 인용한 설교에서 적어도 어느 정도는 웨슬리가 지지하는 견해로 대표되는 두 번째 견해가 있다. 그것은 회개의 고통을 겪고 있는 불신자가 거듭남으로 나아간다는 견해다. 이에 대해서는 나중에 더 자세히 설명하겠다.

로마서 7장을 "그리스도인의 경험"으로 해석하는 입장들 중에도 여러 가지 미묘한 차이들이 있다. 칼빈, 아우구스티누스 등 여러 전통적인 견해에 따르면, 이 구절은 이 시대를 살아가는 그리스도인들의 투쟁을 묘사한 것으로, 이 투쟁은 죽음 이후 또는 그리스도의 재림 이후에 올 영생의 삶에서 이 세상의 고난으로부터 완전히 해방되는 것으로 종결된다(따라서 25절에서 승리의 외침이 나오는 것이다). 그러나 그리스도인의 경험이 초기에 낮은 수준의 기독교 신앙에서 시작하여 나중에 더 높은 수준의 헌신으로 발전하는 것으로 보는 일부 사람들은 로마서 7:14-25을 그 과정을 나타내는 것으로 본다. 그래서 이 관점에 따라 우리는 로마서 7:14-25에서 미성숙한 기독교인에서 성숙한 기독교인으로 성장하는 과정을 볼 수 있다. 어떤 사람들은 여기에 일종의 변형을 가해서, 로마서 7장을 하나님을 위해 살고자 하는 그리스도인의 투쟁에서 시작하여, 마침내 신자를 온전하게 하는 심오한 성화 경험에 도달하는 여정으로 해석한다. 이는 성결교적 관점이다. 또 다른 사람들은 완전이라는 개념을 거부하지만, 여기에서 신자가 더 이상 주님을 섬기기 위해 내적인 씨름을 할 필요가 없는 경지, 즉 일종의 영적 자발성에서 절정에 이르는 과정으로 본다. 그러니까 그리스도 안에서 "안식"을 경험한 사람에게는 이제 섬기는 일이 자연스럽게 된다는 것이다. 많은 오순절주의 신자들과 케직 영성의 지지자들도 이런 입장을 취하고 있다. 분명히, 이 시점에서 필자는 어느 쪽에 "편을 들어야" 하지만, 공정하게 평가하려고 노력할 것이다. 이제부터 핵심 쟁점들을 살펴보도록 하겠다.

성화와 죄 및 율법과의 관계

이 이슈는 아마도 두 가지 광범위한 입장들 사이에서, 그리고 여기서 파생되는 다양한 해석들 사이에서도 가장 중요한 차이점일 것이다. 그리스도인이 되기 이전 체험이라는 견해는 아주 오래된 해석인데, 이 해석에 따르면 이 본문의 "나"는 불순종으로 인해 고통스러울 때가 있지만, 불순종에 의해 거의 지배되는 삶을 사는 사람이다. 필자는 이 견해가 타당하다고 받아들이기 매우 어렵다. 그 이유는 이 본문의 1인칭 "나"가 바울 자신이든 아직 회심하지 않은 다른 사람으로 추정되는 사람이든 그가 어떤 변화를 겪었다는 암시들이 나타나기 때문이다.[20] 15,18,19,22,25절에서 이 사람은 "마음"이 의로움의 방향으로 기울어졌음을 분명히 알 수 있다. 특히 22절에 주목해 보자. "내 속사람으로는 하나님의 법을 즐거워하되." 이것은 바울이 3:9-20에서 "아무도 하나님을 찾지 않는다"라고 증언한 것과 상반되는 내용이다. 또한 에베소서 2:1-3에서 바울은 회심하지 않은 사람을 "죄와 허물로 죽은 자"라고 말하고, 회심하지 않은 사람은 자기 자신, 즉 회심하지 않은 자기 자신에 완전히 집중한다고 말한다.

그러나 이 입장에는 대안이 있음을 기억할 필요가 있겠다. 19

---

20   이것이 바울의 자전적 기록인지 아닌지에 대한 논의를 앞선 장들에서 살펴보라.

세기의 프레데릭 고데는 이 단락에 등장하는 사람이 회심하지 않은 죄인에서 회심한 성도로 전환되는 과정에 있는 사람이라고 주장했다.[21] 더욱 강한 입장을 주장했던 마틴 로이드 존스는 1959년과 1960년에 로마서 7장 강해 설교 시리즈에서, 이 본문에 내재된 긴장감이 독자가 이것을 "완전히 거듭난 사람"이나 평범한 불신자로 받아들일 수 없게 한다고 주장했다. 왜냐하면 바울이 여기서 사용하는 언어가 매우 섬세하지만 분명하기 때문이다. 로이드 존스가 보기에 이 사람이 완전히 거듭난 사람이라고 주장한다면, 이 단락의 발화자는 자신이 육신에 속해 있고, "죄에 팔렸다"(14절)고 분명히 말하고 있기 때문에, "성결에 관한 교리를 완전히 배제하는 것"이 된다.[22] 로이드 존스는 이 화자가 성숙한 사도 바울이라면 결코 "오호라 나는 곤고한 사람이로다 이 사망의 몸에서 누가 나를 건져내랴"라고 말하지 않았을 것이라고 주장한다.[23] 성숙한 그리스도인은 자신이 완벽하지 않다는 것을 알고 있지만, "곤고한 사람"은 아니다. 이 시대에 우리가 바랄 수 있는 최선이 "곤고함"이라면, 구약의 예언에서 언급하는 새 마음, 살과 같은 마음, 사람의 마음에 기록된 새 언약 등에 대한 모든 큰 기대는 전부 헛된 것이다. 따라서 로이드 존스 및 고데의 관점과 적어도 이 책에서 체스터 교수가 인용한 웨슬리의 한 설교의 관점으로 살펴보면, 이곳에서 우리는 죄의 자각을 경험한 사람이 성령의 자극을 받고 율법을 대면함으로

---

21   F. Godet, *Commentary of Saint Paul's Epistle to the Romans* (trans. A. Cusin; Edinburgh: T&T Clark, 1892), 2:56.

22   D. M. Lloyd-Jones, *Romans: An Exposition of Chapters 7:1–8:4, The Law: Its Functions and Limits* (Grand Rapids: Zondervan, 1973), 252.

23   Ibid., 253–55.

써 회심의 자리로 인도되는 과정을 볼 수 있다.[24]

우리는 실천신학적 관점에서 이것을 어떻게 이해해야 할까? 이 말씀이 불신자, 즉 평범한 사람이나 성령의 이끄심 가운데 회심하게 된 사람에 관한 말씀이라면, 우리는 이 말씀을 설교, 상담, 멘토링에 어떻게 활용할 수 있을까? 답은 분명해 보인다. 그리스도가 필요한 사람들에게 하나님의 율법을 설교하는 것이다. 사람들은 거룩하신 하나님 앞에서 자신의 죄를 자각해야 한다. 필자가 1990년 대 초반 텍사스 중부에서 담임목회자로 섬기던 교회의 한 교인이 내가 그곳을 떠나 다른 도시의 교회로 부임할 때 찾아와 건넨 말이 있다. "제가 죽으면 목사님께서 저의 장례식 설교를 해주셨으면 합니다. 필요하다면 가족들이 목사님을 찾아서 이곳으로 모셔올 것입니다. 그러나 목사님이 직접 와주시면 더 감사하겠습니다. 제 가족 중에는 주님이 필요한 사람들이 있습니다. 그러니 제 장례식에서 설교를 해주세요. 하늘 높이에 있는 천국과 맹렬히 불타는 지옥을 설교해 주세요."(아마도 서부의 컨트리 음악으로 만들면 좋은 노래가 될 것이다!) 그는 진지했다! 그리고 나는 그렇게 하겠노라 약속했다.

우리는 그 정확한 표현을 두고 약간의 이의를 제기할 수 있지만, 불신자들에게 필요한 것은 그들의 죄가 그들의 삶을 타락시켰으며, 십자가에서 그리스도의 속죄가 그들의 유일한 희망임을 알려주는 것이다. 하나님은 죄에 대해 분노하신다. 그분은 죄의 파괴적인 성격과 거룩하신 하나님에 대한 반역으로 인해 진노하신다. 워커 퍼

---

24 로이드 존스의 로마서 7장 전체 강해를 참고하라. 여기서 그는 자신만의 신중하고도 철저한 주석적 태도를 포기하지 않는다. 인내심을 갖고 257페이지의 주석을 읽어볼 수만 있다면!

시(Walker Percy)는 인간 실존에 대해 다음과 같이 분명히 쓴다.

> 자신은 사랑스럽고 배려심이 있으며, 전쟁보다 평화를, 불화보다 화합
> 을, 죽음보다 생명을 더 원한다고 공언하고, 다른 사람들이 잘되기를
> 바라며, 아프지 않기를 바란다고 말하지만, 인간의 자아는 전쟁과 전
> 쟁에 대한 소문, 비행기 추락 사고, 암살, 대량 학살, 사망 기사, 그리고
> 거리에서 자기가 아는 사람들이 죽어간다고 하는 소식, 또는 이웃들이
> 싸우거나, 성추문, 횡령, 기타 불명예스러운 사건에 연루되었다는 소문
> 을 은근히 즐긴다.[25]

모든 사람이 열거한 모든 것에 걸리는 것은 아니겠지만, 여기에
해당되는 많은 경우들이 있는 것이 분명하다.

복음이 자기 중심적이고 화해가 결여된 상태의 사람들에게 맞서
야 한다. 목회자인 필자의 친구가 한 노부인의 장례식을 진행했던
이야기다. 사람들이 마지막 인사를 하러 줄을 서자, 그는 관의 머
리 쪽에 서 있었다. 한 중년 여성이 고인의 얼굴을 들여다보기 위해
몸을 숙였는데, 마지막으로 한마디 하거나 이마에 입을 맞추려는
듯 보였지만, 목사 친구만 볼 수 있는 방식으로 악의적으로 고인을
향해 혀를 내밀었다. 그런 다음 그녀는 시신을 지나면서 그 목사 앞
에서 고개를 들고 수줍게 미소 지었다.

구원을 받지 못한 사람들에게 전해야 할 것은 율법만이 아니다.
우리는 그들에게 그리스도의 아름다움과 그분의 구속의 영광에 대

---

25   W. Percy, *Lost in the Cosmos: The Last Self-Help Book* (New York: Farrar, Straus, and Giroux, 1983), 57.

해서도 알려야 한다. 조나단 에드워즈는 종종 "불타는 지옥"의 설교자로 묘사되지만, 누군가 그가 전한 설교를 세어 보니 지옥에 대한 설교보다 그리스도의 아름다움에 대한 설교가 3배 더 많다는 것을 발견했다. 그러나 그는 지옥에 대한 설교도 적지 않게 했다. C. S. 루이스는 한 젊은 성공회 사제가 심판에 관한 설교를 하는 것을 들은 적이 있는데, 그는 "여러분이 그리스도를 구주로 영접하지 않으면 심각한 종말의 심판을 경험하게 될 것입니다"라고 말했다. 루이스는 예배가 끝난 후 그에게 물었다. "그리스도를 믿지 않는 사람은 지옥에 간다는 뜻입니까?" "그렇습니다." 젊은 설교자가 대답했다. "그렇다면 그렇게 말하십시오!" 루이스가 충고했다.[26] 율법을 설교하고 죄의 심각성에 대해 설교해야 한다.

바울이 여기서 **믿는** 사람에 대해 쓰고 있다고 이해하는 사람들에겐 신학적이고 실천적인 의미가 분명하다. 그것이 우리가 취하는 입장이거나, 또는 비록 우리가 특정 본문에 대한 해석에서 생각이 다르더라도, 바울이 여기서 말하고자 하는 요점은 우리가 율법에 의해 의롭게 되지 않고, 율법을 지키는 것으로 거룩하게 되지도 않는다는 것이다. 신자들은 연약하며, 비록 구원받았지만, 그 연약함으로 인해 그들의 영적 발전이 방해를 받게 되어 있다. 크랜필드는 칼빈의 말을 인용하면서 다음과 같이 말한다. "바울은 … 자신의 인격을 묘사하면서, 불신자들의 성격과 그 약함의 정도를 설명

---

26 우리는 루이스의 종말론에 대한 입장이 그 젊은 사역자에게 한 그의 조언과 일치하지 않았을 수도 있음을 알고 있다. 하지만 적어도 그는 이 젊은 목사가 일관된 사람이기를 기대했다.

하고 있다."[27] 따라서 이 접근법에 따르면, 바울은 로마인들에게 죄가 여전히 신자들에게 문제가 되고 있으며, 그들은 "내면의 전쟁"을 치르고 있다고 가르치고 있는 것이다.

제임스 몽고메리 보이스는 이러한 전통적인 아우구스티누스주의[28]의 이해를 따르면서 이에 대한 몇 가지 실천적인 요점을 제시한다.[29] 그는 이것이 일종의 "남자다운"(그의 말이 아닌 나의 말이며 여성 독자들에게 사과드린다) 태도로서, 많은 미국인의 "영성"이 부적절함을 보여준다고 말한다. 그는 세 가지 요점을 아주 잘 설명해 주었기 때문에 나는 그의 설명을 주의 깊게 들었다. 그는 먼저 로마서 7장은 우리가 신자로서 죄와 씨름하는 삶을 살지 않는다는 것을 알려준다고 말한다. 그는 "로마서 7장에서 벗어나 로마서 8장으로 들어가라"와 같은 어떤 공식적인 방법을 사용하지 말라고 말한다. 보이스의 견해에 따르면 성화를 위한 공식 같은 것은 존재하지 않으며, 때때로 그러한 방법이 존재한다고 생각하는 것은 우리의 "게으른 낙관주의" 때문이라고 지적한다. 우리는 인생은 어렵기보다는 쉬워야 한다고 생각하기 때문에, 승리를 향해 활주하듯 나아가고 싶어 한다. 『행복한 삶의 비밀』[30]이나 『승리의 삶의 열쇠』 같은 제목의 책

---

27   C. E. B. Cranfield, *A Critical and Exegetical Commentary on the Epistle to the Romans* (ICC; Edinburgh: T&T Clark, 1975), 356.

28   이 책의 앞부분에서 지적했듯이, 아우구스티누스는 AD 396년까지 전기의 입장을 취했다가 해석적 입장을 바꿔서 펠라기우스주의자들과의 이후 논쟁을 통해 새로운 견해를 강력하게 옹호하게 된다.

29   J. M. Boice, *Romans: An Expositional Commentary*, vol. 2: *The Reign of Grace, Romans 5–8* (Grand Rapids: Baker, 1992), 763–70.

30   이 책의 저자인 한나 휘톨 스미스는 남편의 외도로 인해 책이 출간된 지 3년 만에 이혼을 겪었으며, 책을 쓸 당시에도 보편구원론자였다. 그녀의 보편구원론에 대해 자세히 설명하는 책의 세 장은 재인쇄되지 않았다.

을 읽는다. 이 책들은 모든 것을 아주 쉽게 만들어 준다. 이것에 대해서는 나중에 더 자세히 설명하겠다. 그는 또한 우리가 새로운 경험을 통해 갑자기 승리를 거머쥘 수 있다는 생각을 많이 한다고 주장한다. 마침내 "나는 비천한 인간이다"에서 "나는 예수 그리스도를 통해 하나님께 감사한다"로 도약하는 것이 어떤 의미인지에 대한 "계시"를 얻기 위해서 말이다. 보이스에 따르면, 우리는 이생에서 결코 그렇게 도약할 수 없다. 로마서 7장의 현재 시제 동사는 죄와 율법과의 투쟁이라는 경험이 평생 지속되는 투쟁이라는 것을 분명히 보여준다.

현대 기독교인의 세 번째 문제는 보이스가 로마서 7장에서 바울을 읽으면서 지적한 것처럼 어렵고 답답한 영적 경험을 피하고 싶어 한다는 것이다. 그렇게 어렵다면 성화의 과정에 대한 흥미를 잃고 텔레비전 시청과 같은 다른 관심사로 넘어가게 될 것이다. 하지만 필라델피아의 이 목회자에게는 그런 이유에서 전쟁, 전투, 투쟁을 끊임없이 상기시켜 주는 이 장이 필요하다. 이 장은 우리가 죽거나 예수님이 다시 오실 때까지 전투는 결코 끝나지 않는다는 사실을 상기시켜 준다.[31] 이것을 패커는 "영적 현실주의"라고 불렀다. "현실주의는 우리 자신에 대한 불쾌한 진실을 직시하고 필요한 변화를 시작하려는 우리의 의지 또는 의지 부족과 관련이 있다."[32] 그리스도인의 삶이 직면할 도전에 대해 정신을 차리고 현실을 직시해야 한다.

---

31   Boice, *Romans*, 765-66.

32   J. I. Packer, *Keep in Step with the Spirit* (Old Tappan, NJ: Revell, 1984), 258.

그리스도인의 삶은 투쟁이고 영적 전쟁이며(엡 6:10-20), 이 양상은 항상 유지될 것이다. 우리는 개선해야 할 가능성에 대해 회의론에 빠지지 않으면서 서로에게 이 점을 계속 상기시켜야 한다. 다만 우리가 이 시대의 모든 전투에서 실제로 승리할 수는 없을 것이다. 성결주의의 관점처럼 완전한 성화 같은 것은 확실히 존재하지 않지만, 큰 성장을 이룰 기회는 분명히 존재한다. 우리가 그리스도께 더 가까이 다가갈수록 우리는 우리 자신의 약점을 더 잘 알게 될 것이다.

필자는 이미 성숙한 바울이 자신의 비참함에 대해 부르짖는 모습을 상상하기 어렵다는 로이드 존스의 우려를 지적한 바 있다. 그러나 이러한 이해는 확실히 복음주의 세계에서 지배적인 견해다. 우리가 아직 언급하지 않은 또 다른 주석적 어려움이 있는데, 이것이 바로 이 입장이 문제가 되는 핵심적인 이유다. 14절에서 바울은 "나는 육신에 속하여 죄 아래 팔렸도다"라고 말한다. 여기서 "나"는 여전히 "육신에 속한" "나"다. 그러나 다음 장에서 바울은 로마 그리스도인들에게 "만일 너희 속에 하나님의 영이 거하시면 너희가 육신에 있지 아니하고 영에 있나니 누구든지 그리스도의 영이 없으면 그리스도의 사람이 아니라"(8:9)라고 말한다. 신자는 더 이상 "육신에 있지 않다." 그는 여전히 육체의 행위를 할 수 있지만(갈 5:16-26), "육체 안에" 있지 않고 "성령 안에" 있다. 이것이 바울의 언어이며 우리는 이를 따라야 한다.

이러한 일반적인 견해를 가진 사람들 중 일부는 로마서 7장의 흐름에 대해 다르게 이해한다. 이제 그 논의로 넘어가고자 한다.

"승리"를 향한 길

로마서 7장이 그리스도인이 되기 이전의 경험이 아니라 그리스도인의 경험에 대한 설명이라는 견해를 고수하는 일부 해석가들에게는 바울이 여기서 투쟁의 영구적인 현실을 묘사하고 있다는 개념이 문제가 될 수 있다. 그들은 특히 마지막 구절에서 바울의 승리의 외침, 그리고 7장 마지막에서 예시된 성령의 삶을 향한 움직임과 더불어 일종의 진보가 있다고 보는 경향이 있다. 또 다른 해석은 로마서 7:14-24을 보이스와 패커가 묘사한 것처럼 일반적인 투쟁의 기대가 아니라 25절의 외침을 할 수 있는 미성숙한 그리스도인으로 보는 것이다. 그 가능성을 살펴보고자 한다.

초기 그리스도인의 삶이 투쟁을 통해 극복을 이루는 "승리"로 나아가는 과정이라고 주장하는 두 가지 학파가 있다. 케직 전통의 해석[33]과 오순절주의[34]가 그것이다. 케직 학파는 1870년대부터 영국에서 열린 연례 콘퍼런스를 중심으로 성장했다. 시간이 흐름에 따라 대체로 칼빈주의적이며(따라서 성결교는 아니다) 특정한 종류의 기독교 영성을 강조하는 "케직 신학"이 발전했다. 그 원동력은 "평범한" 기독교인들이 "자신의 수준이 (비록 평균적이지만) 낮다고 믿게 된" 데서 비롯되었다. 이들은 그리스도인의 일반적인 체험에 만족하지 않았고, 하나님께서 그들의 영적 삶을 더 만족스럽게 하실 수 있다고 믿게 되었다.[35] 그들은 "정상적인 기독교인은 유혹과의 싸움

---

33 케직으로 번역되는 이것은 영국의 리트릿 센터의 이름을 딴 것이다.

34 이렇게 광범위한 용어로 말할 때마다 우리는 잘못된 표현의 위험에 직면한다. 케직 전통의 모든 교사와 모든 오순절주의 옹호자들이 필자가 여기서 설명한 특징에 동의하는 것은 아닐 테지만, 이는 대체로 각 학파의 사상을 보여준다.

35 F. R. McQuilkin, "The Keswick Perspective," in *Five Views on Sanctification*

에서 승리하고 하나님의 법에 일관되게 순종하며 절제, 만족, 겸손, 용기로 성장한다"고 믿었다.[36]

케직 사상을 "학파"라고 부르는 것은 실수다. 공식적인 케직 신학 선언문은 존재하지 않고, 일부 역사적 연구가 있긴 하지만, 모든 케직 운동 지지자들의 특징이라 할 만한 명확한 입장은 없다. 케직은 기독교 영성의 한 경향에 가깝다.[37] 초기에 중요한 인물로는 앤드류 머레이, F. B. 마이어, 데일 무디, 제시 펜-루이스, 루스 팩슨, 찰스 트럼블, 워치만 니(영국 대회에서 연설하지는 않았지만) 등이 있다. 최근에는 스티븐 올포드와 앨런 레드패스 등이 이 운동을 지지했다. 전통적인 케직 대회에서는 매일 별도의 주제가 있다. 첫째 날 주제는 죄이고, 둘째 날 주제는 승리하는 그리스도인의 생활이며, 셋째 날 주제는 헌신이다. 이 셋째 날에 참가자들은 성령 충만을 구하도록 격려를 받는다. 격언은 "수요일 전에는 위기가 없다"이다.[38] 그리고 넷째 날은 "성령 안에서의 삶"에 초점을 맞추고, 다섯째 날은 섬김을 주제로 한다. 기본 메시지는 신자가 성령의 충만함 안에 거하는 한 죄를 짓지 않을 수 있다는 것이다.[39]

여기서 중요한 사실은 로마서 5-8장에서 바울이 전한 메시지가 바로 케직에서 구성한 주제 순서라는 것이다. 5장은 구원을 다루

(Grand Rapids: Zondervan, 1987), 153.

36 Ibid., 151.

37 스티븐 바라바스의 첫 번째 역사적 연구물이 있다. Stephen Barabas, *So Great Salvation* (Grand Rapids: Eerdmans, 1952).

38 McQuilkin, "Keswick," 155. 맥퀼킨은 아마도 미국에서 케직 신학에 대해 가장 신학적으로 출중한 지도자일 것이다.

39 Ibid., 156.

고, 6장은 죄에 대한 승리로 나아가려는 시도를, 7장은 이에 도달하지 못한 실패를, 8장은 중국 케직 신봉자인 워치만 니의 **"정상적인 그리스도인의 생활"**이라는 강해에서 볼 수 있듯이 성령으로 충만할 때 어떤 일이 일어나는지를 설명한다.[40] 여러 면에서 워치만 니의 7장 해석은 로이드 존스, 핫지, 보이스, 패커의 해석과 유사하다. 신자는 처음에는 불신자로서, 그다음에는 그리스도인으로서 율법을 지키지 못한 자신의 모습에 직면하게 된다. "로마서 6장에서 우리는 하나님께서 우리를 죄에서 어떻게 구원하셨는지 보았고, 7장에서는 하나님께서 우리를 율법에서 어떻게 구원하시는지 보았다."[41] 이것은 남편과 아내의 비유를 통해 설명된다. 율법은 아내가 결코 충족시킬 수 없는 요구를 하는 까다로운 남편과 같다. 그리스도인이 율법을 지키려는 시도의 문제점은 그것이 "육신으로" 하나님을 기쁘시게 하려는 시도라는 데 있다.[42] 그러나 그것은 잘못된 것이다. 워치만 니는 주님께 순종하려는 시도 자체가 죄라고 말한다. 그리고 "마침내 우리 자신에 대한 완전한 절망의 지점에 도달하여 그 시도조차 하지 않게 되면, 우리는 주님께서 우리 안에 부활 생명을 나타내실 것을 신뢰하게 된다."[43]

워치만 니는 중국에서 한 형제가 물에 빠져 도움을 요청한 사건을 예시로 설명한다. 수영을 잘하는 한 형제가 근처에서 지켜보고 있었고 다른 형제들이 도와달라고 권유했지만 그는 물에 빠진 형제

---

40   Watchman Nee, *The Normal Christian Life* (Fort Washington, PA: Christian Literature Crusade, 1957).

41   Ibid., 111.

42   Ibid., 114–15.

43   Ibid., 115.

가 마지막으로 가라앉을 때까지 기다렸다가 도와주었다. 그러자 수영을 잘하는 형제가 그를 구조하면서 조금만 더 일찍 시도했더라면 둘 다 익사했을 것이라고 해명한다.[44] 그의 요점은 무엇일까? "우리가 사건을 포기하면 하나님께서 사건을 맡으실 것"이란 점이다. 이것이 로마서 7장에 대한 그의 논의의 요점이고, 24절의 외침이 이것을 의미한다는 것이 중요하다. 이것은 물에 빠진 사람의 외침이지만, 그가 마침내 그것을 한 번 내뱉은 이후에 승리로 들어간다. 우리가 물에 빠지려고 할 때만 우리는 "그것을 얻을" 것이고, 하나님은 우리가 노력을 멈춰야 한다는 것을 우리에게 계시하실 것이다.

1970년에 출시된 "앞좌석, 뒷좌석"이라는 기독교 노래가 있다.[45] 이 가수는 두 가지 위기 경험에 대해 이야기하는데, 하나는 죄에서 구원받았을 때, 다른 하나는 그리스도인의 삶을 자기가 "운전"하려는 데서 구원받았을 때다. "운전을 멈추고 뒷좌석에 타십시오." 이것이 케직의 기본 방향이다.

먼저 칭찬할 점에 대해 말하고 싶다. 케직 전통의 성경해석자들은 성결한 삶을 진지하게 받아들인다. 그들은 신자들이 성장할 수 있도록 내주하시는 성령의 능력을 믿는다. 그들은 "아, 바로 그 옛 죄의 본성이 여전히 남아 있구나"라고 말하는 것으로 만족하지 않는다. 한편 여기에는 여러 문제들이 있다. 하나는 그리스도인의 삶은 저절로 알아서 이루어진다는 생각이다. 바울은 "두렵고 떨림으로 너희 구원을 이루라 너희 안에서 행하시는 이는 하나님이시니 자기의 기쁘신 뜻을 위하여 너희에게 소원을 두고 행하게 하시나

---

44   Ibid., 117.
45   작사 및 작곡: Chuck Girard and Tom Coomes.

니"라고 말한다. 케직 해석자들은 이 구절의 후반부는 잘 해석하지만 전반부는 잘 해석하지 못한다. 또 다른 문제는 로마서 7:24-25의 해석이다. 이 구절을 보면 고난의 삶에 대한 연대기적 결말로 받아들이려는 의도는 전혀 보이지 않는다. 사실 로마서 8장은 후반부 전체가 투쟁에 대한 암시로 가득 차 있으며, 심지어 그 한가운데서 우리는 바르게 기도하는 법조차 모를 수도 있다는 암시(8:28)까지도 직접적으로 말하고 있다. 따라서 우리가 케직 지도자들의 말을 듣고 아무리 많은 통찰을 얻는다 해도, 단순히 "내려놓고 하나님께 맡기는 것"만으로 갑자기 행복하고 투쟁이 없는 자발적인 기독교 체험의 영역으로 들어갈 수 있다고 믿을 이유가 없다.[46]

시간과 지면 관계상 오순절 문제에 대해서는 한 단락만 제시하겠지만, 오순절 신학은 방언을 영적 능력과 자격 부여의 경지에 도달했다는 초기 증거로 추가한, 알미니안주의적 케직 해석이라는 것이 나의 확신이다. 대체로 초기 오순절주의는 성결 운동, 특히 1906년 로스앤젤레스 아주사 거리 부흥 운동에서 일어났다. 그것은 빠르게 미국 전역 (그리고 심지어 전 세계)의 다른 성결교회들로 퍼져 나갔고, 격렬한 논쟁을 불러일으켰다. 그 논쟁은 단지 방언에 대한 것뿐만 아니라, 전반적인 성화에 대한 것이기도 했다. 성결 신학은 회심-입문 이후에 완전함을 가져오는 경험을 요구했다. 그러나 방언의 증거가 있는 성령 세례를 옹호하는 이 성결 운동 주창자들이 정확히 무엇을 얻었는지는 분명하지 않다. 그 경험은 성화를 추구하는 패턴

---

46 존 스토트는 로마서 5-8장에 대한 케직 해석의 문제점에 대해 매우 유용한 소책자인 『새롭게 된 사람들』(J. Stott, *Men Made New*, Grand Rapids: Baker, 1984)을 썼다. 그의 평가는 케직의 해석이 기독교인의 게으름에 불과하다고 생각하는 패커의 평가보다 더 낙관적이다. 필자는 스토트의 지적에 더 공감한다.

을 따르지 않았고, 바로 거기에서 문제가 발생하여 성결 운동은 새로운 경험을 받아들인 그룹과 거부한 다른 그룹으로 분열되었다.[47] 명심해야 할 중요한 문제는 성숙한 오순절 운동은 대부분 성화에 초점을 맞춘 성결에서 벗어나 성령 세례의 후속적 체험을 능력으로 해석했다는 것이다.[48] 로마서 7장 마지막에 "하나님께 감사하라"는 말은 우리가 모르는 방언으로 말할지라도 말이다!

로마서 7장과 그리스도인 신자와 관련하여 마지막으로 직면해야 할 해석 문제가 하나 있다. 그것은 "내 마음으로"와 "그러나 내 지체 안에서"를 오가는 로마서 7장이 실제로 미성숙한 신자 또는 동기 부여가 없는 신자의 경험을 설명하려는 시도인지에 대한 질문이다. 1980년대 달라스 신학교의 교수진은 그리스도인이 구원을 받기 위해 그리스도를 구세주뿐만 아니라 주님으로 영접해야 하는지를 놓고 존 맥아더와 논쟁을 벌였다. 제인 핫지스는 주되심(Lordship)은 선택 사항이며, 종종 구원받은 후 몇 달 또는 몇 년이 지난 후에야(또는 전혀 그렇지 않은 경우에도!) 삶에서 현실화되기 때문에 "회개는 구원 거래에 필요하지 않다"라고 부정적으로 주장했다.[49] 이 구조에서 로마서 7장은 미성숙하고 약하며 심지어 주되심을 긍정하지 않는 그리스도인이 주인공이지만, 케직과 오순절 해석

---

47 훌륭한 역사적 신학적 탐구로 다음을 참고하라. V. Synan, *The Holiness–Pentecostal Movement in the United States* (Grand Rapids: Eerdmans, 1971), 그중에서도 특히 33–140페이지를 보라.

48 S. Horton, "Spirit Baptism: A Pentecostal Perspective," in *Perspectives on Spirit Baptism: Five Views* (ed. C. O. Brand; Nashville: B&H Academic, 2004), 47–103.

49 Z. Hodges, *Absolutely Free: A Biblical Reply to Lordship Salvation* (Grand Rapids: Zondervan, 1989), 160.

에서처럼 마지막 두 절은 마침내 그리스도의 주되심을 긍정함으로써 치유를 보여주는 구절이다.

내가 보기에 이것은 아마도 본문을 읽는 최악의 방법일 것이다. 앞의 두 가지 접근법의 모든 문제점을 안고 있으면서, "그리스도인"이 반드시 "제자"일 필요는 없다는 문제가 추가된다.[50] 오늘날 우리 대부분에게 이것은 정당한 해석으로 받아들여지지 않는다고 생각한다.

결론

여기에는 논쟁의 여지가 많지만 우리가 동의할 수 있는 부분도 많다는 것을 살펴보았다. 우리는 죄가 이해해야 할 중요한 것이며, 하나님은 우리를 죄에서 구원하기를 원하시며, 우리의 심판에 대한 위협이자 성화의 수단인 율법으로부터도 우리를 구원하기를 원하신다는 데 동의할 수 있다. 우리의 성화는 그리스도와 결혼함으로써 이루어진다. 율법은 여전히 우리가 얼마나 잘하고 있는지 보여줄 수 있는 기준이 되지만, 그 자체가 성화를 이루는 수단은 아니다. 율법은 잃어버린 사람들이 그리스도께 나아오게 하는 수단으로써 복음 전파에 사용되어야 한다. 우리가 이 문제의 심각성에 대해선 의견이 다르겠지만 죄와의 싸움이 평생 계속되고 있음에는 동의할 수 있을 것이다.

---

50 이는 부분적으로는 예수님과 당시 사람들의 만남을 은혜의 시대에 널리 퍼지지 않는 경륜의 일부로 설명하려는 지나치게 경직된 세대주의에서 비롯된 것이다.

필자는 개인적으로 로이드 존스의 주석이 이 본문을 볼 수 있는 가장 좋은 창을 제공한다고 생각한다. 그렇기 때문에 마지막으로 신학적, 목회적 조언을 한마디 덧붙이고자 한다. 사람들이 죄의 깊은 자각 가운데 있다면 그것을 중단하지 말아야 한다. 주님께서 그들의 마음속에서 그분의 일을 하시도록 내버려 두어야 한다. 마지막 이야기로 이 책에서 나의 역할을 마무리하고자 한다. 몇 년 전 필자는 한 교회의 임시 목사로 일했었는데, 그 교회를 충실히 출석하는 아내를 둔 한 남성이 뇌졸중으로 쓰러지는 일이 있었다. 나는 그분을 거의 알지 못했다. 병원에 방문해서 함께 대화를 나누면서, 나는 그가 영적인 삶에 대해 두려워하고 있다는 것을 알 수 있었다. 뇌졸중은 비교적 경미했지만 그는 여전히 두려움에 떨고 있었다. 그는 그 주 일요일부터 매주 교회에 나왔다. 나는 그가 예배의 모든 순서마다 얼마나 집중하는지 알 수 있었다. 그는 내 말을 열심히 경청했다. 나는 그런 그의 모습을 매주 지켜보았다. 3개월이 지난 어느 일요일에 나는 그에게 "수요일 밤 예배 전에 당신 집에 가겠습니다"라고 말했다. 그곳에 도착해서 은퇴하기 전에 어떤 일을 하셨는지 물어보고 10분 동안 소소한 이야기를 나눴다. 그런데 그가 나를 쳐다보더니 "하지만 그것 때문에 오신 건 아니죠?"라고 물었다. "네"라고 하며 나는 "제가 왜 여기 있다고 생각하세요?"라고 대답했다. 그는 "제가 주님이 필요하기 때문에 당신이 여기 있는 거죠"라고 말했다. 그날 그는 주님을 만났다. 마치 3개월 동안 성령께서 그의 마음에 역사하시면서 내가 복음의 씨앗을 심을 수 있도록 준비시키셨던 것 같았다.

A

Achtemeier, P. J. 37
Arnold, C. E. 80
Augustine 114–121, 123–125, 140, 142–143, 170, 175–176, 179–180, 194–195, 247, 312, 318
Avemarie, F. 261

B

Babcock, W. S. 119
Banks, R. 87, 269
Barabas, S. 322
Barrett, C. K. 45, 48, 56, 65–68, 80
Barth, K. 38, 175, 176, 225
Bateman, H. W. IV 17
Bauer, K.-A. 224
Bayer, O. 198, 199, 247
Bengel, J. A. 121
Betz, H. D. 158
Blass, F. 244

Boice, J. M. 318, 319, 321, 323
Borgen, P. 35
Bornkamm, G. 35, 37, 251
Brand, C. O. 17, 23, 326
Brown, P. 120
Bruce, F. F. 34, 45, 48, 56, 57, 134
Bultmann, R. 64, 90, 147, 162, 163, 258
Busch, A. 37

C

Calvin, J. 38, 48, 56, 68, 122, 180, 304, 312, 317, 321
Catchpole, D. 37
Chamblin, J. K. 34
Chang, H.-K. 39
Chester, S. J. 7, 8, 12, 19, 95, 105, 111, 114, 178–190, 273, 293, 312, 314
Chrysostom, J. 37
Cranfield, C. E. B. 38, 42, 44, 45, 47, 49, 51, 53, 56, 62, 63, 66, 67, 73,

77, 83, 85, 86, 90, 141, 150, 318
Crisler, C. 201
Cyril of Alexandria 37

D

Das, A. A. 59, 60, 62, 75
Davies, W. D. 261
Dayton, D. 309
Debrunner, A. 244
Dihle, A. 247
Dochhorn, J. 241
Dockery, D. S. 18
Dodd, C. H. 34, 48, 70, 90
Dunn, J. D. G. 35, 36, 38, 44-47, 49,
     52, 53, 54, 56, 66, 68, 69, 70, 73,
     76, 80, 83, 86, 91, 158, 164, 167

E

Elliott, N. 60
Engberg-Pedersen, T. 36, 89, 152, 198
Epstein, G. 250
Erickson, R. J. 74
Esler, P. F. 38, 56, 63
Euripides 161

F

Fitzmyer, J. A. 30, 35, 43, 44, 46, 47,
     53, 56, 67, 77, 79
Freud, S. 199
Fuller, D. P. 225

G

Gathercole, S. J. 278
Godet, F. 34, 53, 70, 202, 311, 314
Gundry, R. H. 34, 42, 46, 70, 134

H

Hamann, J. G. 197
Hamerton-Kelly, R. G. 71
Harris, M. J. 46, 134
Harrison, E. F. 297
Harrisville, R. A. 79
Headlam, A. C. 70
Heckel, T. 246, 263-265
Hindmarsh, B. C. 123
Hodge, C. 77, 303, 323
Hodges, Z. 326
Hoekema, A. 305
Hofius, O. 195
Hommel, H. 245
Horton, S. 326
Hunter, J. D. 271

J

Jeremias, J. 34
Jervis, L. A. 49
Jewett, R. 44-47, 49, 53, 56, 67, 68,
     71, 77, 79, 85-87, 90, 93, 102, 133,
     161, 163, 164, 202

K

Käsemann, E. 47, 135, 220
Keener, C. S. 59
Keuck, W. 268
Krauter, S. 37
Kümmel, W. G. 56

L

Laato, T. 167
Lambrecht, J. 35, 47
Lichtenberger, H. 193, 268

Lincoln, A. 104

Lloyd-Jones, D. M. 300, 311, 314, 315,
    320, 323, 328

Longenecker, R. N. 35, 36, 38

Luther, M. 38, 180, 197, 198-200, 211,
    248, 250, 279

M

Machalek, R. 138

Markschies, C. 264

Martin, B. 164

Martin, T. F. 117

McKnight, S. 138, 182

McQuilkin, F. R. 321, 322

Meyer, F. B. 322

Meyer, P. W. 38

Mittendorf 66, 74

Moo, D. J. 28, 37, 44, 45, 47, 48, 49, 53,
    54, 56, 57, 59, 65, 67, 68, 73, 77, 79,
    86, 88, 135

Moody, D. 322

Morris, L. 49, 53, 57, 72, 77

Murray, A. 322

Murray, J. 53, 56, 77, 304

N

Napier, D. 38

Nee, W. 322, 323

O

Origen 56

Osborne, G. R. 9, 19, 21, 28, 29, 44,
    47, 50, 56, 62, 66, 73, 81, 95-98,
    100-106, 140, 178, 180, 186, 282

Ovid 69, 162, 246, 248

P

Packer, J. I. 34, 38, 56, 85, 159, 319,
    321, 323, 325

Paxson, R. 322

Penn-Lewis, J. 322

Percy, W. 316

Peterson, D. 307

Plantinga, C. 301

Plato 75, 245, 246, 262, 264, 265

Porter, S. E. 56, 132, 144

R

Rehkopf, F. 244

Reinhuber, T. 211

Rieff, P. 271

S

Saarinen, R. 246

Sanday, W. 70

Sanders, E. P. 70, 152

Schelkle, K. H. 193

Schreiner, T. R. 29, 44, 47, 48, 53,
    67, 68, 74, 77, 79, 164

Seifrid, M. A. 19, 23, 35, 99, 105, 135,
    144, 180, 186, 273-280, 282, 283,
    285, 286, 288, 289, 293

Smith, H. W. 318

Snow, D. A. 138

Steinmetz, D. C. 122

Stendahl, K. 70, 126-128, 131, 180,
    188, 200

Stott, J. 34, 47, 53, 60, 61, 77, 250,
    305, 325

Stowers, S. K. 36, 62, 127, 132, 158,
    162, 198

Stuhlmacher, P. 36, 53, 55, 201, 297
Synan, V. 326

T
TeSelle, E. 119
Theissen, G. 34, 70, 134, 135, 149,
    151, 155–157, 184, 196
Thiselton, A. C. 64, 65, 74
Thurén , L. 132
Tozer, A. W. 300
Trumbull, C. 322

V
Vollenweider, S. 245, 265

W
Wakefield, S. 308
Wallace, D. B. 45, 145
Wannenwetsch, B. 271
Wasserman, E. 127, 162, 245
Watson, F. 70, 143, 166, 168
Weinel, H. 131
Wesley, J. 114, 121–126, 170, 176,
    179, 180, 307, 309, 314
Whitney, D. 309
Wiersbe, W. W. 300
Wilckens, U. 76, 90, 193
Wiley, H. O. 308
Winger, M. 165

Z
Zahn, T. 34, 268
Ziesler, J. 135, 154

ㄱ

결혼, 혼인 31, 161, 187, 237-239,
    298, 303, 306, 310, 327
구원 18, 28-30, 32, 35, 37, 50, 58,
    60-62, 65, 69, 80, 85, 88-91,
    112, 116, 117, 126-128, 152, 165,
    167, 170-172, 176, 179, 185, 187,
    194, 202, 203, 205, 208, 213,
    218-222, 224, 226, 231, 233,
    238, 255, 268, 269, 271, 272,
    276, 278, 279, 283, 287, 288,
    296, 300-302, 304-306, 316-
    318, 322-324, 326, 327

ㄴ

내주하는 죄 21, 63, 72, 76, 85
노예 59, 65, 66, 81, 83, 90, 103,
    139, 142, 168, 174, 184, 199, 236,
    256, 261, 282, 288

ㅁ

모세 37, 38, 56, 59, 60, 76-78, 93,
    114, 117, 126, 134, 153, 164, 165,
    204, 216, 225, 253
믿음 11, 22, 23, 28, 30, 38, 45, 55,
    83, 97, 99, 106, 126, 152, 188,
    208, 211, 214, 215, 219, 225, 230,
    232, 236, 238, 247, 249, 270-
    272, 279, 280, 288, 296, 306

ㅂ

법
· 율법 없이 29, 42, 133, 134, 171
· (죄와 사망의) 법에서 해방 31, 59,
    86, 173, 186, 222, 223, 268
· 율법 아래 놓인 22, 49, 55, 56, 60,
    75, 92, 94, 102, 104, 111, 114-
    118, 121, 131, 143, 153, 179, 197,
    204, 211, 212, 229, 238, 239, 281,

283, 285, 304

복음 62, 64, 95, 111, 121, 123, 125–
127, 131, 137, 138, 141, 171, 178,
180, 195, 201, 204, 205, 214–219,
221, 224, 232, 238, 239, 241–
243, 251, 254, 255, 261, 263,
268, 270–272, 274, 277, 279,
280, 288, 295–297, 300, 303,
304, 316, 320, 327, 328

ㅅ

사망의 몸 59, 85–87, 116, 166, 167,
178, 185, 202, 265, 272, 314
섬김 236, 237, 322
성령 21, 23, 28, 32, 39, 58–66, 73,
79, 80, 83, 85, 88–91, 95–100,
103, 111, 112, 117–119, 123, 126,
128, 129, 141–143, 145, 168,
173–175, 180–182, 187, 190, 211,
213, 218, 223, 230, 239, 240,
253, 268, 272, 280–282, 284,
285, 296, 303, 305, 306, 308,
314, 315, 320–326, 328
성화 21, 29, 66, 97, 123, 222, 307–
309, 312, 313, 318–320, 325–327
속죄 296, 301, 315

ㅇ

아담 20, 28, 36–38, 45, 47–49, 55,
91, 94, 106, 135, 151, 153, 157,
186, 187, 195, 196, 198, 199, 204,
216, 217, 219, 220, 222, 230, 243,
251, 252, 254, 256, 270, 282,

286, 288
아담과 하와 94, 134, 149, 189, 196
아브라함 30, 215, 216, 232
약속 32, 69, 115, 168, 208, 209, 213,
215, 216, 269, 284, 296, 315
유대인 11, 21, 22, 30, 38, 48, 49, 56,
60, 63, 70, 80, 92–94, 101, 104,
126, 127, 133, 134, 152, 180, 182,
202, 203, 205–207, 209–212,
226, 228, 232–234, 250, 275,
285, 286
육체 21, 32, 63, 66, 71, 73–76, 78, 85,
86, 90, 91, 95, 98, 99, 100, 103,
104, 106, 117, 118, 129, 131, 141,
142, 147, 158, 166–168, 170, 174,
175, 179–181, 185, 211, 212, 220,
222, 223, 239, 240, 251, 262, 267,
272, 273, 281, 282, 284–287, 298,
320
은혜 23, 30, 38, 40, 68, 74, 80, 87,
106, 111, 115, 117, 118, 121, 122,
124–126, 138, 152, 170, 176, 204,
216–219, 221, 229, 230, 235,
244, 283–285, 327
의 29, 30, 52, 53, 111, 126, 188, 214,
217, 224–226, 235, 278, 284, 313
이방인 30, 35, 62, 93, 94, 126, 127,
172, 177, 206–210, 213, 214, 226,
228, 230, 232, 233, 249, 250,
259, 264, 284

ㅈ

정죄 31, 36, 106, 145, 152, 168, 171,
189, 208, 209, 210, 211, 214, 216,

230, 237, 250, 260, 266, 267, 288
종 29, 58, 65, 90, 91, 99, 111, 166,
199, 203, 221, 231, 235, 236,
238, 282
죄의 본성 285, 324
죄의 종인 상태 29, 58, 282

ㅊ

칭의 28, 29, 31, 96, 97, 299, 301, 303,
305

ㅌ

타락 20, 29, 37, 47, 64, 73, 106, 134,
135, 149, 151, 168, 184, 187, 195–
197, 201, 203–207, 213, 220–222,
226–229, 236, 242, 251, 252, 257,
258, 264, 270, 271, 282, 286–288,
315
토라 29, 43, 44, 46, 47, 77, 80, 94,
104, 138

ㅎ

행하는, 행하고, 행함 21, 45, 60, 66–
69, 70, 72–76, 84, 90, 102–105,
120, 127, 143,144, 160–162, 166,
184, 200, 205–207, 209–211, 223,
226, 230, 231, 246, 250, 252, 257–
260, 262, 264, 265, 274, 276, 277,
280, 283, 298, 301

성경 색인

창세기

2-3 45

2:7 134

2:15-17 196

2:16-17 36

2:17 44, 253

3 51

3:1-24 196

3:3 253

3:5 189

3:5-6 149

3:6 44, 134, 251

3:7 149

3:13 37, 51, 149, 184

4:18 237

6:1 237

6:12 212

15:6 30

21:5 237

21:9 237

출애굽기

20:2-3 248

20:13-17 228

20:17 42, 134, 248

레위기

18:5 50

19:18 228, 249

신명기

4:1 50

4:5-8 254

4:8 53

4:40 254

5:6-7 248

5:16 254

5:17-21 228

5:21 42, 134, 248, 251

5:29 254

6:2 50

6:3 254

6:18 254

10:13 254

10:16 213

12:25 254

12:28 254

22:7 254

24:2 237

28 302

30:6 213

30:15-16 50

30:15-20 253

32:30 256

사무엘하

23:2 64

열왕기상

21:20 256

21:25 256

열왕기하
17:17 256

에스라
9:5-15 201

느헤미야
1:4-11 201
9:1-38 201

시편
1:2 264
6 202
6:1-5 202
12:1-8 202
22:1-31 202
38 202
38:1-2 202
38:21-22 202
51 202
51:1-12 202
51:4 260
56:1-13 202
60:9-10 202
60:12 202
62:12(LXX) 212
63:11 212
108:10 202
108:13 202
119 64, 230, 232
119:1 231
119:5 231
119:5-8 231
119:7 53
119:9a 231

119:9b 231
119:12 231
119:18-19 231
119:26 231
119:29 231
119:30-31 231
119:34 231
119:36 231
119:36-37 231
119:51 231
119:59-60 231
119:62 53
119:66 231
119:67 231
119:69 231
119:97 264
119:102 231
119:104 231
119:124 231
119:166-68 231
119:169 231
119:176 231
130 202
130:1-8 202

잠언
2:5 213

이사야
8:14 225
25:8 269
28:16 225
47:11 84
48:10 256
50:1 256

52:3 256

예레미야
4:4 213
6:7 84
9:24-25 208
17:9 247, 266, 277
31:31-34 208, 213

에스겔
11:19 213
36:26-27 213

다니엘
9:3-27 201

호세아
13:14 269

아모스
5:9 84

미가
2:4 84

마태복음
1:21 301, 305
9:32-34 261
12:43-45 261
19:16-30 137
22:34-40 249
22:43 64

마가복음

10:17-31 137

12:28-31 249

누가복음

10:25-29 249

18:18-30 137

요한복음

10:27-28 305

15 303

15:4-5 305

사도행전

1:16 64

4:25 64

20:3 296

21 94

26:28 282

로마서

1 206, 276, 277, 278

1:1-4:25 28, 96

1-3 276

1-4 28, 97

1:4 88

1:5 211

1:5-7 232

1:8-3:20 205

1:16 296, 297

1:16-3:26 204, 205

1:16-17 205

1:17 29, 296

1:18 249, 296

1:18-3:18 29

1:18-3:20 57, 205

1:18-32 172, 229

1:19 296

1:19-23 207

1:20-3:20 296, 299

1:21 154, 277

1:24 205, 241

1:26 205, 241

1:28 205, 213, 241

1:32 190, 205, 207, 213, 230, 264

2 234

2:1-3:20 205

2-6 77

2:7 249

2:10 254

2:12 212

2:12-16 206, 207

2:14 106, 190, 207, 212, 213, 250 259

2:14-15 230

2:15 207, 264

2:15-16 260

2:16 208

2:17 234

2:17-18 233

2:17-23 214

2:17-24 206, 211, 257

2:17-29 212, 233, 234, 243, 254

2:19-20 209

2:21 234

2:21-24 209

2:23 210

2:24-29 210

2:25-29 206

2:26 213

2:26-27 210

2:27 210

2:28-29 210, 213, 250

2:29 210, 213

3:4 268

3:5 40

3:6 131, 268

3:7 35

3-8 115

3:8 242

3:9 126, 205, 211, 256

3:10 269

3:10-18 229, 250, 259

3:10-20 242

3:11 57

3:17 244

3:19 226

3:19-20 206, 211, 214, 215, 226, 284

3:19-31 126

3:20 30, 52, 150, 153, 207, 210, 211, 213, 215, 226, 234, 242, 249

3:20b 215

3:21 29, 214, 225, 226, 240

3:21-6:23 299

3:21-26 205, 296

3:22b-23 226

3:26 240

3:27 214, 232, 238, 249

3:27-8:39 204, 214, 232

3:27-31 212, 214
3:27a 214
3:28 29, 249
3:29 214
3:29a 214
3:31 126, 268
3:31a 214
4:1 40
4:1-8 214
4:1-25 296
4:2 249
4:3 30
4:6 249
4:9-12 214
4:13-15 232
4:13-16 30
4:14-15 215, 284
4:15 30, 215
4:15b 215
4:24-25 216, 217
5 28, 29, 216, 217, 232,
    251, 252, 286, 3225:1
    88
5:1-7:6 31, 96, 285
5:1-8:39 28, 96
5:1-11 28, 32, 214
5:1-21 296
5-8 27, 28, 57, 97, 318,
    322, 325
5:12 49
5:12-7:25 94
5:12-14 50, 245
5:12-21 28, 37, 38, 47,
    214, 217
5:13 44, 153, 216, 232,

284
5:14 216
5:15 49, 256
5:15-19 216
5:15-21 256
5:16-17 256
5:17 49
5:18 268
5:18-21 256
5:20 30, 40, 106, 152, 215,
    217, 252
5:20-21 52, 218, 219, 232
5:20a 284
5:20b-21 284
5:20d-21 217
5:21 49
6 29, 33, 43, 77, 81, 111,
    218-220, 222-224,
    232, 235, 236, 239,
    240, 256, 301, 323
6:1 40, 85, 241
6:1-11 129
6:1-13 219
6:1-14 29, 234, 238
6:1-23 28, 29, 234, 296
6:2 31, 65, 268
6:2-14 81
6:3 31
6:4 31, 70, 187, 236
6:4-5 238
6:4-6 50, 304
6:6 230, 256, 301
6:7 70, 97, 237
6-8 28, 218, 241
6:8 236

6:9 235
6:10 267
6:11 48, 219, 238, 272
6:11-13 220, 284
6:11-14 70
6:12 212, 235, 272
6:12-13 58, 220
6:13 272
6:14 30, 40, 58, 59, 111,
    126, 230, 235, 285
6:14-15 218, 232
6:15 85, 241, 242
6:15-23 29, 65, 220, 230,
    234-236, 238, 285
6:16 90, 256, 272
6:16-17 221, 284
6:16-18 211
6:16-22 81
6:17 256, 272
6:17-18 236
6:17-19 70
6:18 59, 65, 235
6:18-19 111, 142
6:19 220, 235, 240
6:20 235,
6:21-23 239
6:22 59, 65, 91, 235, 240
6:23 49, 217, 268, 272
7 11, 12, 17-25, 27-29,
    31-34, 36, 40, 56,
    57, 59, 65, 66, 70,
    79, 82, 92, 95, 96,
    99, 105, 106, 113-
    115, 118, 120-126,
    128-134, 136, 138-

141, 143, 145, 147, 148, 153-155, 158, 162, 164, 170-172, 174-180, 182, 183, 186-188, 194-196, 198-201, 203-208, 214, 215, 217-219, 223, 224, 226, 227, 229, 230, 232, 234, 235, 239, 240, 245, 249, 251, 255, 263, 270, 273-280, 285, 288, 297, 301, 304, 309, 310, 312, 314, 315, 318-321, 323, 324, 326

7:1 31, 232-234, 242, 285

7:1-4 204

7:1-6 30, 105, 111, 218, 234-236, 285, 299, 311

7:1-12 21

7:1-13 21

7:1-25 28, 285, 296, 299

7:2 237

7:2-3 31, 301

7:3 237, 268

7:4 31, 235, 238, 239, 281, 302

7:4-6 31, 59, 263

7:4c 239

7:5 30, 31, 40, 58, 73, 135, 240, 282, 285, 298, 303

7:5-6 107, 145, 146, 236,

239, 257, 281

7:6 31, 111, 126, 146, 148, 186, 187, 210, 236, 237, 255, 281, 301

7:7 40, 41, 43, 47, 53, 54, 100, 122, 134, 135, 145, 149-151, 153, 213, 227, 234, 242, 244, 258, 260, 268, 286, 287

7:7-8 298

7:7-9 122

7:7-11 51, 134, 135, 149, 150, 155, 156, 157, 181

7:7-12 38, 39, 51, 53, 54, 135, 311

7:7-13 21, 36, 39, 45, 49, 53, 55-57, 92-94, 96, 112, 114, 116, 117, 130, 146, 152, 155, 156, 160, 169, 171, 179, 183-185, 201, 213, 217, 241, 243, 251, 255, 256, 259, 274, 283-287, 289

7:7-23 86, 89

7:7-25 25, 31-33, 36- 39, 46, 56, 60, 67, 78, 81, 89, 91, 92, 94, 96, 98, 99, 101, 104, 105, 111-114, 121, 123, 134, 135, 144, 146, 147, 169, 179, 180, 195, 198,

201, 204, 210, 218, 235, 240-243, 253, 255, 257, 275, 281- 283, 285, 287

7:7a 39, 40, 52, 63

7:7b-8a 41-44

7:7b-11 145

7-8 74

7:8 50, 65, 76, 102, 134, 154, 223, 248

7:8-9 195

7:8-10 48, 53, 54

7:8-11 71, 94, 100, 151- 153, 156, 184

7:8a 40, 251

7:8b 41, 251

7:8b-9a 44, 45

7:8b-10a 40, 44-50, 100, 101

7:9 44, 48, 116, 133, 171, 181, 275

7:9-10 54

7:9-11 196

7:9a 45

7:9b 251, 252

7:9b-10 48

7:9b-10a 47, 48

7:10 139, 228, 253

7:10-11 156

7:10b-11 40, 50, 101

7:11 37, 54, 63, 66, 82, 148, 150, 152, 159, 183, 219, 251, 252

7:11-12 298

7:11b 251

7:11c 251

7:12 52, 54, 61, 69, 148, 227, 253, 254, 266, 285

7:12-13 51-55

7:12-14 69

7:13 53, 54, 72, 73, 76, 85, 145, 148, 151, 157, 160, 196, 227, 242, 268, 311

7:13-25 38, 247

7:13a 54

7:13b 54, 254

7:14 61, 67, 73, 83, 84, 112, 118, 125, 139, 140, 142, 144-146, 155-158, 183, 217, 218, 227, 246, 261, 264, 285, 298, 314, 320

7:14-16 63-71

7:14-17 63, 256, 259-262, 264

7:14-21 98

7:14-23 54, 117, 118, 176, 179

7:14-24 321

7:14-25 18, 21-23, 33-35, 39, 53-57, 59, 62, 66, 71, 74, 75, 80, 83-85, 88, 91, 93-96, 98-100, 102, 104, 107, 112, 113, 115, 116, 121, 122, 124, 125, 130, 135, 140-147, 150, 155-158, 160, 164, 167, 169, 170, 171, 173, 179, 182-185, 201, 245, 252, 255, 256, 259, 273, 283-287, 289, 293, 311, 312

7:14a 146

7:14b 59, 83, 262

7:15 66-69, 72, 75, 84, 90, 101, 120, 159, 161-163, 215, 246, 258-260, 262, 287, 298

7:15-16 71, 283, 298

7:15-20 57, 67

7:15-21 179

7:15a 257

7:15b 60, 72, 75

7:16 69, 71, 73, 76, 84, 90, 94, 106, 159, 256, 259

7:16a 60, 72, 75

7:17 71, 72, 75, 103, 159, 209, 256, 260

7:17-18 74

7:17-19 70, 298

7:17-20 63, 71-76

7:17b 72

7:18 58, 61, 64, 72, 76, 87, 90, 91, 95, 159, 161, 213, 257, 262, 263, 273, 283, 284, 286, 313

7:18-19a 72

7:18-20 63, 72, 256, 261, 262, 264

7:18a 84, 262

7:18b 60, 74, 84, 262

7:19 72, 75, 76, 103, 143, 161, 166, 173, 220, 253, 262

7:19-20 21

7:20 72, 75, 76, 84, 160, 163, 255, 263

7:20-21 298

7:20b 262

7:21 20, 84, 142, 144, 213, 264, 283, 284

7:21-23 63, 76, 103, 157, 158, 164, 257

7:21-25 63, 77, 78, 164, 201, 256, 264, 272, 288

7:21-26 77

7:21b 60

7:22 20, 57, 77, 82, 104, 106, 202, 262, 264, 285, 313

7:22-23 78, 82, 298

7:22-24 223

7:23 58, 65, 77, 80, 84, 86, 90, 95, 104, 142, 165, 185, 209, 210, 255, 259, 264, 273, 282, 286

7:24 59, 61, 88, 106, 116, 117, 122, 179, 202, 223, 224, 265, 266, 272, 288, 324

7:24-25 63, 84, 116, 125, 208, 216, 217, 298, 325
7:24a 89, 166
7:24b 85, 166, 178
7:1-6, 7-25 218
7:25 58, 61, 64, 87, 94, 95, 168, 179, 217, 221, 240, 267, 269, 270, 283, 286, 312, 313, 321
7:25a 77, 87, 90, 91, 95, 166, 180, 185, 187, 198, 200, 202, 204, 227, 253, 255, 263, 267, 268, 269, 273, 283, 287, 288
7:25b 58, 77, 88, 90, 103, 139, 166-168, 185, 197, 246, 267, 268, 273, 283, 288
8 21, 32, 59, 66, 83, 105, 111, 112, 117, 124, 125, 180, 194, 214, 218, 222, 223, 239, 240, 263, 268
8:1 59, 145, 146, 168, 185
8:1-11 32, 214, 218, 222, 234, 239, 240, 255, 281, 296, 318, 323, 325
8:1-14 89, 285
8:1-17 28, 62, 66, 83, 88, 91, 95, 98, 182
8:1-39 32, 96, 234, 296, 299

8:2 59, 168, 173, 223, 238
8:3 238, 267
8:4 98, 143, 223
8:7 57
8:7-8 143
8:8 223
8:9 60, 143, 168, 174, 320
8:9-11 223, 256, 304
8:10 142, 166, 272
8:12 268
8:12-13 173, 285
8:12-17 32
8:12-39 214, 218, 234
8:13 176, 230, 272
8:13-14 223
8:14 272
8:15 121, 174
8:18 240, 241
8:18-30 32
8:18-39 28, 272
8:23 58
8:30 97
8:31 40, 241
8:31-39 32
8:33 97
8:37 90
8:39 217, 268
8b-11 39
9:1-11:36 204, 224, 232
9-11 93, 226, 297
9:12 73
9:14 40, 268
9:16 268
9:18 268
9:30 40

9:30-10:21 224
9:30-33 225, 226
9:31 224
9:31-32 225
9:33a 225
9:33b 225
10:1-8 224
10:2 142, 213
10:3 225
10:3-4 225
10:4 203, 213
10:4b 226
10:5 48, 50, 225
10:5-8 225
10:6-8 225
10:9-10 217
10:12 226
10:19 244
11:1 268
11:6 249
11:13 232
11:34 244
12:1 48, 185
12:1-2 89
12:1-16:27 204
12:2 82, 91, 254
12:9 254
12:21 254
13:3-4 254
13:8 228
13:8-10 226, 227, 249
13:9 227, 228
13:10 227
13:11 227
13:11-14 228

13:12 227
13:12-14 58
13:13 227
13:14 227, 285
14:1 232
14:7-9 239
14:8 305
14:12 268
14-15 96
14:16 254
14:19 268
15:1 233
15:2 254
15:18 211, 24
15:31 296
16:3 232
16:6 232
16:11 232
16:19 211, 254
16:26 211

고린도전서

1:7 99
1:21 244
1:30 305
2:13-15 64
2:16 244
3:1 65, 99
3:13-15 249
4:3b-4 137
4:4 172
4:4-5 209
4:5 189
6:9-11 172
6:15 36

8:2 244
8-10 96
9:27 58
12:13 99
13:1-3 36
13:12 206
14:37 206
15 89
15:9 131, 148
15:9-10 181
15:10 131
15:54b-55 269
15:56 270
15:56-57 89, 166, 269
15:57 89, 270
16:18 206

고린도후서

1:5-7 241
1:13 206
1:14 206
3:3 210
3:6 236
3:7 210
3:14 236
3:16 168
4:11 48
4:16 58, 79, 104
5:12 43
5:15 48
5:17 79, 236, 271
6:9 206
10:3-4 83, 285
10:5 83
11:3 51, 149

11:12 43
11:18 285
13:4 48
13:5 206

갈라디아서

1 101
1:6-10 95
1:14 70, 104
1:15-2:14 195
2:19-20 279
2:19-21 195
2:20 260, 303
3:1-5 280
3:3 285
3:12 50
3:19 217
5:13 43, 285
5:16-17 58, 173
5:16-24 141
5:16-26 320
5:17 58, 83, 118
5:24 241
6:1 64
6:4 249
6:15 236

에베소서

1:3 303
1:3-4 305
1:14-15 85
2:1-3 313
2:4-5 305
3:16 58, 79, 104
4:24 80

4:30 85
5:22-33 303
5:25-33 238
6:10-20 320

빌립보서
1:21 271
3　101, 131, 136, 139,
　　147, 156, 182, 187
3:3-6 100
3:4-6 70, 131, 181
3:4-11 195
3:4-12 169
3:4b-6 147
3:5 133, 172
3:6 137, 154, 187
3:6b 104, 131
3:7-8 131
3:10 241

골로새서
3:9-10 80
3:9-20 79

데살로니가전서
5:10 48

디모데전서
1:15 58, 188
2:14 51
5:14 43

디모데후서
3:16 64

야고보서
1:14-15 251
1:15 43
5:1 84

베드로전서
1:5 84
1:21 64

요한일서
4:20 229

요한계시록
3:17 84